安東妮娜和
姜恩餵食
一隻受傷的鳥。

小獾拉著雷斯散步。

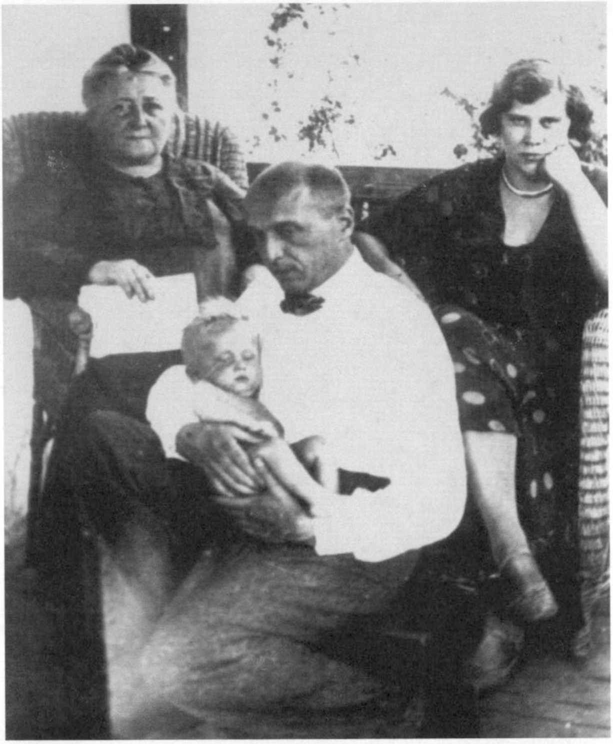

全家福：
（由左至右）
姜恩的母親、
安東妮娜，
還有抱著雷斯的姜恩。

泰瑞莎在戰後
抱著小獾。

1929年雉雞園的景況。
戰時，這裡有一條祕密地下通道通往動物園長的家。另外也經由獅子屋偷偷把人運進來。

一張1939年的明信片。
杜辛卡是第十二隻由人工培育出生的小象，因此其名取自波蘭文「一打」之意。

1938年動物園中的北極熊。

安東妮娜曾親手在室內飼養土狼寶寶。失怙或受傷的動物很快就成為全家正常的景象，包括天竺鼠、小豬、獾寶寶、北極兔、麝香鼠、鸚鵡、山貓及其他動物同伴，以及上百名藏身其間的猶太人。

姜恩抱著
山貓。

戰前動物園的嬌客
普氏野馬。
可以想見
姜恩對這隻小馬
非常自豪。

1930年代，華沙動物園的一名房客和兩位高大的朋友。

歐洲原牛的畫。是納粹希望重造的絕種動物，希望能在戰後有純亞利安血統的獵物可供狩獵娛樂。

姜恩和安東妮娜動物園房舍如今的模樣，由房屋背後拍攝。

姜恩在戰爭期間
由戰俘營寄給
安東妮娜的明信片。
雖然他不能冒險寫字，
卻在這幅自畫像中
傳達了自己的狀況
和心情。

由已滅絕的歐洲野馬所繁衍的波蘭馬，這是納粹希望復育的另一種近神話的動物。新石器時代的獵人曾用赭土在洞穴的牆上畫歐洲野馬、歐洲原牛和歐洲野牛。

比亞洛維察的皇家狩獵屋，曾是國王和沙皇華美的避暑勝地。

THE

ZOOKEEPER'S

WIFE

園長夫人

動物園的奇蹟

黛安・艾克曼 Diane Ackerman ——著　莊安祺——譯

0 作者序

篤信基督的姜恩和安東妮娜・札賓斯基（Jan and Antonina Żabiński）對納粹種族主義感到驚駭莫名，這對波蘭動物園長夫婦利用納粹對奇禽異獸的嚮往，拯救了三百餘人的性命。然而他們的故事卻落入歷史的隙縫，就像某些慈悲的行為不為人知一樣。只是在戰時的華沙，就連倒杯水給猶太人解渴，都可能招來殺身之禍，他們的英勇義行因此更加難能可貴，教人欽佩。

在敘述他們的故事時，我引用了許多來源，但大部分是基於充滿動物園感官魔力的「園長夫人」安東妮娜・札賓斯基回憶錄（「我的日記和零散的筆記」）；她的自傳體童書，如《動物園的生活》（*Life at the Zoo*）；姜恩・札賓斯基的著作和回憶錄；以及兩夫婦接受波蘭、希伯來文和意第緒語報紙的訪談。我用安東妮娜或姜恩**想**、**疑惑**、**覺得**這樣的辭彙時，就是引述他們的作品或訪談。我也取材自家庭照片（因此我才知道姜恩把手錶戴在毛茸茸的左腕，而安東妮娜則喜歡圓點洋裝）；他們兒子雷夏德（Ryszard）的對談；華沙動物園諸多人物以及和安東妮娜一起為地下軍效力的華沙婦女談話；此外還有柏林動物園長路茲・海克（Lutz Heck）的著作；博物館中的各種收藏器物，如震撼人心的華沙起義博物館（Warsaw Uprising Museum），以及展品教人動容的美國華府大屠殺博物館（Holocaust Museum）等；還有華沙的國立動物博物館檔案；以及戰時檔案保管人員藏在箱子和攪乳器中的信件，如今陳列在華沙的猶太歷史研究所；另外還有交給以色列獨一無二國族正義計畫（Righteous Among Nations）和浩劫計畫（Shoah）的證詞；以及信件、日記、講道詞、回憶錄、文章和其他由華沙猶太區居民所寫的作品。我研究了納粹的想法，了解他們不只希望主宰所有的國家和意識型態，還想改變世界生態系統。一方面消滅某些國家原有的動植物（包括人類）；另一方面則無微不至地保護其他瀕臨滅絕的生物和棲地，甚至復育如野牛和歐洲野牛等已經滅絕的物種。我鑽研波蘭野生動植物指南（探索波蘭的自然世界，帶給我許多驚喜）；波蘭風俗習慣、料理和民間傳說指南；以及有關納粹藥物、科學家、武器及其他各種主題的書籍。我很高興能研究哈西德主義（Hasidism）、卡巴拉課程（Kabbalah）和二十世紀初一些異教神祕主義。另外，我也研究納粹主義的神祕學根源，波蘭社會及政治史，以及波羅的海在那個時代的燈罩等實用的事物。

我要感謝在華沙度過生命前二十六個年頭、博學多聞的波蘭顧問瑪格達・戴依（Magda Day），以及她的女兒阿格塔・歐庫莉茲—柯茲林（Agata M. Okulicz-Kozaryn）。在波蘭之旅中，我親歷比亞洛維察森林（Białowieża）和華沙動物園，在動物園長的老屋前漫步，追蹤安東妮娜在附近街道上的足跡。我尤其要感謝現任華沙動物園長雷比斯威斯基博士（Maciej Rembiszewski）及其妻伊娃・薩波尼考沃斯卡（Ewa Zabonikowska）盡心盡力的協助，也要感謝動物園員工提供知識、資源和熱忱。我還要向伊麗莎白・布特勒（Elizabeth Butler）致謝，感謝她不眠不休總是熱心提供服務，並感謝范・培特教授（Robert Jan van Pelt）悉心地批評指教。

這個故事的源起是非常私人的管道：我的外祖父母都來自波蘭。外婆土生土長於普熱梅希爾（Przemyś）市郊萊特尼亞（Letnia），不過大戰前就已離開，在她教誨之下，波蘭的日常生活對我有極大的影響。我母親的一些親友當年就曾親歷其境，不是躲躲藏藏，就是住進了集中營；我外公則住在波蘭的一個小農莊，他常把數代相傳的民間故事講給我聽。

他們曾告訴我一個波蘭村落小馬戲團的故事。馬戲團的獅子死了，團長就問一個貧窮的老猶太人，願不願意假扮獅子，這人因為需要錢，所以答應了。團長告訴他：「你只要穿上獅子的毛皮，坐在籠子裡，人們就會相信你是獅子。」這人照辦了，一邊咕噥說：「我這輩子的工作可真是稀奇古怪，無奇不有。」這時一陣喧鬧，打斷了他的思緒。他一轉身，只見另一隻獅子爬進了牠的籠裡，一臉飢餓盯著他瞧。這人抖得厲害，不知如何才能逃命，情急之下，做出了他腦中唯一想到的事——大聲念起希伯來祈禱文。他才念了開頭幾個字Shema Yisroel（聽著，以色列）……另一隻獅子就接著念下去adonai elohenu（我們的神，主），於是兩隻假扮的獅子一起念完了祈禱文——再沒有如此契合的民間故事和歷史事實了。

1 一九三五年，夏

華沙市郊的破曉時分，繁花怒放的菩提樹上陽光燦爛，攀上一間小屋的白牆，這棟一九三〇年代灰泥與玻璃打造的住宅，正是動物園長夫婦的家。他們睡在白樺床上，這種淺色的木材常用來製造獨木舟、醫師用的壓舌板和椅子；左邊兩扇高大的窗戶下是寬可坐人的窗台，下面則塞著一個小暖爐。拼花地板上因為放了一張東方地毯，而顯得暖意洋洋，一條條的木材斜斜地排列，拼湊成地板的花紋，室內的角落則放著一張白樺製的扶手椅。

微風輕輕掀起薄紗窗簾，讓點點陽光灑進窗戶而不留陰影，安東妮娜在一片朦朧之中悠然醒轉。不久長臂猿就會開始叫喊，接著是呼天搶地的巨響，就連睡眼惺忪的學生或愛睏的新生寶寶，也絕不可能再睡得下去；動物園長的妻子當然更睡不著了。每天有多少家事等著她做，而她手藝高明，不管是烹調食物、粉刷油漆，或是做針線活，都難不倒她；但除了一般家事外，她還有自己的動物園問題要解決，這些問題無奇不有（比如安撫土狼寶寶），無一不考驗她的學養和天賦。她的另一半姜恩．札賓斯基通常起得更早，他穿上長褲和長袖襯衫，在毛茸茸的左腕上戴上一只大錶，然後匆匆下樓。他既高又瘦，有個堅挺的鼻子、深色的眼睛，還有像工人一般寬闊飽滿的胸膛。他的身材有點像她父親安東尼・厄德曼（Antoni Erdman），安東尼是派駐在聖彼德堡的鐵路工程師，經常出差，跑遍全俄。他就像姜恩一樣，意志堅強，結果卻在一九一七年俄國革命之初，因為身為知識菁英，而和安東妮娜的母親瑪麗亞一起遭到處決，當時安東妮娜只有九歲。姜恩和安東妮娜的父親一樣，也是工程師，只是他要處理的，是人和動物之間的連結，也是人和他們自己動物本性之間的關係。

已經開始禿頂的姜恩只剩一圈暗棕色的頭髮，因此得戴帽子，夏季防曬，冬日禦寒。他在戶外的照片總戴著軟呢帽，一臉嚴肅；有些在室內的照片拍到他坐在書桌前或是廣播錄音間，下巴繃得緊緊的，好像很容易生氣。就算他把鬍子刮得乾乾淨淨，臉上依舊有斑點，尤其是鼻子和嘴巴之間的人中部位；他豐滿而線條分明的上唇就像女人用唇筆畫過一樣，屬於愛神弓箭的唇形，這是他五官之中唯一女性化的部分。

安東妮娜的父母親去世後，祖母送她上聖彼德堡城裡的音樂學校，後來又送她到烏茲別克塔什干就學。她十五歲畢業後不久，祖母就和她遷到華沙，之後安東妮娜修了外語、素描和繪畫課，她還教書，並通過文職考試，到華沙農業學院上班，就在這裡邂逅了大她十一歲的動物學者姜恩，他也曾在美術學院修習素描和繪畫，也和她一樣愛好動物以及相關的藝術。一九二九年，華沙動物園長的職務出缺（創辦園長在動物園開辦兩年後去世），姜恩和安東妮娜把握這個機會，爭取與動物為伍的職務，打造新動物園。一九三一年，他們結了婚，搬到河對岸的布拉卡區（Praga），這是犯罪率較高的工業區，龍蛇混雜，但由鬧區搭電車只需十五分鐘就可抵達。

過去的動物園都是私人經營，任何人都可以蒐羅珍禽異獸；但要蒐集最大的鱷魚、最老的烏龜、最重的犀牛、最稀奇的老鷹卻需要雄厚的財力，和一點執著的瘋狂。十七世紀偉大的波蘭王索貝斯基三世（Jan III Sobieski）在宮裡養了許多珍奇的動物，富有的貴族有時候也在自家土地上設置私人動物園，作為財富的象徵。

多年來，波蘭科學家一直夢想在首都興建一座足堪與歐洲各國媲美的大動物園，尤其希望能壓過舉世聞名的德國動物園。波蘭的兒童也吵著希望有動物園。自古以來，歐洲就有許多童話故事，描繪會說話的動物——有些動物栩栩如生，十分逼真，有些則假得有趣——不但激發兒童的想像力，也讓成人得以重溫兒時舊夢。一想到她的動物園裡有許多傳說中的生物，能夠讓故事書裡的世界活生生地呈現在人們眼前，讓人們與珍禽異獸接觸，安東妮娜就覺得開心。很少有人能親眼看到野生企鵝用腹部滑坡入海，或是加拿大洛磯山上的多刺卷尾豪豬捲得像顆大松果一樣。她認為，如果人們能在動物園看到這些動物，非但能增長他們對自然的知識，還能化為他們個人的經驗。認識這些動物的名字，了解牠們的習性，曠野就存在這裡，那凶猛美麗的怪獸，如今關在籠中，成了人類的朋友。

每天清晨破曉之際，歐椋鳥率先唱出一曲偷學來的什錦歌，鶺鴒發出幾串琵音，接著杜鵑喊出時鐘報時的單調呼喚；長臂猿突如其來吶喊軍號，嘹亮的聲音讓狼和獵狗也不由得呼應嚎叫。土狼喋喋不休，獅子低吼，烏鴉嘎叫，孔雀嘶鳴，犀牛哼鼻，狐狸低號，河馬高唱；然後長臂猿轉為二重唱，雄猿在吶喊聲中穿插柔聲呼喚，而雌猿則在叫喊中夾雜長音串串。園中養了一些成對的動物，其中這幾對長臂猿就會用真假嗓音反覆變化，唱出完整的曲目，由序曲、終曲、插曲、二重唱到獨唱，一應俱全。

安東妮娜和姜恩已經學會不只照年份，也按四季變化生活。他們雖和其他人一樣依時鐘作息，但他們日常的起居卻不僅僅是人類世界的例行公事而已，而是兩個世界相互對照，一邊是動物天地，一邊則是人類世界。如果兩個領域的時間表衝突，姜恩得晚回家，安東妮娜就會在半夜起床，為長頸鹿之類的動物接生（這並不容易，因為長頸鹿媽媽總是站著產子，寶寶頭下腳上墜地，而當媽媽的卻袖手旁觀）。這類的事使得每一天都新鮮有趣，雖然有時會造成壓力，卻也讓她的人生充滿了驚喜。

安東妮娜房間的玻璃門通往屋後方二樓的陽台，穿過陽台可通往三個房間，和他們稱作閣樓的貯藏室。站在陽台上，可以看到常綠樹的嫩葉，也可以把視線越過種在客廳六扇大窗邊的紫丁香，享受微風輕拂與飄蕩的幽香。在暖和的春天，紫丁香的錐形紫花就像香爐一般隨風款擺，如夢似幻的琥珀花甜香則斷斷續續地飄進窗來，讓鼻子在芬芳的起床號之間得以略為休息。倚在陽台上，站在與銀杏、雲杉同樣的高度呼吸空氣，讓人成了樹頂生物。破曉之際，杜松上綴滿成千濕潤的稜柱晶體，雉雞園之後，越過沉重的橡木枝幹，約五十呎開外，就是雷特索瓦街（Ratuszowa）動物園的大門，街對面就是普拉斯基公園（Praski）。華沙市民在風和日麗的日子裡常到公園裡徜徉，菩提樹乳黃色的花穗散放出如蜂蜜般醉人的香氣，引得蜜蜂群集飛舞。

傳統上，菩提原本就象徵夏日精神——波蘭文裡的 lipa 就是菩提，而其衍生字 Lipiec 則是七月。菩提原是愛神的聖物，在基督教興起時，則成了聖母瑪麗的庇護物；如今在路邊菩提樹下的神龕裡，過往的行人仍然向她祈求平安。華沙處處可見菩提，不但點綴得公園生氣盎然，墓地和市場也有菩提環繞，林蔭大道上更滿是成排高大的菩提樹；它們招來上帝的僕人蜜蜂，而蜜蜂不但是蜂蜜酒的來源，也能釀蜜供人們食用，蜂蠟製的蠟燭則可在教會聚會時使用，因此許多教堂都在中庭廣場栽種菩提樹。蜂蜜和教會的關係密不可分，難怪在十四、十五世紀之交，馬紮華斯（Mazowsze）的村民通過法令，凡是盜取蜂蜜、破壞蜂巢者，判處死刑。

到安東妮娜這個時代，波蘭人對盜蜜者的態度已經不這麼激烈，但對蜂蜜卻依舊熱忱，因此姜恩在動物園較深處放了一些蜂巢，聚在一起好像部落茅屋。家庭主婦在冰咖啡中添加蜂蜜、調製熱伏特加酒krupnik，或者烤半甜的蜂蜜蛋糕piernik，或蜂蜜口味的餅乾pierniczki。她們也喝菩提茶，預防感冒或舒緩緊張。在這個季節，只要安東妮娜穿過公園去搭電車，或上教堂、市場，就會穿過開滿菩提花的濃香長廊，枝頭上點綴著許多「小小的謊言」——在本地的俚語中，lipa也意味著善意的謊言。

穿過河流，舊城的天空線由清晨薄霧中高聳而出，就像用隱形墨水寫的字句——剛開始只看到屋頂，弧形的陶磚層層相疊，就像鴿子羽毛一樣——接著是一間又一間的平房，海藍、粉紅、黃、紅、銅和乳白色的一排房屋，沿著鵝卵石的街道一路到市場廣場。一九三〇年代布拉卡區也有露天市場，就在看似城堡的Zabkowska（牙齒）街伏特加酒廠附近，但那裡不如舊城這裡熱鬧：這裡有數十個小販在黃褐交雜的篷子下攤售各種農產、手工藝品和食品等，商店櫥窗裡展示著波羅的海的琥珀，只要花幾塊錢，訓練有素的鸚鵡也會由一小罐紙卷中，挑出你的命運。

舊城再過去，是大片的猶太人區，有許多迷宮似的曲折街道、戴假髮的女人和留著鬈曲鬢腳的男子；可以看到宗教舞蹈、各種混雜的方言和氣味、小小的店舖、染色的絲綢。一棟棟裝著鐵架、陽台漆成藍綠色的平頂建築緊緊相依，就像歌劇院包廂，只是裡面裝的不是人，而是種蕃茄的盆子和花朵。這裡還可以找到一種波蘭水餃，大又有嚼勁的 kreplach：如拳大的餃子裡包的是調好味的洋蔥肉餡，先煮再烤最後油炸，然後塗上糖汁，讓它們像貝果一樣發硬。

這裡是東歐猶太文化的中心，不但有猶太劇院，也可找到電影、報章雜誌，還有猶太藝術家和出版社；可參與政治運動、體育和文化俱樂部。幾世紀以來，逃避英、法、德和西班牙迫害的猶太人，都在波蘭得到庇護，十二世紀的波蘭銅板甚至還有希伯來文的字樣。猶太人之所以喜歡來波蘭，有一個傳說，因為波蘭的名字就像希伯來文的 po lin（在此歇息）；然而二十世紀的華沙依舊無法避免反猶太主義的滲透，在這個人口一百三十萬的都市中，有三分之一是猶太人，他們多半定居在猶太區，也有一些住在較繁華的地區，但大體上，他們都保留著獨特的服飾、語言和文化，有些根本不說波蘭語。

在平常的夏日清晨，安東妮娜靠在陽台牆的寬壁架上，冰涼杏黃磁磚的露水沾濕了她紅色睡袍的袖子。她周遭這一些怒吼、號叫、呼呼、隆隆的聲音，並不完全來自外面，有些來自房裡的地面下，有些則來自門廊、陽台或閣樓。札賓斯基夫婦也把新生或病弱的動物孤兒和寵物都養在家裡，而餵養和照料這些嗷嗷待哺的房客，就成了安東妮娜的責任。

就連客廳，動物也一樣可以登堂入室。長而窄的客廳裡有六扇高大的窗框，一不仔細看，就會被當成風景畫——裡外的界限全都混淆在一起。房間對角則有一個很大的木製書櫥，裡頭有書、期刊、鳥巢、羽毛、小動物頭骨、蛋、角和其他雜七雜八的東西；鋼琴立在東方地毯上，旁邊是幾個四四方方的扶手椅，上面放著紅色的布製椅墊。房間最遠處是棕褐色磁磚砌的壁爐和爐床，也是房內最暖和的角落，被陽光曬成白色的野牛頭骨坐在壁爐架上；幾張扶手椅上則滿是下午從窗戶邊灑進的陽光。

曾有記者為了採訪姜恩來到他們家裡，他非常驚奇地看到兩隻貓魚貫走進客廳，前面那隻爪子纏了繃帶，後面那隻則是尾巴上有包紮；接著是一隻戴著金屬頭套的鸚鵡，然後是翅膀受傷一跛一跛的烏鴉。房裡鬧哄哄都是動物，但姜恩只一語帶過：「光由遠處做研究是不夠的，你非得和動物一起生活，才能明白牠們的行為和心理。」姜恩每天騎單車繞動物園視察，一隻名叫亞當的大麋鹿老是緊跟著他，是他難分難捨的伴侶。

和小獅子、狼寶寶、幼猴、老鷹寶寶親密同住，就像煉鐵成金一樣，把動物的氣味、抓搔和呼喊，混合人體和烹調的氣味，以及笑聲話語，共同組成了一個同住獸穴裡的大家族。新加入的成員起先按照自身的老規矩吃或睡，但漸漸地生活韻律就會和大家族同步，只是呼吸調不過來，入夜後此起彼落的鼾聲和呼吸，創造了難以譜曲的動物園清唱劇。

認同動物的安東妮娜為牠們的五官如何測知世界而著迷不已。她和姜恩很快就發現，在像野貓這種掠食動物前，必須放慢動作，因為牠們兩眼相距過近，深度知覺極小，很容易因一兩步之外的迅速動作而激動；而像馬和鹿這類屬於獵物的動物，則有廣闊的視野，好看清匍匐而來的掠食者，但很容易受到驚嚇。被鏈在地下室的斑紋老鷹，根本就是長了翅膀的望遠鏡，而土狼寶寶則可在一片黑暗中，看到安東妮娜走進來。其他的動物也可感知她的靠近、品嘗她的氣味，聽到她長袍最細微的拂動聲響，感受到她腳步的重量讓木板產生最細微的震動，甚至察覺到她走動時流動的空氣塵粒。她嫉妒牠們有這許多古老而敏銳的知覺，要是人類有這些就動物而言很一般的知覺，就會被當成魔法師了。

安東妮娜喜歡暫時擺脫人類的身分，透過動物的眼睛來看世界，而且也常以這個觀點寫作，憑直覺想像牠們的感受和想法，包括牠們可能看見、感覺的、害怕的、意識到的和記憶的一切。她一進入牠們的知覺，就立刻有一種輪迴轉生的感受，而且就像她親手餵養的山貓寶寶一樣，探觸那懸吊在半空龐然大物的世界：

……不論是大腳或小腳，穿著軟拖鞋或硬皮鞋走進來，帶著淡淡的布料氣味，或是濃烈的鞋油味。軟布拖鞋輕輕安靜地移動，不會撞到家具，在牠們旁邊很安全……會叫「凱—基，凱—基」，然後會出現一團毛茸茸金髮的頭，接著可以看到一雙眼睛彎下來，就在龐大的玻璃眼鏡後面……不消多久就可發現，柔軟的布製拖鞋、毛茸茸的金髮頭顱和尖尖的聲音，都屬於同一個物體。

在這樣的描寫中，她把自己的官能和牠們的合併在一起，滿懷熱忱與好奇地照料她的動物。而她也有神祕的能力，使這些動物自由自在，原本難以駕馭的動物在她手下服服貼貼，這樣的能力教動物管理員和姜恩都對她刮目相看。姜恩雖然認為科學能夠解釋她的能力，卻依舊認為她的天賦非常神祕。篤信科學的姜恩認為安東妮娜對動物有像巫師一樣感同身受的**超自然波**：「她非常敏感，能夠解讀牠們的心。她變成牠們……她有非常精準非常特殊的天賦，能夠觀察並了解動物，就像第六感……她自小就是如此。」

每天早上在廚房中，她先為自己倒一杯紅茶，然後開始為動物寶寶消毒奶瓶和奶頭。身為動物園的保母，她很幸運地由比亞洛維察原始森林領養了兩隻山貓寶寶，這是整個歐洲僅存的原始林，也就是波蘭人稱為puszcza的生態體系，意味著未受人類汙染的古老林地。

比亞洛維察位於當今白俄羅斯和波蘭交界之處，在地理和神話上相互融合，自古以來都是波蘭國王和俄國沙皇（在那裡有華麗的行宮）的打獵勝地；到安東妮娜的時代，這裡卻成了科學家、政客和盜獵者的地盤。歐洲體型最大的陸地生物歐洲野牛在原生森林中遭盜獵，數量越來越少，這也燃起了波蘭的保育運動風潮。安東妮娜身為出生在俄羅斯又回流波蘭的雙語波蘭人，她在連結這不同地區的綠色地峽中如魚得水。走進有五百年歷史一望無際的綠蔭，森林就像壁虱一樣貼近人體，這是看不見邊界、完整而又脆弱的有機體。原始處女林被定為不可干擾的保護區，因此飛機只能飛到幾哩以上的高度，以免驚擾動物，或汙染樹林。遊客由樹頂透天之處朝上看，說不定可以看到遠處飛機像安靜的小鳥一般滑翔。

雖然嚴禁打獵，但還是有人違禁，因此免不了會留下一些失怙的小動物，其中最稀罕的常裝在上面標有「活動物」告示的箱子裡，送到動物園來。動物園就像救生艇一樣，每到四、五、六月動物誕生的季節，安東妮娜就會期待各種奇特小生命的降臨。牠們各有特殊的飲食和習慣：剛滿月的小狼寶寶通常會由牠的媽媽和家族成員照顧到兩歲大；乾淨又愛社交的獾則可以走很長的路，以昆蟲和香草為食；而條紋小野豬則可幫忙收拾殘羹剩飯；一頭一直用奶瓶餵到隆冬的小紅鹿則在木地板上滑走，四腳叉成八字形。

她的最愛是托菲（Tofi）和杜發（Tufa），兩隻才三週大的山貓，得用奶瓶餵養到六個月大，而且恐怕要一年左右才能夠自立（即使到那時，牠們也喜歡被繩子牽著在布拉卡最繁忙的街道上漫步，過往的行人則驚呼不已）。由於歐洲沒剩幾隻野生山貓，因此姜恩親自赴比亞洛維察帶回這兩隻寶寶，安東妮娜也答應在家裡飼養牠們。他的計程車在一個夏天下午抵達動物園門口，警衛跑去幫姜恩卸下小木箱，一起抬到房內。安東妮娜已經準備好消毒奶瓶、奶嘴和溫好的奶水，焦急地等待。箱蓋一打開，兩團條紋小毛球目光炯炯地盯著圍觀的人臉，發出嘶嘶的聲音，對伸過來的手又抓又咬。

「人手上有那麼多動來動去的手指頭，會嚇到牠們，」安東妮娜輕聲說，「而我們說話又這麼大聲，還有強烈的燈光。」

小貓渾身顫抖，「嚇個半死」，她在日記中寫道。她輕輕地抓住其中一隻又鬆又暖的頸背，把牠由稻草堆中拎起來，看牠軟綿綿地懸在半空中，安安靜靜，因此她又拎起另一隻。「牠們喜歡這樣，牠們的皮膚還記得媽媽的爪子把牠們由一個地方搬到另一個地方的感覺。」

她把牠們放在餐桌下的地上，牠們花了幾分鐘，四處探索滑溜溜的新環境，接著躲進衣櫥底下，好像那裡是懸崖一樣，一吋一吋地朝牠們所能找到最暗的縫隙前進。

一九三二年，安東妮娜遵照波蘭天主教徒的傳統，選了聖徒的名字作為她自己新生寶寶的名稱，雷夏德，簡稱雷斯（Ryś）——也就是波蘭語山貓之意。她的兒子雖然並非動物園裡「四腳、毛茸茸或長翅膀」團隊的一員，卻毫無困難地加入了這個家族，成了另一隻活蹦亂跳的小獸：像猴子一樣牙牙學語、攀上攀下；又像熊一樣四腳並用爬來爬去；也像狼一樣，冬天膚色白一點，夏天黑一點。她寫的一本童書曾描述三個家庭的小寶寶同時蹣跚學步：兒子、獅子和黑猩猩。她覺得所有哺乳類，由犀牛到負鼠都很可愛，她就像哺乳類的母親，也是其他動物的保護者。在以半女人、半動物、揮舞長劍的美人魚作為傳統象徵的城市裡，真是再合適也不過了。正如她所說的，動物園很快就成了她的「維斯杜拉河（Vistula）畔綠色動物王國」，在城市景觀和公園陪襯之下的喧囂伊甸園。

2

「不能再讓阿道夫（Adolf）這樣下去了！」一名動物管理員力陳。姜恩知道他指的不是阿道夫．希特勒（Adolf Hitler），而是**綁架者阿道夫**，是一群恆河猴的老大。牠和猴群中最老的雌猴瑪塔（Marta）作對，擄了瑪塔的寶寶，交給牠最寵愛的配偶奈莉（Nelly），而奈莉原本就已經有一隻自己的寶寶了。「這不行，每個媽媽都該餵自己的寶寶，牠為什麼搶了瑪塔的，讓奈莉有兩個寶寶？」

其他的管理員則為動物園最出名的動物作健康會報，比如長頸鹿露絲（Rose）、非洲獵狗瑪麗（Mary）、可愛動物區的小馬薩希伯（Sahib）；這小子和一群怯懦的蒙古矮種馬一起溜到草地上去了。有時大象鼻子上會長皰疹，而在人畜養的環境中，像禽反轉錄病毒或肺結核這樣的病，很容易就會由人傳染給鸚鵡、大象、印度豹和其他動物，然後再傳回給人類。尤其在尚未使用抗生素的時代，嚴重的感染可能危及群聚的動物和人類，因此姜恩就得召來動物園專屬獸醫羅帕提斯基大夫（Lopatynski）。他總是穿著皮夾克，戴著長耳罩的帽子，架著夾鼻眼鏡，騎著機車噗噗前來，雙頰被風吹得紅通通的。

在動物園每天例行的會議中，還有什麼可討論的內容？在動物園的一張老照片裡，可看到姜恩站在已經開挖一半、用製作船身的厚木板圍了半圈的河馬畜欄邊，他背後的植物顯示那時正值夏天。由於一切挖掘工事都得在土地凍硬以前完成，而在波蘭，可能早在十月，土地就會結凍，因此姜恩很可能要求工頭在會議中報告進度，讓工頭不勝其煩。此外，偷竊事件頻傳，尤其走私奇珍異獸這行非常盛行，因此武裝警衛日夜都得巡邏。

在姜恩的多本著作和廣播訪談中，都談到他對華沙動物園的憧憬：他期待有朝一日他的動物園能達到自然棲地的理想，讓天敵能夠共聚一堂而不致互相爭鬥。而要達到這樣的願望，必須先有數英畝的土地，挖出相互連結的壕溝，別具巧思安裝各種管線。姜恩計畫在華沙日常生活的中心，打造世界級的創意動物園；不論在社會和文化上都傲視群倫，有一陣子他甚至還想興建一個主題樂園。

不論古今，動物園最基本的重心就是讓動物健康、正常、安全；而最重要的，是關在園裡。動物園裡總有足智多謀的脫逃專家，比如迅如閃電的山羚，可以一躍就跳過人的頭部，在只有銅板大小的岩架上落腳。這些很容易緊張的拱背小羚羊非常結實有力，雖然只有四十磅，但身手矯健，就像芭蕾舞者用趾尖舞蹈一樣踩著蹄尖跳躍，只要一受驚嚇，就會一躍跳出獸欄，越過圍牆；而且牠們就像羚羊一樣會彈跳。傳說在一九一九年，一名緬甸男子發明了最接近這種彈跳的運動——他用一根竹竿，教他的女兒波格（Pogo）在上學途中該如何避開水窪。

在美洲虎差點由現今的華沙動物園越過壕溝脫逃之後，現任華沙動物園長雷比斯威斯基博士架設了電網：和農夫用來防止鹿吃農作物的電籬差不多，只是按獸欄尺寸量身訂製，而且更高。姜恩那時已經有電網，他可能也要求報價，並且和同仁討論按照這些大型貓科動物的獸欄大小是否合用。

每天早餐後，安東妮娜就會走到動物園辦公大樓，等著迎接重要來賓，因為她除了要打理家務、照料生病的動物之外，也負責接待來自波蘭和國外的重要訪客，並且歡迎媒體或政府官員。安東妮娜一邊擔任嚮導，一邊敘述由書本、姜恩的談話或親身經歷的各種有趣軼事或奇聞。他們在動物園中漫步，參觀濕地、沙漠、森林、草地和大草原的地形，有些地方總是陰鬱晦暗，有些地方則沐浴在陽光之下；別具用心安排的樹木、灌木叢和岩石，則讓動物避開寒冬時足可掀起穀倉屋頂的強風。

她總帶領貴賓，由雷特索瓦街的大門開始參觀。一進園，這條筆直的林蔭大道兩邊都是圍欄，首先吸引遊客眼光的是一個搖搖擺擺的粉紅池塘——圍欄內的紅鶴以後曲的紅膝蓋在池內高視闊步，牠們的嘴就像黑色的零錢包一樣。雖然牠們的色澤不像野生紅鶴那般鮮明，不像牠們因為食用甲殼動物而有珊瑚紅的色彩，但也相當搶眼，足以作為動物園一進門的接待員；而且咕噥吵鬧不停。在牠們之後是一籠一籠來自世界各地的珍禽：五彩繽紛喧囂不斷的熱帶鳥類如家八哥、金剛鸚鵡、禿鸛和冠鶴，以及小鴟鴞和可以一爪就掠走兔子的巨大鵰鴞等本地的鳥類。孔雀和小鹿可以隨心所欲在園內走動，只要人一靠近，牠們就像被隱形的波浪推動一樣走開。在長滿青草的小土丘上，一隻雌花豹正在曬太陽，一身斑點的小豹則在一旁跳躍摔角，偶爾因一旁的鹿和孔雀吸引而分心。關在籠裡的獅子、土狼、狼和其他掠食動物一定會因四周自由活動的獵物而心癢難熬，這也讓牠們保持官能的靈敏。黑天鵝、鵜鶘，以及其他在沼澤和水塘裡的水鳥都在一個龍形的池塘裡浮游；左邊是一片開闊的獸欄，裡頭有野牛、羚羊、斑馬、鴕鳥、駱駝和犀牛正在吃草；右邊則可以看到老虎、獅子和河馬。沿著石子路，遊客又繞行到長頸鹿、爬蟲類、大象、猴子、海豹和熊這邊；園長的住家隱身樹林中，離禽舍只有幾步之遙，就在企鵝東邊的黑猩猩之前。

草原區則有非洲野狗，這種一直跑來跑去忙個不停的長腿犬科動物總是搖著牠們寬闊的大頭，一邊轉動豎起的大耳，一邊疑惑地嗅個不停。牠們的學名 *Canis pictus* 描述了牠們美麗毛皮的花色，胡亂綴著黃、黑、紅色的斑點，但卻沒有說明牠們的兇殘和耐力：牠們可以扳倒疾馳的斑馬，或者一連追羚羊達數哩之遙。動物園號稱這些花豺是歐洲第一，珍貴無比，雖然非洲農夫認為牠們有害，是擾人的野獸；但在華沙，牠們成了美麗的演員，沒有兩隻有相同的圖案，牠們前面總有人群圍著欣賞。動物園還首次以人工豢養出阿比西尼亞原生的條紋斑馬，乍看之下好像和一般斑馬沒什麼兩樣，細看才知道牠們和課本上的斑馬不同：不但比較高，條紋也比較多，身上有垂直的窄紋，到腿部則變成水平，一路延伸到蹄子。

另外還有乳毛未脫的杜辛卡（Tuzinka），這是第十二隻在人類豢養環境下出生的小象，因此取了杜辛卡這個名字，源自tuzin，也就是波蘭語的一打之意。安東妮娜在一個涼颼颼的四月清晨三點半為母象卡西亞（Kasia）接生，生出來的就是杜辛卡。她在日記裡記錄杜辛卡是個大傢伙，是她畢生僅見最大的動物寶寶：重達二百四十二磅，站起來逾三呎高，一雙藍眼睛，黑絨毛，像紫羅蘭一般的大耳朵，一條配牠身體看來過長的尾巴——這個搖搖擺擺、一臉迷惑的新生寶寶，彷彿墜入了生命感官的大觀園。牠藍色的眼睛閃爍著安東妮娜看過在其他初生動物寶寶眼中相同的驚奇——傻不隆咚、滿心迷惑，卻又為所見的五光十色目眩神移。

杜辛卡在喝奶時，站在母親身後，曲下後膝，伸出柔軟的嘴巴；牠眼中的神情顯示除了溫暖的乳汁和母親教牠心安的心跳聲之外，一切都不存在。攝影師就在一九三七年為牠拍下一幀照片，製作成黑白明信片和布製的小象玩偶都是很受歡迎的紀念品。有幾張老照片拍到開心的遊客伸手想摸杜辛卡和牠媽媽，而牠們也伸長鼻子，越過豎著金屬短柵的小小壕溝。由於大象並不會跳，因此只要六呎深、上面寬達六呎、下面再縮小的壕溝，就能困住牠們；前提是牠們不會用土填溝，跋涉而過，因為有些大象曾經這麼做。

動物的氣味創造了動物園的嗅覺風景，有的很細緻微妙，有的乍聞之下教人作嘔；尤其是土狼用來占地盤的標記，牠們把肛窩由內向外翻，流出一種發臭的黏糊物，行話叫**糞油餅**。每一則臭氣沖天的**廣告**都歷時一個月左右才會消散，廣播屬於牠們自己的新聞，成熟的雄土狼一年會製作一百五十個油餅；另外還有河馬的排泄物，牠們甩著小小的尾巴，把糞便扔得到處都是。公麝香牛老是把自己的尿灑在身上；海獅則把腐爛的食物含在牙齒中間，因此口氣濃烈逼人，一碼以外都聞得到。綠色羽毛上帶著黑色斑紋卻飛不起來的鴞鸚鵡，有著淺棕色的眼睛和乳白色的喙，聞起來像陳年單簧管的盒子。在交配時節，公象會由兩隻眼睛附近的小小腺體流出強烈的發情氣味；冠毛小海雀的羽毛則散發出橘子味，尤其是繁殖季節，追求異性的小海雀會互相把鳥喙插在對方刺鼻的頸毛中。所有動物都會發送如電碼般獨特的氣味密碼，不用多久，安東妮娜就習慣了牠們的各種氣味——威脅、求偶和傳播新聞。

安東妮娜認為人應該更進一步接觸自己的動物天性，但同時動物「也渴望人類的陪伴，牠們期待人類的注意」；這樣的渴望是相輔相成的。她的想像將被棄動物的環境暫時過渡到人類的世界——充滿刀光劍影，父母親突如其來失蹤的世界。和小山貓追逐翻滾，親手餵養牠們，接受牠們溫暖的舌頭在她手指上沙沙舔舐和爪子不斷地揉捏，讓馴養和野生動物世界之間的界限更加模糊，使她和她所謂永恆的動物園，建立起密切的關聯。

動物園也成了安東妮娜的講道壇，她就像四處遊走的牧師一樣，在維斯杜拉河畔繞著小神祇傳福音，而她也提供了遊客通往大自然的獨特橋樑。但首先，他們得跨過河上如獸籠一般的橋，來到城的另一方；當她講述關於山貓和其他動物扣人心弦的故事時，地球上廣袤的綠地在恍惚間成了單一的臉龐或主題，成了有血有肉的生物。她和姜恩也鼓勵導演來動物園拍攝電影、舉辦音樂或戲劇活動；並且應大眾的要求租借動物——小獅子最受歡迎。「我們的動物園欣欣向榮，」她寫道，「我們有許許多多訪客：年輕人、動物愛好者、還有純粹的遊客。我們有許多夥伴：波蘭和國外的各個大學、波蘭政府的健康部門、甚至美術學院。」本地的藝術家為動物園繪製了新藝術風格的海報，而札賓斯基夫也邀請形形色色的藝術家前來，解放他們想像的桎梏。

3

一天，姜恩騎著單車在園內逡巡，把麋鹿亞當（Adam）留在草地和灌木叢中吃草，自己走進溫暖的鳥屋，那裡正散發出濕潤乾草和石灰的氣味；一名嬌小的女性站在籠邊，用雙肘模仿牠們以喙梳理羽毛等動作，她一頭深色鬈髮，靈巧的身軀和由罩衫下緣伸出細細的腿，簡直就像可以和鳥一起融入鳥屋之中。一隻白眼鸚鵡在鞦韆架上快速來回擺動，一邊尖聲叫喚：「你叫什麼名字？你叫什麼名字？」而這名女子則抑揚頓挫地回應：「你叫什麼名字？你叫什麼名字？」鸚鵡向後仰，仔細盯著她瞧了半晌，然後轉頭用另一隻眼睛盯住她。

「早啊！」姜恩說。Dzie dobry，這是波蘭人打招呼最有禮貌的用語。她自我介紹是瑪格達蕾娜．葛羅絲（Magdalena Gross），這名字令姜恩如雷灌耳，因為葛羅絲的雕刻作品廣受波蘭富豪和外國人喜愛；他不知道她也作動物的雕塑，不過就在這天之前，她也從沒雕過動物作品。後來她告訴安東妮娜，她頭一次來動物園就如醉如癡，雙手不由得在空中揮舞，憑空捏塑起空氣來；因此她決定把工具帶來，繼續狩獵，結果命運引領她來到鳥兒像未來世界火車般川流不息的雉雞園。姜恩按照波蘭習俗，輕吻她的手，表示如果她把動物園當成自己的開放畫室，把動物當成她躁動不安的模特兒，那麼他至感榮幸。

又高又瘦、面容姣好的安東妮娜就像正在休憩的北歐女武神，而身材嬌小、皮膚黝黑的猶太女性葛羅絲則渾身活力。安東妮娜覺得葛羅絲是矛盾的組合，熱切卻又脆弱，大膽卻又謙遜，稀奇古怪卻又自有原則，且因為生命而激動——最後這點可能是最吸引安東妮娜的，因為安東妮娜並不像姜恩那樣嚴肅而冷靜。這兩個女人都有一股對藝術和音樂的熱情，還有類似的幽默感，兩人年紀相仿，有共同的朋友，因此展開了真摯的友誼。安東妮娜請葛羅絲喝茶時，會拿出什麼茶點招待？大部分的華沙人都會請客人喝紅茶吃甜點，安東妮娜既栽種了玫瑰，就把許多玫瑰花瓣裝罐作果醬。她會準備傳統的波蘭軟皮甜甜圈，填上一層粉紅色的玫瑰花瓣果醬，再塗上一層橘汁，聞起來熱情如火。

葛羅絲承認她原本已覺得江郎才盡、靈感枯竭，沒想到有一天逛到動物園附近，看到一群紅鶴昂首闊步走過，在牠們身後則是一連串更奇特的動物——難以置信的體形和遠非任何畫家能調出的各種繽紛色彩。這景象給她強烈的啟發，讓她獲得靈感，創作出一系列享譽國際的動物雕塑。

到一九三九年夏天，動物園已經頗具規模，安東妮娜也開始為下一個春天作了詳盡的計畫。屆時她和姜恩將在華沙主辦國際動物園園長年會，不過前提是不要去想一個教人不寒而慄的恐懼——如果我們的世界還原封不動，如常運轉。因為就在約一年前，也就是一九三八年九月，希特勒占領了蘇臺德地區（Sudetenland），這是捷克北部和德國交界之處，主要人口是德國人；英法兩國默認了這個事實，但捷克卻擔心他們自己邊界的土地。德國在一九一八至二二年間割讓給波蘭的土地，包括西雷西亞（Silesia）東部和以前稱為波美拉尼亞走廊（Pomeranian Corridor）的地方，把東普魯士和德國其他部分區隔開來；德國在波羅的海的重要海港格但斯克（Gdańsk）自此成了「自由市」，德國人和波蘭人都能自由出入。

希特勒入侵捷克之後一個月，就要求歸還格但斯克，並且爭取在走廊興建治外法權道路的權利。一九三九年初的外交角力，到三月時成了對立的局面，希特勒祕密下令所屬將領「處理波蘭問題」；波蘭和德國之間的關係逐漸惡化，讓波蘭人警覺到戰爭的惡兆。這念頭雖駭人，卻並不新鮮：中世紀以來，德國已經多次占據波蘭，最近的一次是在一九一五至一八年。斯拉夫和條頓族人的對抗已經成了愛國的傳統，波蘭因為在東歐的位置險要，因此屢遭入侵、劫掠、分割，其邊界時有消長，有些村童為了和鄰居談話，學了五種語言。安東妮娜不願去思索戰爭是否可能發生，尤其上次的大戰讓她喪失了雙親，因此她像大部分的波蘭人一樣，告訴自己：他們和擁有強大軍力的法國有穩固的同盟關係，而且英國也信誓旦旦要保護他們。生性樂觀的她一心一意只想著自己的幸運生活，畢竟在一九三九年，並沒有多少波蘭婦女能像她這樣有幸福的婚姻、健康的兒子，還有教她心滿意足的工作，更不用說她視同兒女的那一群動物。滿懷感恩又自豪的安東妮娜在八月初帶著雷斯、他上了年紀的保母，和聖伯納狗索茲卡（Zośka）到人氣很旺的度假村莊雷鎮托卡（Rejentówka），只有姜恩留在華沙守著動物園。她還決定連那隻紅黃金剛老鸚鵡可可（Koko）一起帶去，可可老是頭暈，常常掉下棲木。由於牠一緊張起來就會拔自己的胸毛，因此安東妮娜為牠穿上金屬領片，在牠大叫時發揮擴音器一樣的作用；她希望「新鮮的森林空氣，以及嚼食野木新枝」，能治癒牠的毛病，讓牠五彩的羽毛長好。如今已經長成的山貓留守，但她還用推車推來一隻新動物，一隻名叫波索諾（Borsunio，小獾之意）的獾寶寶，因為太小，所以不能留著不管。而且安東妮娜也希望雷斯能擺脫已經滿城風雨在談論戰爭的華沙，讓他在鄉間度過既是他也是她最後一個無憂無慮的夏天。

札賓斯基夫婦的鄉間小屋緊靠著一個林間凹地，離布格河（Bug）一塊寬廣的空地只有四哩之遙，距小支流雷查札河（Rzadza）也只有幾分鐘的路程。安東妮娜和雷斯在酷熱的暑天抵達，空氣中飄著松脂的氣味。一波波的刺槐和喇叭花怒放；最後一抹陽光映照著老樹的樹梢，黑暗已經籠罩在林間低處。知了尖銳的鳴叫、杜鵑漸低的叫喚和飢餓雌蚊的嗡嗡聲混在一起。

片刻之後，在一個小小的陽台上，她隱身進入芬芳藤蔓的陰影之中，「嗅聞它隱隱約約幾乎覺察不到的花朵，它的香氣比玫瑰、紫丁香和茉莉都芬芳；比最甜美的香氣都好——那是田野中的黃花羽扇豆」。而「只要三兩步穿過長得太長的草……，就是森林的牆：高聳的橡樹，裡裡外外穿插著白樺……。」她和雷斯沉醉在這片寂靜的綠色天地中，彷彿與華沙相距光年之遙；這是一段屬於個人內心的龐大距離，不只是多少里程而已。小屋中連收音機都沒有，大自然提供了所有的教訓、新聞和遊戲；當地流行的消遣，就是到林子裡去，算算有多少白楊樹。

每年夏天，小屋就準備了各式的碟子、盆子、洗澡缸、床單和一大堆乾糧，等著他們光臨；而他們則混合了人類和動物的角色，把小屋變成了雜劇劇場。他們先把大鳥籠安置在陽台上，用小塊柳橙餵金剛鸚鵡；然後雷斯就在獾頸上套上籠頭，想說服牠牽繩散步，結果牠肯是肯，只是方向相反，是牠拉著雷斯全速前進。牠也像其他同伴一樣，喜歡親近安東妮娜。安東妮娜稱牠為「養子」，教牠聽自己的名字，和他們一起在河裡戲水，爬上她的床用奶瓶喝奶。小獾自己學會抓前門外出上廁所，也會像人一樣坐在浴缸裡洗澡，用兩手把泡泡水潑上自己的胸膛。她在日記裡記載，小獾融合了獾的本能、人類的習慣，以及牠自己獨特的性格。比如牠對上廁所一絲不苟，因此在房子兩邊各挖了一個排便的洞，散步時老遠趕回來，就為了要使用這兩個洞。有一天，安東妮娜找不到小獾的蹤影，她翻遍了所有牠白天睡覺的地方——櫥子的抽屜、她的床單和墊子中間、雷斯保母的手提包——都找不到；她到雷斯的房間，彎身朝床底下一望，看到小獾正把雷斯訓練如廁用的小馬桶推到外面來，爬上這白色的小桶子，有模有樣地用了起來。

暑假快結束時，雷斯的朋友馬瑞克（Marek）和茲比斯克（Zbyszek）兄弟——一個醫生的兒子，住在普拉斯基公園的另一頭——在由波羅的海的海爾半島（Hel）回家途中，順道來看他，兩人大談停泊在格迪尼亞港（Gdynia）裡的各種船隻、燻魚和搭船的經歷，以及水邊的種種變化。安東妮娜坐在昏暗的客廳裡，任暮色低垂，聽著坐在前廊台階上的孩子們談他們的夏日冒險；心裡明白，在雷斯心裡，三年前曾去過的波羅的海可能只剩下一點模糊的回憶：只有拍岸的波浪，和正午如鏡般沙灘的炙熱。

「你不會相信他們把海灘挖什麼樣子！明年沒有一個平民百姓會去那裡了！」馬瑞克說。

「為什麼？」雷斯問。

「要建防禦工事，準備戰爭啊！」

哥哥瞪了他一眼，馬瑞克一手環著雷斯的肩膀，一邊不以為地說：「誰去管海邊挖成什麼樣！跟我們講講小獾的事。」

於是雷斯開始說了，起先有點結結巴巴，接著越說越起勁，加油添醋說了牠在森林裡的各種搗蛋行為和惡作劇；最後的高潮是小獾夜裡爬到隔壁鄰居太太的床上，打翻了放在床邊的一桶冷水，孩子們笑成一團。

「聽到他們笑真好，」安東妮娜想，「但逼近雷斯的這根刺——戰爭——對他還是個模糊的念頭。他只把魚雷啦、堡壘啦這樣的字和玩具聯想在一起，和他浮在雷查札河岸邊沙堡旁水灣的美麗船隻一樣；也像他用弓箭射松果的牛仔和印地安人的精彩遊戲。對真正的戰爭，他還沒一點概念，真是感謝老天爺。」

兩個大男孩則像安東妮娜一樣，覺得戰爭屬於成人而非兒童的世界，她感到雷斯有很多問題想問他們，只是他不想讓自己顯得愚笨，或者更糟，像小孩一樣無知；因此他對這個靜靜放在自己腳下的隱形手榴彈並不出聲，雖然人人都怕它隨時會爆炸。

「由孩子天真的唇裡提出這種題目，真是不合適！」安東妮娜邊想邊瞄著三個男孩被太陽曬成古銅色的臉孔在大油燈的光芒下閃爍；她擔心他們的安危，「心頭哀傷啃嚙」，但又不由得想到：「萬一戰爭爆發，他們會怎麼樣？」這是她幾個月來一直不敢面對，一直避開，一直更換措詞的問題。最後她向自己承認：「我們的動物共和國位於最忙碌最喧鬧的波蘭城市，就好像是首都保護之下的小小自治邦。我們住在它的大門之後，就好像與世隔絕的小島，橫掃歐洲的邪惡波浪似乎不能動搖我們的小島。」夜色降臨，抹去一切事物的稜角輪廓，她心中又浮現了另一種焦慮的感覺：雖然她心焦如焚，急著想在兒子生命織錦的破洞形成之際，立刻補綴，但現在卻束手無策，只能眼睜睜地等待它發生。

她希望這最後的逍遙夏日不虛度，因此第二天一早就組織了尋菇大隊，不論是誰，只要找到最多的松乳菇、牛肝菌、白蘑菇，全都有獎。她打算把這些菇類作成菇醬，萬一真發生戰爭，那麼冬天時在麵包上塗抹菇醬，至少可以讓大家想起在鄉下小屋的美好的時光——游泳、小獾滑稽的動作等甜美回憶。他們步行了四哩到布格河，雷斯偶爾扛著肩袋，索茲卡跟在身旁，小獾則坐在手提袋裡。他們沿路有草地就停下來，野餐、踢足球，小獾和索茲卡當守門員，但小獾只要一用牙和爪抓住皮球，就緊咬不放。

大部分的夏日週末，安東妮娜都把雷斯留給保母，自己回到華沙和姜恩過幾天。一九三九年八月二十四日星期四，就在英國再度誓言若德國入侵波蘭時必將保護的同一天，安東妮娜如常回到華沙；只是教她大感震驚的是，她看到許多防空工事，許多百姓正在挖壕溝、設路障，更教人不安的是，街頭巷尾宣布立即徵兵的海報。就在前一天，德國和蘇聯兩國外長里賓特洛普（Ribbentrop）和莫洛托夫（Molotov）才宣布兩國已經簽訂互不侵犯條約，震驚了全世界。

「柏林和莫斯科之間，只有波蘭擋在其中。」她想道。

她和姜恩都不知道，這個條約的祕密條款已經決定兩階段入侵波蘭，共同瓜分它肥美的農地。

「外交官都很狡滑，說不定這只是虛張聲勢。」她想。

姜恩知道波蘭沒有飛機、武器或其他能與德國相抗的戰爭設備，因此他們很認真地討論是否要把雷斯送到比較安全的地方，沒有戰爭利害的城市——如果真有這種地方的話。

安東妮娜覺得自己「彷彿大夢初醒，或者該說展開了一場夢魘。」不論是哪一種，都是心靈上的大震撼。遠離華沙的政治紛擾，躲在「平靜、穩定的農夫生活，在白色沙丘和楊柳的和諧秩序之中」，每一天都因動物稀奇古怪的行徑和小男孩的冒險而生動有趣。原本她以為可以不管世界大事，或至少保持樂觀，甚至天真到執著的地步。

4 華沙，一九三九年九月一日

就在黎明之前，安東妮娜被遠處像砂石倒進金屬槽的聲音驚醒。她的腦袋很快就判定這是飛機引擎的聲音，「希望是波蘭的飛機正在演習。」她邊祈禱邊跑上陽台，只看見天空中沒有太陽，一片白茫茫，是她從沒見過的奇特景象。遮天蔽日的不是雲，而是厚重的金白色光澤，像簾幕一般低低懸在地上，沒有煙，也沒有霧，由地平線的這一頭延伸到那一頭。曾參加過一次大戰的姜恩是預備軍官，因此前一晚不知在哪裡值勤，安東妮娜只知道他在「動物園外的某個地方」，在維斯杜拉河這條心理壕溝對面的市街。

她聽到「飛機的轟轟聲，數十架，或許上百架，」聽來彷彿「遠方的波濤，並不是平靜的波浪，而是暴風雨的拍岸驚濤。」她又凝神聆聽了一下，聽出德國轟炸機那掩不了的低鳴，在戰爭後期，倫敦居民發誓，他們聽到飛機低聲咕噥：「你們在哪裡？你們在哪裡？」

姜恩上午八點回到家，一臉焦躁，他只打聽到一點消息。「這不是政府告訴我們的演習，」他說，「而是轟炸機，掩護德國陸軍的空軍中隊，我們得趕快走。」由於雷斯和保母在安全的雷鎮托卡，因此他們打算先赴較近的查雷西村（Zalesie），雷斯的堂兄弟就住在那裡，不過他們要先聽收音機的最新消息。

這是波蘭學童展開新學年的第一天，照理說人行道上應該滿是制服和背包；但他們由陽台上，只見到波蘭士兵由四面八方衝來——沿著街道、在草地上，甚至跑進動物園裡——樹起氣球障礙、架妥防空機關槍、堆起砲彈，就像動物的糞便那樣的錐形。

動物園裡的動物似乎也感受到了危險：牠們並不怕小火堆——因為多年來，牠們已經習慣了家裡生的營火——但牠們卻為如急流般湧來的士兵而驚嚇，因為每天清晨牠們見到的人類，僅有約十來個穿著藍制服的管理員，且通常帶著食物。山貓扯開喉嚨，叫喚出一種介於吼聲和貓叫之間的聲音；花豹則噴出氣息，冒出低音；黑猩猩尖聲吶喊；熊發出驢般的嘶嗚；美洲豹則彷彿在咳出喉嚨裡卡到的東西。到早上九點，他們才知道希特勒為了德軍理直氣壯的攻擊，先在德國邊境的格列維茲（Gleiwitz）製造了假攻擊：由穿著波蘭制服的德國黨衛軍強行徵收了當地電台，廣播一段要波蘭軍對抗德國的假消息。雖然被送至此地採訪的外國記者，看到穿著波蘭制服的囚犯屍體作為為波蘭敵意的證據，但卻沒有人上當。不過就連這樣的把戲也不可能沒有反應，到凌晨四點，德國的戰艦什列斯威—好斯敦號（Schleswig-

Holstein）已經砲擊了格但斯克附近的軍火庫，蘇聯紅軍也準備由東方入侵。

安東妮娜和姜恩匆匆收拾了一下，步行過橋，希望能過河到東南十幾哩外的查雷西。他們才走近查巴威西廣場（Zbawiciel），就聽到引擎聲越來越大，飛機在他們頭頂上浮現，就像幻燈片一樣出現在屋頂和屋頂的缺口之間。炸彈呼嘯而下，落在他們面前的街道上，只見黑煙彌漫，接著就聽到屋瓦破裂、磚頭和灰泥粉碎的聲音。

每一顆炸彈都會創造不同的氣味，端看它擊中哪裡，把什麼東西化為煙霧，讓鼻子嗅到這些分子和空氣混合之後所飄散的味道。鼻子可能會接收到上萬種不同的氣味，由黃瓜到小提琴的松香：如果炸毀的是麵包店，浮起的煙塵就發出酵母發酵、蛋、糖漿和黑麥的味道；如果泛出丁香、醋和燒肉味，則是屠夫的店；如果是燒焦的肉和松樹氣味，則是燃燒彈擊中房子，大火快燒，屋裡的人迅速死亡。

「我們得回頭。」姜恩說。他們跑過舊城牆垣，越過哨響不停的金屬橋，再度回到動物園，安東妮娜說：「我沮喪到什麼都不能做，只聽到姜恩指揮員工：『牽一輛馬車來，裝上食物和煤炭，帶上保暖衣物，趕快……。』」

在姜恩眼中，找出對德軍沒有軍事價值的城市，簡直就像充滿未知數的方程式。他和安東妮娜都沒有料到德國會侵略波蘭，雖然他們先前擔過這個心，但卻想這可能只是杞人憂天；頂多只是私下的圍城，而不是步步進逼的戰爭。安東妮娜如今思索，他們怎麼會這麼天真；姜恩忙著安排家人到安全的去處，而他自己則要留守動物園照料動物，等待命令。

「華沙很快就會封鎖，」他想，「德軍由東方攻來，因此我想你最好回到雷鎮托卡的小木屋。」

她考慮了一下，雖然感到不安，但還是決定：「對，至少我們認識那個地方，那是雷斯有美好回憶的地方。」說真的，她拿不定什麼主意，只管收拾行李，依靠姜恩的直覺，爬進裝了準備長期抗戰諸多用品的馬車，在路太擁擠前趕緊出發。

要到雷鎮托卡這個度假小村莊只有二十五哩左右的路程，但安東妮娜和馬車夫卻花了七小時才到。泥土路上擠了成千的人群，大部分都是步行，因為車、卡車和馬匹都已經被軍方徵收了。男女老少全都滿心憂懼，快步前進，帶著能帶的一切逃離這個城市。有的人推著娃娃車、拖車和手推車；有的人拖著行李箱，牽兒帶女；不過大部分人都穿著一層又一層的衣服，背包、提袋、鞋子不是背在身上，就是掛在脖子上。

高大的白楊、松和樅樹矗立在道路兩邊，舞動著枝幹上槲寄生結成的棕色大球。黑白相間的鸛鳥則窩在電線桿上，依然在為往非洲的長途跋涉增肥。不久路兩邊成了大片農田，穀子閃閃發光，麥穗指向天際。安東妮娜記下她汗如雨下，呼吸急促，空氣中滿是灰塵。

暴風雨遙遠的轟隆聲變成了水平線的一群蚊蚋，轉瞬間德國飛機就如烏雲密布，吞噬了整片天空，在頭上低低盤旋。人、馬同樣驚惶失措，在槍林彈雨間，大家匆匆跑過飛揚的泥土，不幸者倒地，較幸運者則逃過一陣又一陣的機關槍掃射。鶴、紅翼鶇鳥、白嘴鴉的死屍散落在樹幹和落在地上的背包之間，會不會被子彈打中純看運氣。安東妮娜在這七個小時之內逃過此劫，但死亡和瀕死者的景象卻深深印刻在她記憶之中。

至少她兒子在雷鎮托卡，可以避開這樣的景象。如此難以磨滅，尤其對一個小小孩，他的腦袋還在忙著探索世界，學習該期待些什麼，把他所見的真相織進上兆個聯繫點。**為你的人生作準備**，孩子的腦袋告訴他，**在一個充滿破壞和不確定的世界裡**。「任何殺不死我的，必使我更強壯。」尼采在《偶像的黃昏》（*Twilight of the Idols*）如是說。彷彿人的意志能如日本武士的劍一樣，加熱、敲擊、彎折、重鑄，直到它無堅不摧；但若這柄寶劍是小男孩的心靈，面對這樣的打擊，會有什麼影響？混雜在安東妮娜為兒子擔心的情緒中，還有對德國人的義憤：「這場現代的戰爭和以往我們所識的戰爭都不同，竟容許殺戮婦孺、平民。」

塵土落定之後，藍天重現。她看到兩架波蘭戰機正在農田上方攻擊沉重的德國轟炸機，由遠方看過去，這片情景構成的幾何圖形倒很熟悉，就像凶猛的鶺鴒在驅趕老鷹。每一次戰機用簇簇煙霧螫刺轟炸機，民眾就鼓掌叫好，像這樣靈活的空軍一定可以趕跑德軍吧？縷縷金箔在暗淡的陽光下閃耀，突然轟炸機噴出血紅色的火燄，以銳角直墜落地；接著一球白色的水母飄落松林樹頂：德國駕駛員在降落傘下搖擺，慢慢地穿過矢車菊藍的天空。

就像許多波蘭人一樣，安東妮娜不明白這場戰爭的危險，而只仰賴號稱飛行員——尤其是保護華沙的追擊隊——訓練精良、驍勇善戰的波蘭空軍；但其實他們寡不敵眾，過時的PZL P.11戰機，更不是德國JU-87俯衝轟炸機的對手。波蘭的卡拉斯（Karas）轟炸機在德軍戰車上方盤旋時，飛得又低又慢，一下就被制空砲火擊落。她不知德國正在測試一種聯合三軍武力的戰術，稱作閃電戰（Blitzkrieg），也就是用你所擁有的任何武力攻擊——戰車、飛機、騎兵、砲兵、步兵——出其不意，制敵機先。

等她好不容易抵達雷鎮托卡，這裡卻已成了鬼城。夏日的遊客已經離去，店舖因淡季都已停業，就連郵局也關閉。她又累、又慌、又髒，乘著馬車來到被高大樹木和一片寂靜包圍的小屋；來到聞起來熟悉而安全，充滿了土地、香草與野草、腐木和松油芳香的環境。我們可以想像她緊緊擁著雷斯，招呼保母，吃下蕎麥片、馬鈴薯和湯的晚餐；安頓行李，沐浴，渴望再一個夏天如常的規律，但卻無法撫慰或平息自己對預兆的不安。

接下來幾天，他們經常站在前廊，看著一波又一波的德國戰機飛往華沙；一排排像樹籬般列隊，掩黑了整片天空。它們的規律教她益發憂慮：每天戰機約在清晨五點就在頭上群集，到下午日落之後再出現一次，她卻不知道它們究竟轟炸了誰。本地的景物看起來也益發詭異。他們向來不會在秋天造訪雷鎮托卡，此時已經沒有遊客，也沒有寵物。高大的菩提已經轉棕，橡木則呈現陳舊血跡的褐紅，楓樹卻留了些許綠葉，黃腹的黃昏雀則在樹間採食它的具翅種子。沿著沙土路，鹽膚木叢長出鹿茸般的枝幹和毛毛的紅錐果；藍色的菊苣、棕色的香蒲、白花南芥、粉紅的薊花、橘色的水蘭和秋麒麟草，把草地點綴成秋日景象，每當微風吹拂，花莖就隨風款擺，就像手拂絨毛地毯一般，改變了如畫般的景象。

九月五日，姜恩搭火車抵達，他一臉陰鬱，看到「非常沮喪困惑」的安東妮娜。「我聽到傳言，德國陸軍由東普魯士入侵，很快就會抵達雷鎮托卡，」他告訴她，「不過前鋒還沒抵達華沙，大家已經習慣空襲。我們的軍隊一定會盡一切力量保護首都，因此我們還是回家吧。」

雖然他似乎連自己也說服不了，她還是同意了。一方面是因為姜恩是很會規畫的策略家，他的直覺往往很準；另一方面也是因為她覺得如果他倆能在一起，共同分擔安心與憂懼，日子會好過得多。但走大路回家，是絕對不行的。

夜裡，他們搭上車窗已塗黑的慢車，在太陽躍出地平線之前的晨曦中，在黑夜與白天兩次空襲間的平靜時光抵達華沙。安東妮娜記錄，馬匹已在車站等著他們，他們在如夢似幻的日常景象中返家——無風的寧靜、潮濕的空氣、翠菊樹籬、五彩的葉片、吱嘎作響的車軸、踏在石頭路上的達達馬蹄——有那麼短短的一段時間，他們沒入了尚未機械化的往日辰光，沉浸在原始的靜寂之中；戰爭在她眼裡就像被蒙住般不真實，只是遠遠一抹朦朧的月光。

到了布拉卡的大門，她下馬時卻徹徹底底地清醒了過來。炸彈已經炸開了柏油路面，炮彈切下了大塊的木材建築，大砲的輪子在草地上印了深深的印子，楊柳老樹和菩提的斷枝隨風張揚。安東妮娜緊緊抱住雷斯，彷彿她眼前這片殘破景象可以藉這一抱傳達；不幸的是，動物園緊靠著河，河上幾座橋樑交通繁忙，成了德軍主要的目標——再加上有波蘭軍隊駐守，更是幾天來反覆轟炸的上好目標。他們在斷垣殘壁中找路前進，走到老家和被炸得滿目瘡痍的庭院，安東妮娜的眼睛落在被馬蹄踏爛的花床，看到纖細的花萼被踩進土裡，「宛如多彩的淚珠」。

黎明剛過，陽光和戰事就開始加溫。他們站在前廊，心驚肉跳地聽著街道上尖銳爆炸聲和鐵柱斷裂的回聲；突然地面開始顫抖，在他們腳下移動；他們匆匆跑回屋裡，卻看到梁柱、地板和牆壁全都搖晃不停。獅子的嗚咽和老虎的號叫在大型貓科動物區迴盪，她知道這些貓科媽媽們「因恐懼而瘋狂，叼著寶寶的頸背，在籠裡走來走去，焦急地想找個安全的地方，把寶寶藏起來。」大象狂亂地吹著號；土狼則因恐懼而發出如笑聲般的啜泣，穿插著如打嗝般的聲響；非洲獵狗長嚎不已；恆河猴則騷動不安，互相爭鬥，歇斯底里的尖叫劃破了天空。雖然如此擾動不安，但動物園員工依舊如常送水送食，檢查籠門的鎖和柵欄。

在這場德軍空襲中，一顆半噸的炸彈把北極熊住的山檻夷為平地，牆、壕溝和欄柵全都倒了。這群驚駭莫名的動物逃了出來，當一排波蘭士兵找到這群驚嚇的熊，身上沾著血，在老窩附近徘徊不去。他們很快地射殺了牠們，而且擔心獅子、老虎和其他危險的動物也可能會脫逃，因此士兵乾脆把最有攻擊性的動物全都殺光，包括小象杜辛卡的爸爸傑斯（Jaś）。

安東妮娜在前廊注視這一切，清楚地看到對面波蘭士兵聚在井旁的景象：幾名動物園員工圍在他們旁邊，有一個在哭，其他人則一臉嚴肅，沉默不語。

「他們已經殺了多少動物？」她問自己。

一件又一件事情接踵而來，沒有時間抗議或難過。倖存的動物需要照顧，所以她和姜恩也加入其他員工的行列，盡力餵食、醫療和安撫動物。「人至少可以收拾行囊逃難，臨機應變，」安東妮娜想道，「如果德國占領波蘭，動物園這些嬌客怎麼辦？……這些動物的情況比我們還糟。」她嘆息：「因為牠們完全依賴我們，把動物園搬到另一個地方是難以想像的，它是太複雜的生命體。」就算戰爭速戰速決，後果依舊不堪設想。她告訴自己，他們去哪裡找食物和經費來經營動物園？她和姜恩雖不願去想像最可怕的情況，卻依舊多買了一些乾草、黑麥、乾果、麵粉、乾麵包、煤炭和木柴。

九月七日，一名波蘭軍官敲響他們的前門，正式下令所有身體健全的男子都得到西北陣線加入戰爭——這也包括四十二歲的姜恩——所有的民眾必須立即由動物園撤離。安東妮娜迅速收拾行李，帶著雷斯過河，這回是到她妯娌位於城西的家，卡波納斯卡街（Kapucyńska）三號公寓的四樓。

5

夜裡，在卡波納斯卡街的小公寓裡，她聽到另一種新的噪音：德國大砲如鐵砧擊錘的聲音。在世界的其他角落，她這年紀的婦女可能在夜總會中流連，隨著葛倫・米勒（Glenn Miller）的歌聲如〈珍珠鍊〉（A String of Pearls）、〈小棕壺〉（Little Brown Jug）等扭腰擺臀；其他人則可能在路邊的小酒店，伴著剛發明的點唱機跳舞；老夫老妻可能請來保母照顧孩子，雙雙對對跑去看一九三九年新上映的電影，如葛麗泰・嘉寶（Greta Garbo）的《妮諾奇嘉》（*Ninotchka*）、尚・雷諾（Jean Renoir）的《遊戲規則》（*The Rules of the Game*）、茱蒂・嘉蘭（Judy Garland）的《綠野仙蹤》（*The Wizard of Oz*）；全家大小駕車出遊，欣賞秋葉美景，在秋收季節吃蘋果蛋糕和玉米餅慶祝。然而對波蘭人而言，人生成了渣滓，是生命精華由原汁中榨乾後的殘渣；在德軍占領期間，人人都喪失了日常生活的多種滋味，被卡在只有最基本需求的現實中；而這樣的生活也花掉了人們大半的精力、時間、金錢和思緒。

就像其他動物媽媽一樣，她也坐立難安，要找個安全的地方讓孩子躲藏，「但和牠們不一樣的是，」她在日記中寫道，「我不能把雷斯叼在嘴裡去找安全的窩巢。」妯娌的公寓也留不住她：「萬一房子垮了，我們逃不出來怎麼辦？」或許最好的辦法，是搬到樓下那個賣燈罩的小店——如果她能說服店主收容她。

她帶著雷斯，爬下那四層漆黑的樓梯，敲了敲門，兩位老太太開了門，她們是喀德絲卡（Caderska）和史托柯絲卡（Stokowska）。

「進來，進來。」她們張望了一下她身後的走廊，很快地栓緊了門。

她走進雜亂無章的店鋪裡，這是一片奇特的新大陸，半像珊瑚礁，半像天文館，在她眼前展開。店裡滿是布料、膠水、漆、汗和快煮燕麥的氣味；形形色色的燈罩由屋頂垂下來，像金字塔一樣層層疊疊，或是像異國風味的風箏一樣，堆在一起；木架上像堆點心一樣堆著一匹一匹的布料、銅架、工具、螺絲、鉚釘和裝飾品，依玻璃、塑膠、木材和金屬等材質區分。在那個年代，婦女親手縫製燈罩，修補舊燈罩，同時也出售一些別人製的燈罩。

安東妮娜的視線在室內逡巡，打量一九三〇年代在波羅的海流行的燈罩樣式，那正是由維多利亞風格過渡到新藝術和現代派之際，因此她看到下面這番景象：鬱金香形狀的粉紅絲燈罩飾著菊花織錦；白緞蕾絲的綠色雪紡紗燈罩；幾何形狀的皺褶象牙燈罩；拿破崙帽形的亮黃燈罩；八面的穿孔燈罩，罩裙飾有假珠寶；頂上飾有暗琥珀色雲母的石膏球體，以新藝術風格的手法刻畫追逐雄鹿的射手；一粒一粒的橘紅玻璃圓頂罩垂著水晶吊飾，下面懸著銅製的小舟，綴以藤蔓花紋。此外，還有鴿胸之稱、在安東妮娜這個時期歐洲最流行、常當作酒杯的紅玻璃，在暗夜裡點燈時，會映照出剛削皮血柑的色彩。它是用鴿血染色而成，也是用來製造高品質紅寶石的靈丹——最好的紅寶石是如血般的鮮紅色。

雷斯把她的注意力引到房裡的另一端，出乎意料地，許多婦孺狼狽地坐在大小燈罩間。「Dzień dobry，Dzień dobry，Dzień dobry。」安東妮娜一個個依次打招呼。燈罩店裡溫馨的氣氛，讓流離失所、挨寒受凍的人們全躲到兩位老媽媽店主所經營的店舖來。她們願意分享自己的食品櫃、煤炭和床鋪，安東妮娜寫道：

這個燈罩店和工作坊，就像磁鐵一樣吸引了許多人。由於這兩位可愛的老太太，她們實在心腸好，充滿了愛與仁慈，才讓我們度過這段可怕的時光。她們就像夏夜裡溫暖的光芒一樣，不論是住在樓上的鄰居、來自其他地方無家可歸的遊民、來自被毀建築、甚至其他街道的人，都聚在這裡。就像飛蛾一樣，被這兩位女士的溫暖所吸引。

安東妮娜驚奇地看著她們滿是皺紋的手送來食物——主要是燕麥——以及甜點、明信片本和小小的遊戲；每一晚，大家挑選睡覺的位置時，她就在堅固的門框下放個床墊，用身體保護雷斯，斷斷續續進入夢鄉，彷彿落入井裡。她的過去越來越如詩如畫，也越來越遙不可及。她原本為來年做了這麼多計畫，如今卻連能不能和雷斯一起度過今夜都不知道，她能不能再活著見到姜恩？她的兒子能不能再過一個生日？「每一天我們的生活都充滿連結到恐怖現在的思緒，甚至是我們自己的死亡。」她在備忘錄上寫道：

我們的盟友不在這裡，沒有人幫我們——波蘭人是完完全全孤獨的，雖然只要英國人攻打德國，就能讓華沙頻繁的轟炸止息……我們接到波蘭政府教人洩氣的消息，我們的史米格里元帥（Marshal migly）和政府要員已經逃到羅馬尼亞，而且被逮住了。我們因為遭受背叛驚駭不已，我們覺得很悲哀。

英法向德國宣戰時，波蘭人十分歡喜，廣播電台一連數天都不停播放英法國歌，但是到九月中，無盡的轟炸和砲火依舊沒有止歇的跡象。「活在圍城之中。」安東妮娜在備忘錄裡以不可思議的語氣寫道。活在炸彈呼嘯而過、爆炸震耳欲聾、滿目瘡痍、處處是飢民的世界裡，先是如水和瓦斯這些例行的必需品消失了，接著廣播和報紙也沒了；有膽子敢上街的人，只敢匆匆跑過，大家冒生命危險排隊，只不過為了一點點馬肉或麵包。連續三週，她白天聽到炮彈尖嘯掠過屋頂，夜裡聽到炮聲隆隆敲在黑暗中的牆垣。教人心驚的嘯聲之後是可怕的轟隆聲，安東妮娜發現自己豎耳聆聽每一聲尖嘯結束，擔心最可怕的後果，因為聽到別人的生命破滅而喘息。她不用嘗試，就估量出炸彈離此的距離，因為自己不是炸彈的目標而鬆了口氣，然而幾乎馬上又聽到另一聲呼嘯，另一次的爆炸。

有少數幾次，她冒險出門，彷彿踏進電影的戰爭場面當中：黃色的煙霧，堆積如金字塔的瓦礫，從前曾是建築物的地方只剩參差不齊的斷垣殘壁；迎風飛揚的信件和藥瓶，受傷的人們和腳曲折得怪異的死馬；但再也沒有比這更不真實的事物——在頭上盤旋，起初看來像雪，但卻不像雪花那般飄揚，而是輕輕起落，卻沒有真正墜地，比大風雪更教人不安——那是一片怪誕的柔雲，是來自這城市各枕頭和被褥的羽絨，輕輕地在建築物上方旋轉。很久以前，波蘭國王曾趕跑入侵的土耳其人，方法是把大羽毛圈黏在士兵的背上，士兵在戰爭中奔跑時，風就吹過他們背後的假翼，如龍捲風般呼呼作響。敵軍的戰馬紛紛逃竄，死命地抵住馬蹄，不肯向前。對華沙人而言，這場羽毛風雪可能教他們想起這些騎士的屠殺，他們是這城市的守護神。

一天，一枚未爆彈掉入她住的房子，卡在四樓天花板上，她等它爆炸，卻遲遲未來；當晚，炸彈噴灑煙霧直達天際，她讓雷斯遷進附近教堂的地下室；接著，「在清晨教人窒息的寂靜中，」她又把雷斯帶回燈罩店裡，「就像我們動物園的母獅一樣，」她告訴其他人說，「我也忙著把幼獸由籠子的這一邊搬到那一邊去。」

姜恩一直沒有消息，她擔心他，夜不成眠，但她告訴自己，如果她不拯救還留在動物園中的動物，一定會教他失望。牠們還活著嗎？她懷疑，留下來負責照顧他們那些十來歲的男孩子，真的會照顧牠們嗎？她似乎沒有選擇：雖然因恐懼而不安，但她還是把雷斯交給妯娌，在漫天烽火中過河。「獵物就是這樣的感覺，」她在混亂中心想，「不像英雄，而是不計一切代價，非得要安全回家才行。」她想起傑斯和其他大型貓科動物的死，由波蘭士兵舉槍瞄準。牠們死前的最後一刻折磨著她，或許還加上揮之不去的恐懼：萬一牠們才是幸運的一群，又該如何？

6

納粹轟炸機出勤一千一百五十架次攻擊華沙，炸毀了在制空機槍旁的動物園。在晴朗的那一天，天空露了臉，呼嘯的火舌直墜而下，炸開籠子。壕溝的水向上飛濺；鐵柵被強力扭開，發出嘎吱聲；木造房屋受熱倒塌；玻璃和金屬碎片劃破了皮膚、羽毛、蹄子和鱗片。受傷的斑馬渾身浴血拚命奔跑；嚇得六神無主的吼猴和紅毛猩猩發出尖嘯，衝進樹林和草叢；蛇群滑動，鱷魚則邁開腳趾，全速快走。子彈劃開了鳥舍的網，鸚鵡就像阿茲特克的神祇般盤旋而上，俯衝而下；其他熱帶動物則隱身灌木和樹木間，或者振著燒焦的翅膀想飛。有些動物躲在籠子或水盆之中，成了滾動的火球；兩隻長頸鹿死在地上，四腳扭曲成水平狀，教人怵目驚心。凝結的空氣使人呼吸困難，充滿焚燒木頭、稻草和肉塊的臭氣。猴子和鳥兒死命地抓，創造出宛若來自另一世界的合唱，背後是如定音鼓般的子彈和爆炸聲響。這樣的大震撼在整個動物園內迴響，就像成千上萬的大怒神由地獄向上伸抓，想要動搖世界。

安東妮娜和幾名管理員四處奔忙，想拯救一些動物，並放走另一些，同時還要避免自己受到傷害。她一邊由一個籠子跑到另一個，一邊也擔心她先生在前線的安危：「他是勇敢的人，有良心的人。但如果連無辜的動物都不安全，他還有什麼希望？」等他回來又會看到什麼樣的景象？接著她腦中又浮現另一個想法：他們最喜愛的母象卡西亞到哪裡去了？等她最後趕到卡西亞的籠檻，只看到籠子夷為平地，她不見了（後來她才知道，牠已經被炮彈打死了），但她聽到牠兩歲的小象杜辛卡在遠處以鼻號叫的聲音。許多猴子不是在大火中燒死，就是被炮彈射死，其他的則邊跳過灌木和樹叢，邊放聲大喊。

奇蹟的是有些動物逃過一劫，許多甚至過橋逃到對岸，在首都被焚燒的此刻進了舊城。不論是敢站在窗前，或是倒楣地還在戶外的人，都看著這幕彷彿聖經上幻影成真的景象：看著動物跑上華沙的街道。海豹沿著維斯杜拉河畔涉水；駱駝和駱馬則在小巷漫步，蹄子因踏上石板路而打滑；鴕鳥和羚羊與狐狸和狼並肩漫步，在磚塊上疾走的食蟻獸則喊出**哈奇**、**哈奇**的聲音。本地居民看到模糊的毛皮影子在工廠和公寓間一閃而過，奔向遠處的燕麥、蕎麥和亞麻田地；爬進小溪，躲在樓梯井和車棚裡。泡在泥水中的河馬、海瀨和海狸存活下來；熊、野牛、普氏馬、駱駝、斑馬、山貓、孔雀和其他鳥類、猴子和爬蟲，也都活了下來。

安東妮娜寫到她在自己住屋附近攔住一名年輕士兵，問他：「有沒有看到一隻大獾？」

他說：「有一隻獾一直在門前又敲又抓，但我們不讓牠進來，牠就消失在樹叢裡了。」

「可憐的小獾！」她想像全家的寶貝受到驚嚇，在門口求救的情景，不禁心痛如絞；但過了一會兒，「希望牠逃過一劫」的想法開始由心中浮現。熱和煙又開始了，她的腿也有了力量，她跑去檢查來自蒙古的硬鬃毛馬，至於其他的馬和驢子——包括她兒子的小馬費格拉茲（Figlarz）——都已經死在街頭；不過稀少的普氏野馬卻好端端地站在牠們欄檻的草地上，只是渾身發抖。

安東妮娜好不容易離開動物園，越過映照著火光菩提樹影的普拉斯基公園，朝著她和兒子藏身的市區燈罩店走。她一身汗跡，筋疲力竭，把她所見的火苗煙雲、連根拔起的大樹和小草，血跡斑斑的建築物和動物屍體描述給大家聽。等她覺得平靜一點了，才走向密奧多瓦街（Miodowa）。一號，爬上樓梯，進了一間小辦公室，裡面擠滿了焦慮的人群，堆積如山的文件——這是反抗軍的祕密藏身處，她在那裡碰到了老友亞當·英格勒特（Adam Englert）。

「有什麼消息嗎？」

「顯然我們的軍隊已經彈盡援絕了，他們正準備正式投降。」他垂頭喪氣地說。

在備忘錄中，她寫到她聽著他說話，但他的言辭卻在她身邊飄盪，彷彿她那已經裝滿今天所見恐怖景象的腦袋，發出了拒絕服務的吶喊，不肯再吸收任何一丁點訊息。

她重重地坐在沙發椅上，彷彿被黏住似地。直到此刻，她都不肯讓自己相信她的國家可能真的會喪失獨立地位，再一次喪失。如果占領不是新鮮事，那麼驅逐敵人也不是，只是自從他們上次和德國作戰已經有二十一年了，幾乎占了安東妮娜大半的人生，這個前景教她害怕。十年來，動物園彷彿在維斯杜拉河邊壕溝的保護下，自主地運轉，日常生活就像一塊又一塊的拼圖，正適合她熱切的識別力。

回到燈罩店，她把由英格勒特那裡聽來的消息告訴大家，但這卻和華沙市長史塔辛斯基（Starzyński）慷慨激昂的廣播對不上：他在廣播中譴責納粹，提供希望，鼓吹每一個人盡一切所能保衛首都。

「在向你們演說的同時，」他曾在一個場合中說，「我可以透過窗戶看到它的偉大和榮耀，雖然籠罩在煙霧之下，卻在火舌中閃閃發紅——榮耀輝煌、不屈不撓、為華沙而戰！」

他們覺得迷惑，不知該相信誰：市長公開的演說，還是反抗軍的成員。當然該是後者，在另一次廣播中，史塔辛斯基一度使用過去式的用字遣辭：「我原想讓華沙成為偉大的城市，我相信它應該是偉大的城市。我的幕僚和我曾擬了許多計畫，勾勒出未來偉大華沙的藍圖。」如果由他的**曾經**來看（是說溜了嘴嗎？）安東妮娜的消息比較可信，大家的心都沉了下去，店主徐徐站了起來，捻亮了小燈。

過了幾天，華沙投降之後，安東妮娜和其他人圍桌而坐，雖然飢腸轆轆，但因情緒低落，因此就連眼前少許的食物也食不下嚥。這時她卻聽到門上一陣剝啄，沒有人會再造訪別人，沒有人再來買或修補燈罩，店主心驚膽跳地把門開了一道小縫，教安東妮娜大吃一驚的是，姜恩站在門口，雖然一臉疲憊，卻似乎放下了心。他們緊緊擁抱親吻，最後他才坐下來，把他的經歷告訴他們。

姜恩和朋友幾週前，也就是九月七日晚間，離開華沙，沿著河走到布格河畔的布列茲齊（Brześć），等著加入適當的單位；但一直沒找到，因此他們最後就分散了。九月二十五日，姜恩在米尼（Mienie）的一個農莊過夜，他是因為每年夏天在雷鎮托卡小木屋度假，才認識這家人；第二天一早，管家把他喚醒，問他能不能為昨晚抵達的德國軍官翻譯。和納粹打任何交道都很危險，因此姜恩一邊穿衣，一邊也作好最壞的打算，在心中演練可能發生的情況。他假裝鎮定地走下樓梯，眼睛緊盯著站在客廳裡的德國陸軍軍官，一邊和農莊主人談論飲食供應的問題。等那名納粹軍官把臉轉過來，姜恩簡直不敢相信，以為自己因為太過緊張而看到幻影；但就在這同時，那名軍官的臉也露出驚喜之色，綻開微笑，那是慕勒博士（Müller），國際動物園長協會的會員，負責掌管東普魯士克羅列維克〔Królewiec，戰前稱為哥尼斯堡（Königsberg）」的動物園。

慕勒一臉笑容說：「我只認識一個波蘭人，那就是你。沒想到竟在這裡遇到你！怎麼回事？」慕勒是負責補給品的軍官，到這個農莊來為軍隊張羅食物，他把華沙和動物園的劫難告訴姜恩，姜恩本想立刻就回家，慕勒也表示願意幫忙；但卻警告說，像姜恩這個年紀的波蘭人在路上並不安全。他認為最好的作法就是逮捕姜恩，假裝開車押解他回華沙；另一方面，姜恩則擔心兩人過去雖有交情，但如今能不能信任對方？不過慕勒果真信守承諾，在華沙投降後，開車載姜恩回到華沙，盡量送他到城裡深處。兩人道別，期待日後在更愉快的情況下相見。姜恩在斷垣殘壁中穿梭，懷疑自己能不能找到卡波納斯卡街，找到安東妮娜和雷斯——如果他們還活在人世。最後他找到這棟四層樓的建築物，當他敲門的第一聲沒有回應時，他「差點因心慌意亂而倒地」。

接下來的日子，華沙極度的安靜教人心神不寧，因此姜恩和安東妮娜打算偷偷過橋回到動物園。這回他們身邊不再有炮彈和冷槍，幾位動物園管理員也回來了，重新作起例行的工作。就像幽靈軍隊在半被屠殺的村子裡工作，警衛室和宿舍如今已成焦坡，工作室、大象屋和所有的動物欄檻居所不是燒焦就是化為平地；最奇怪地，是許多籠子的鐵柵被熔成奇形怪狀，彷彿前衛藝術家的傑作。姜恩和安東妮娜走到居所，眼前比以往更超現實的情景教他們怵目驚心：雖然房子還在，但大片的玻璃窗卻因炸彈而粉碎，到處是像沙一樣的玻璃碎片，和壓扁的乾草混在一起。這是波蘭士兵在空襲時躲在此處而造成的，一切都得重新修整，尤其是窗戶，由於玻璃是稀有物品，因此他們打算暫時用三夾板充數，即使這意味著更進一步地封閉自己。

但首先他們得追回受傷的動物，他們在整個園區地毯式搜索，甚至在不可能躲藏的地方尋覓，每當有人找到動物，就會發出一陣歡呼。牠們陷在瓦礫之下，又困惑又飢餓，但還活著。安東妮娜寫道，他們找到許多軍隊的死馬，肚子發脹，牙齒緊咬，眼睛因恐懼而大睜。這些屍骸都得埋起來或肢解（羚羊、鹿和馬肉可以分給城裡的飢民），姜恩和安東妮娜不忍心見這情景，因此只好離開，把這事交給管理員。夜幕降臨，他們又累又沮喪，房子不能住，因此他們回到卡波納斯卡街。

第二天，隆美爾將軍（Erwin Rommel）在廣播中，呼籲華沙士兵和市民尊嚴地接受投降，並且在德國陸軍進城時保持平靜。他的廣播最後說：「我相信華沙的人民，在勇敢防衛他們的城市時展現了愛國的精神，如今也會安靜、光榮、鎮定地接受德軍入城。」

「或許這是好消息，」安東妮娜告訴自己，「或許終於和平了，而這是重建的機會。」下了一早上的雨，厚重的雲終於開了，十月的暖陽照了下來，德軍開始巡邏每個社區。

街頭巷尾處處是沉重的皮靴聲和急促的外語，接著不同的聲音傳進了燈罩店，這是波蘭男女群眾的聲音。安東妮娜看到「一個大型生物緩緩浮動」，朝市區而去，人們由建築物中一點一滴慢慢加入他們。

「你認為他們要去哪裡？」

收音機廣播說希特勒準備閱兵。她和姜恩也都感覺到那股拉他們外出的力量。安東妮娜不論到哪裡，都看到一片破壞的景象，她在筆記裡描述「建築物就像被戰火斷了頭一般——屋頂不見了，殘破的屋頂落在附近房子的後院裡。其他的建築由屋頂到地下室都被炸彈炸毀，看來教人神傷。」它們教她想起「因自己所受的傷而難為情的人們，想找什麼東西來遮掩自己腹部的傷口。」

接著安東妮娜和姜恩走過被水泡爛的建築，它們的灰泥已經剝落，露出血紅的磚頭，在暖洋洋的陽光下冒著蒸氣。火繼續在燒，屋子裡繼續悶燻，使得空氣中都是煙，讓眼睛流淚，喉頭緊縮。群眾好像被催眠了一樣，湧向市中心，在檔案影片中，可以看到他們散布在大街上，而征服華沙的德軍則穿著金屬槍灰色的制服，一排一排地行進；他們的步履發出回聲，就像鞭子抽打在硬木上。

姜恩轉頭看安東妮娜，她好像快要昏過去了。

「我沒辦法呼吸，」她說，「我覺得自己好像要淹沒在灰色的海裡了。他們要淹沒整個城市，把我們的過去和人民都沖走，把一切都由地球上抹去。」

他們擠在群眾裡，看著閃亮的戰車和槍枝源源不絕地湧進，還有面色紅潤的士兵；有的一臉挑釁，教姜恩不得不別開視線。偶戲在波蘭是很流行的民間藝術，不只是給兒童看，也常有諷刺時事和政治的主題，而由舊影片中，可以看到波蘭人或許會覺得諷刺的情景：銅管樂隊通報一波波光閃閃的騎兵和高視闊步的部隊，希特勒站在大街上更遠處的閱兵台上，一手高舉在空中，就像偶戲師傅操縱隱形的線縷。

波蘭各主要政黨的代表已經在一家銀行內開會，討論訓練地下軍的事宜。原本地下軍差點就成功：他們在希特勒閱兵台下埋放爆裂物，照說可以把他炸成碎片；但在最後一刻，德國軍官把埋伏者移到另一個地點，結果他沒機會點燃引線。

這個落在德國手裡的城市很快就陷入困境：銀行關閉了，薪水發不出來。安東妮娜和姜恩搬回動物園的房屋，但既沒有錢，也沒有補給品，只能搜羅曾駐紮在那裡的波蘭士兵所留下的食物。新德國殖民地由希特勒的私人律師漢斯．法蘭克（Hans Frank）統治，這位法學家早年就參與納粹黨，現在忙著以納粹哲思來修改德國法律，尤其是種族主義和針對反抗分子的法令。法蘭克就任波蘭總督的頭一個月，就宣布「任何受限居住此區的猶太人，如果離開，就處死刑」；而舉凡「任何提供地方藏匿這些猶太人的……教唆煽動者和提供協助者，也會和犯罪者受到同樣的刑罰，犯罪未遂者的處罰和實際犯行者相同。」

很快地，他又頒布「打擊暴力行為令」，任何不遵守德國權威者、破壞或縱火者、擁有槍枝或其他武器者、攻擊德國人者、違反宵禁者、擁有收音機者、黑市交易者、家中有地下宣傳品者——或者知情不報者，一律處死。犯法者或知情不報者，不論是實際犯案，或是在旁觀看，刑罰全都相同。一般人基於人性，不願捲入是非，因此很少有人被告發，更少人因為未告發別人而被告發……不然這可能很快就會拉出一長串荒唐的名單。在為與不為之間，人人的良心都有一把尺；大部分的波蘭人既不會為亡命之徒冒生命危險，也不會告發他們。

希特勒授權法蘭克「盡量剝削這個地區，把它當成戰區和戰利品國家，讓它的經濟、社會、文化和政治結構都化為廢墟。」法蘭克的主要任務之一，就是殺光所有有影響力的人，比如老師、教士、地主、政壇人物、律師和藝術家；接著他重新安排人口分布，在五年的時間之中，八十六萬波蘭人被趕走重新安置，七萬五千名德國人接收了他們的土地，一百三十萬波蘭人被送往德國當奴工，三十三萬人被處死。

波蘭反抗分子憑著勇氣和才能，破壞了德軍的設備、讓火車出軌、炸毀橋梁、印行一千一百種期刊、廣播抗戰消息、在祕密高中和大學教書（共有十萬學生參加）協助猶太人躲藏、提供武器、製作炸彈、暗殺蓋世太保、拯救囚犯、展開祕密戰鬥、出版書籍、率領民眾反抗、自組法庭，並且派信差往返在倫敦的流亡政府，互通消息。其武裝反抗組織**波蘭家鄉軍**（Polish Home Army）最多達三十八萬人——姜恩也參與其中。他後來告訴記者：「由一開始，我就和動物園地區的家鄉軍有聯繫。」占領區的生活雖然教人迷惘，但這個波蘭的地下國家，以語言而非疆土作為聯繫，連續抗戰達六年之久。

地下組織能夠壯大的一個關鍵，在於不向上聯繫的策略，以及徹底使用匿名和假名。如果沒有人知道他的上級是誰，那麼即使被捕也不會影響核心；如果大家都不知道別人的真實姓名，就很難分辨出破壞活動者。地下組織的總部在華沙市不停地變動，學校則由一個教堂或公寓搬到另一個，由信差和地下印刷廠通報大家。華沙農民運動用的口號是「越少、越晚、越壞越好」，他們破壞送給德國人的補給品，並且把它們攔劫下來給城市裡其他的人；一再宣稱運送了同樣一批穀糧或牲口，或者浮報收據，悄悄丟掉、破壞或隱藏供給品。被送到佩訥明德（Peenemünde）進行德國祕密火箭計畫的奴工，偷偷在電子設備上撒尿，好讓它們腐蝕，使火箭失效。反抗組織吸收了這麼多的分子，任何人，不論年齡、教育程度，或者膽子大小，都能找到效力的地方。姜恩喜歡冒險，他後來以他一向低調的方式告訴記者，這讓人血脈賁張的賭局教他興奮，「就像下棋一樣——我不是贏，就是輸。」

7

秋日到來，寒意開始由門的下方和小小的隙縫之間滲了進來。夜裡，刺耳的風聲吹過動物園長家平坦的屋頂，翻騰扭曲變形的三夾板百葉窗，衝撞陽台外牆。雖然建築物和草地都滿目瘡痍，但動物園還是為少數僅存的動物安置了過冬的窩；但是一切都和戰前不同了，動物園的四時風情畫再也不復往昔。原本在冬眠期開始之際，動物園的步調變化急遽：夏天假日不時會湧入上萬人的林蔭大道，如今會杳無人跡；雖還有人會參觀猴屋、大象、掠食者的棲息地或海豹池，但大排長龍等著騎駱馬、小馬、駱駝或者小噗噗車的學童卻再也不見蹤影。像紅鶴、鵜鶘這樣纖弱的動物，每天為了保持健康而外出放風，在短短的一段時間，可以看到牠們小心翼翼地排成一排，走在冰封的地面。隨著日短夜長，樹木只剩下枝幹，大部分動物都待在室內，動物園的主調也由喧囂吵鬧，變成了呢喃低語，這就是淡季的景象，是動物歇息，人們修理補綴的時間。

即使在戰時這樣規模縮小的狀態，動物園依舊是活生生的複雜機器，只要一根螺絲不穩，或是什麼裝置失靈，就會造成重大的災難。動物園長可不能承擔少掉一根生鏽螺絲的責任，更不能放任猴子流鼻水不管，或是忘記把園區上鎖，忘記調整建築內的溫度，或是不理會野牛纏結在一起的鬍鬚。這一切在風暴、下雨或是結霜的時候，後果會加倍嚴重。

如今園區裡看不見原本耙掃落葉的婦女，用稻草包覆屋頂和牆面絕緣保暖的男子，以及包裹玫瑰和其他觀賞用灌木，保護它們不受霜害的園丁。原本其他穿著藍制服的幫手應該忙著貯存甜菜根、洋蔥和胡蘿蔔，在筒倉裡填滿飼料，讓過冬的動物有足夠的維他命（這個名詞是波蘭裔的芬克（Casimir Funk）在一九一二年提出）。穀倉裡應該滿是乾草；貯藏室和食櫥裡應該都是燕麥、麵粉、蕎麥、葵花籽、南瓜、蟻卵和其他必需品；卡車應該載來炭和焦煤；鐵匠修理破損的工具、織起鐵網、為掛鎖上油；在木匠店裡，男人們忙著修理籬笆、桌子、長凳、書架，並且忙著製作門窗，以備來年土地鬆軟時，增建房屋之用。

通常在這個時候，安東妮娜和姜恩都在準備來年的預算，等著新動物的到來，在對著河邊、可以看到舊城房屋尖頂的辦公室裡讀報告；媒體部門則忙著安排演講和音樂會；實驗室的研究人員則已經採了動物的顯微鏡標本，做各種測驗。

淡季從來不是輕鬆的季節，但通常卻能讓動物在受保護的私密環境下，獲得庇護。他們存有豐富的食物，並且訂購其他的食糧，因此有不虞匱乏的信念；然而戰爭毀了一切。

「這個城市雖然受了傷，卻還是想餵食它所畜養的動物。」安東妮娜一天早上對姜恩說。她聽到馬蹄和車輪聲，然後看到兩輛馬車拖著城裡餐廳、廚房和一般人家吃剩的果皮青菜，咯吱咯吱緩緩走來，「至少我們並不孤單。」

「不，華沙居民知道要怎麼保住他們的身分，」姜恩說，「包括所有提升他們性靈，賦予他們意義的生命元素；而幸好，這也包括動物園在內。」

然而，安東妮娜寫道，占領區政府決定把首都移到克拉科（Kraków），還說華沙如今已成為省城，不再需要動物園。她覺得一陣天旋地轉，如今只能等待**清算**，這討厭的字眼意味著她們一家所認識的每一隻生物，而非一堆毛皮、翅膀和蹄子如今都要化為烏有。

如今只有安東妮娜、姜恩和雷斯還留在動物園的房子裡，沒有多少食物、金錢，也沒有工作。安東妮娜每天烘焙麵包，並且靠著夏日花園種植的青菜，以及醃漬的菇蕈和莓子過活。住在城外小村莊的親友偶爾會送來食物接濟，有時甚至還有醃肉和奶油，這是在這占領區少見的奢侈品。戰前為動物園送馬肉的人，如今則偶爾為他們買點肉。

九月底有一天，一張熟悉的臉穿著德軍制服出現在家前門，一名柏林動物園的老警衛。「路茲．海克園長直接派我來向您致意並傳話，」他很正式地說，「他想要協助你，並等著我回報。」

安東妮娜和姜恩互看了一眼，他們很吃驚，不知道這究竟是福是禍。他們是在國際動物園長協會年會上認識的，協會由一小群利他主義者、實用主義者、福音傳播者和流氓無賴組成。在二十世紀初，對於如何豢養奇珍異獸有兩大派見解：一派認為該為牠們準備自然的棲地，提供和天然棲地景物氣候相同的環境，這一派的擁護者包括柏林動物園的路得威格．海克教授（Ludwig Heck）和他的大兒子路茲．海克；而另一派則認為，動物有適應的本能，不論動物園在什麼地方，動物都會適應新環境，這一派的主要支持者則由路得威格的小兒子，慕尼黑動物園園長漢斯（Heinz）領銜。華沙動物園受海克父子的影響，原本的設計是要協助動物適應新環境，而它的確也提供了誘人的環境，是波蘭第一個不把動物關在小籠中的動物園；相反地，姜恩卻希望每一個獸檻都盡量模仿動物原本在野外生存的環境。華沙動物園號稱有天然水源（自流井）和精心設計的排水系統，以及訓練有素、樂在工作的員工。

在年會中，有時意識型態會引來紛爭，不過動物園管理學的大家庭全都以他們的動物園為榮，並有共同的考量和熱誠，因此雖有語言上的障礙，依舊會惺惺相惜。其他的園長不會說波蘭語，姜恩的德語則不流利，而安東妮娜既會波蘭語，又會一點俄文、法文和德文。另外，大家還用由波蘭人發明，主要依賴德文和英文的世界語，再加上照相、信筆塗鴉、動物的叫聲和啞劇，年會就像大團圓；而安東妮娜身為最年輕動物園長的太太，以她蘭心蕙質的頭腦和婀娜多姿的外表擄獲了他們的心。他們都覺得姜恩是活力充沛又有決斷的園長，他的動物園欣欣向榮，擁有不少珍禽異獸。

路茲．海克一向親切，尤其對安東妮娜；但他的動物園工作和他現在政壇上的發展，則集中在生物的血統，其中也包括亞利安民族。姜恩他們聽說，他已經成了位高權重的熱忱納粹黨徒，經常和戈林元帥（Hermann Göring）及納粹宣傳部長戈培爾（Joseph Goebbels）往來；他們是他的座上賓，也是打獵的良伴。

「我們很感謝海克教授想到我們，」安東妮娜禮貌地回答，「請謝謝他，告訴他我們不需要協助，因為動物園很快就要清算了。」她很清楚，海克身為希特勒政權最高階的動物專家，很可能就是由他負責清算。

第二天，教他們大吃一驚的是，那名警衛又回來了，並說海克打算不久後來拜訪。警衛離開時，他們面面相覷，不知如何是好。他們不相信海克，但另一方面，他對安東妮娜很好，理論上，同樣身為動物園的管理者，他應該會同情他們的處境。在被占領的國家，能否生存往往繫於你是否有高階的朋友，和海克培養關係是應該的。安東妮娜覺得海克大概喜歡擔任她的護花使者角色，就像華格納歌劇中，帕西法爾（Parsifal）那般的中古騎士，懷抱一種浪漫的理想，要贏得她的芳心，證明自己的崇高。正當她在疑惑他在序曲的暗示究竟是利是弊時，她的心中也充滿了貓科動物的警覺：「說不定他只是拿我們開心，大型貓科動物需要耍弄一下小老鼠。」

姜恩則覺得海克是出於好意：身為動物園長，海克愛動物，一生都在保護牠們，而且一定也很同情其他動物園長的損失。因此他們倆就在希望和恐懼之間，度過那個晚上，等待路茲・海克的到訪。

實施宵禁之後，波蘭人再也不可能漫步在星空之下；雖然他們依舊可透過窗戶和陽台，看到八月的英仙座流星雨，伴隨著秋季的流星雨（天龍座、獵戶座和獅子座），但因為炮彈和塵灰，大部分的日子都是灰濛濛的，只有紛亂的日落，和雨濛濛的黎明。諷刺的是，無遠弗屆的戰事創造出古怪的戰場景象和汙染，同樣也帶來了華麗的天空光影；如今，夜裡轉瞬即逝的流星，不論它們的尾巴多麼像風箏，都喚起戰火和炸彈的影像。原本流星在人心中很少會喚起和科技相關的意象，就像來自異域的旅客，如覆著冰的鐵絲般閃爍。許久以前，天主教會曾把英仙座流星雨命名為聖羅倫斯的眼淚，以紀念這位於八月十日殉道的聖徒；然而更具科學意味的意象是，隱形的波浪把骯髒的雪球由太陽系的邊緣，一舉推到地球上，召喚起它自己神聖的魔法。

8

路茲．海克於一九三一年，由他盛名遠播的父親手中接下柏林動物園，幾乎立刻就開始改造動物園的生態環境和意識型態。為配合一九三六年在柏林舉行的奧運會，他推出「德國動物園」，展示母國的野生動物：以「狼岩」居中，圍繞著熊、山貓、海獺及其他原生物種的獸欄。這大膽愛國的舉止強調了德國人所熟知的本土動物的重要，點明沒有必要到天涯海角追尋奇珍異獸，傳遞了一個值得稱讚的訊息；如果在今天，他的動機絕對不會有人質疑，但在那個年代，基於他的信念，和他家族極端的愛國主義，顯然他是想藉此宣揚德國人優越的種族意識，投其納粹友人之所好。有一張一九三六年的照片，畫面是海克與戈林赴紹爾夫草原（Schorfheide）打獵，那是海克在普魯士的大保留區；次年，海克就加入了納粹黨。

海克愛獵猛獸，他畢生最精彩的時刻，都花在冒險犯難上。他一年總有幾次要到各地旅行，為他的動物園採購收藏品，另外或許再為他的牆上，添一雙長角山羊的角，或者面對面和人立的發怒母灰熊搏鬥。他喜歡剃刀邊緣的狩獵，尤其是在非洲，他常在燈籠的光線之下，跨坐在熊熊營火邊的小凳上，在信中勾勒當時的情景：這時他的同伴都在熟睡，而獅子則在看不見的黑暗中咕噥。他曾寫道：「營火在我面前閃爍，在我後方，由永恆的黑暗中傳出的，是一隻看不見且神祕野獸的聲音。」孑然一身，在掠食者環伺的一片朦朧之中，他用筆墨重現當天的成績：有些只是為了保存紀錄；有些則是為了與另一個時空的朋友分享，在他看來歐洲似乎遠在天邊。夾在他信中的，常有狩獵時的照片：用套索捕捉長頸鹿，引著小犀牛前行，活捉非洲食蟻獸，或是躲避發足狂奔的大象。

海克喜歡收集戰利品，可以提醒他自我在遙遠蠻荒之地的狂野——不論是在動物園展覽的活動物，或是作成標本的死動物，抑或是可以裱框和朋友分享的照片。在他旅遊的全盛時代，他似乎在收集生命本身。長篇累牘的日記，數以百計的照片，並且寫暢銷書〔比如《動物——我的冒險》（*Animals—My Adventure*）〕描繪他對曠野的熱情，敘述自己英勇的事蹟、對痛苦的忍耐，以及技巧的高明。海克知道自己的優點，也欽佩自己和他人的英勇行為，在年會中，他時常邊喝飲料，邊說扣人心弦的故事。雖然他有時不免自戀，但他的個性倒很適合吸引渴望探險者，不論這些渴望探險的人，是因為眷戀家庭，因此只能想像，抑或是期盼嚴厲的考驗，以感受生死一線間。若沒有他這樣的人，那麼世界地圖還是平的，也不會有人知道尼羅河的起源。有時海克會親手屠龍——或者牠們在人世間的替代品——但大半時候，他只活捉牠們、拍照、滿心歡喜地展示。他充滿熱忱又一心一意，因此一看到動物，不管是在野外，或是屬於別人所有，都垂涎三尺，千方百計要弄到手裡；而且不屈不撓，不是讓那動物筋疲力竭，就是讓飼主不堪糾纏。

幾十年來，海克兄弟一直在追求一個夢寐以求的目標，且哥哥路茲又比弟弟漢斯更加著迷，復育三種已經絕種的純種生物——新石器時代就已經存在的歐洲野馬（forest tarpan）、歐洲原牛（aurochsen，所有歐洲牛的祖先）和歐洲野牛（forest bison）。大戰前夕，海克兄弟已經自行培育出非常接近的歐洲原牛和野馬，但波蘭這系的野牛野馬卻更接近原生的血統，是更正宗的後代。

只有史前的生物不會因混種而影響血源，雖然路茲希望借由復育純種生物的過程博得名聲與影響力，但他其實還有更私人的動機——他想要讓如神話中傳說的神奇動物復生，並且操縱牠們的命運，取一些作打獵之用，一定很精彩刺激。基因工程一直要到一九七〇年代才興起，那時還沒有聽說這樣的學問，不過他打算以優生學來進行，這是培育有某些特性動物的傳統方法。路茲的想法如下：一隻動物，各從父母雙方繼承五〇％的基因，而即使已經絕種的生物，其基因依舊留在現有的基因庫中；因此若他讓最像已絕種生物的動物互相交配，專心培育這些基因，最後一定會得到牠們純種的祖先。大戰如今給了他最好的藉口，讓他得以掠奪東歐的動物園和曠野，追求最佳的樣本。

巧的是，他所選的動物全都在波蘭盛極一時。牠們原本就在比亞洛維察地方生長活動，而若有地位有權威的波蘭動物園能發給他執照，那麼他的做法就更加義正辭嚴。德國入侵波蘭時，海克就大搜波蘭農莊，尋找最具歐洲原生野馬特質的母馬和幾種野馬交配，包括昔德蘭矮種馬、阿拉伯馬和普氏野馬，希望能復育出理想的目標，接近克羅馬儂人洞窟中，以赭色所繪桀驁難馴的馬。海克認為不用太多世代即可復育——也許六至八代即已足夠——因為就在一七〇〇年代，歐洲野馬還徜徉在波蘭東北的森林之間。

在冰原時代，北歐全是冰河，凍原一路延伸至地中海，大群歐洲野馬就棲身在茂密的森林和肥沃的草地，牠們在中歐的低地漫步，在東歐大草原覓食，也在亞洲和南北美洲奔騰。到西元前五世紀，希羅多德（Herodotus）曾寫道，他多麼歡喜看到成群的歐洲野馬在沼澤和濕地中吃草，而他看到牠們的地方就是現今的波蘭。多少年來，純種歐洲野馬智勝所有的獵人，在歐洲繼續生存，但到十八世紀，倖存者不多。一方面是因為老饕喜歡野馬的肉——肉質的確好吃，不過更教他們食指大動的，是因為很稀少——一方面也因為大部分野馬已經和家馬交配，繁衍眾多子孫。一八八〇年，最後一匹歐洲野馬在人類的追捕之下，墜落烏克蘭的山縫中死亡；而最後一匹人工飼養的歐洲野馬也在七年後，在慕尼黑動物園死亡。這個物種正式滅絕，而這只不過是地球生物紀錄的另一篇章。

人類約在六千年前馴養了野馬，立刻就開始改良牠們：把性情桀驁不馴的殺來食用，而培育最溫和友善的品種，更適合騎乘和耕種。在這樣的過程中，我們改變了馬的本性，強迫牠放下性格中容易興奮、難以駕馭、捉摸不定的野性。性好孤獨、自由放養的普氏馬仍保留這樣的難馴個性，海克想把牠們好戰的精神融入新歐洲野馬的基因裡。史上記載，波蘭裔的俄羅斯探險家普爾熱瓦爾斯基（Nikolia Przywalski）在一八七九年「發現」這種亞洲種的馬，故名；但其實蒙古人非常熟悉這種馬，稱之為塔基馬（tahki）。海克把這種馬的精力、脾氣和長相列入他培育馬種的考量，但他還渴望更古老的生物——叱吒史前世界的馬。

這是多麼美妙的理想——那性感卻又警覺的馬兒，桀驁不羈地在大地上，蹄聲得得。漢斯．海克在戰後寫道，他和哥哥原本是出於好奇，展開復育計畫，但也因為想到「如果人類無能阻止摧毀自己和其他生物的瘋狂行徑，那麼能讓已經滅絕的動物再生，至少也是一種安慰。」只是若沒有什麼可獵，又何需歐洲野馬揚蹄？

路茲．海克很快就有了一群歐洲野牛，包括他由華沙動物園偷來的那些；他希望牠們在比亞洛維察林間繁衍茂盛，一如牠們的祖先。他憧憬著陽光穿透百呎高橡木的枝頭，歐洲野牛再度在林徑上奔馳，在一片滿是狼、野豬、山貓和其他獵物的林地上；而不久，還會有成群的原始馬加入。

海克也在尋覓傳說中的原牛，這原是歐洲最大的陸地生物，以野蠻和健壯聞名。冰原時期的冰河開始融化時，也就是約一萬兩千年前，大多數大型哺乳類都滅絕了；但在北歐寒冷的森林，卻還有一些原牛倖存，所有現代的牛都是由這少數幾隻繁衍而來——而非牠們在八千年前被輕易馴化的祖先。由於原牛在十七世紀絕種，就演化的時間而言還算近，因此海克覺得他可以復育這種動物，而這樣做也能使牠不致於「物種衰退」（racial degeneration）。他夢想除了納粹黨所用的卐字記號之外，這種牛也能成為納粹的同義詞。這段時期的一些畫作，顯示納粹卐字和原牛的圖案合在一起，象徵溫和的意識型態結合了無堅不摧的力量。

許多古代文化都崇拜原牛，尤其在埃及、塞普路斯、薩丁尼亞和克里特（其領袖傳說就是由聖牛所生）。希臘神話中，宙斯經常以公牛的形象現身，蹂躪美女，生下天賦異稟的子嗣；他綁架歐羅芭時，就是以原牛的形象，一頭長著短鬍子和前突長角的大公牛（像長角牛或者《尼布龍根》（*Nibelungen*）中英雄所戴的尖角盔）。還有什麼更適合第三帝國的動物圖騰？海克和納粹高官都對這個計畫醉心不已，說明了他的目的並不只是要復育已滅絕的物種。希特勒掌權之後，納粹運動在生物方面的目標推動了許多建立種族純度的計畫，成為絕育、安樂死和大屠殺的藉口。第三帝國的一位重要科學家，也是海克的同事兼好友尤金．費屈（Eugene Fischer）創設了「人類學、基因，和優生學研究所」，他任用門格勒（Josef Mengele）等以虐待為樂的黨衛軍科學家，把集中營的難民當成天竺鼠來做實驗。

費屈醉心暴力和男子漢的精神——勇敢、凶猛、堅毅、理智、好色、意志堅強——認為人類的轉變就像家畜一樣有害無益，而且異族通婚使人類這個物種衰頹，一如異種交配使野生動物改變了「美麗、美好和英勇」的特質，讓牠們美好的血源基因因混淆而失落。納粹主義的根源來自於神祕主義，後來滋生出圖勒會（Thule Society）、祕密社團德國命令（Germanenorden）、民意運動（Völkisch）、泛日耳曼主義（Pan-Germanism）及其他國家崇拜，認定亞利安種族是神人，當務之急是消滅所有次等的民族。他們讚揚超人的祖先，他們明智地治理讓史前時代的亞利安人得到智慧、力量和繁榮，直到後來被異國而且充滿敵意的文化取代（亦即猶太人、天主教徒，和共濟會員）。他們的祖先已經把可以帶來救贖的知識以祕密的形式（如神祕記號、神話、傳統）編碼流傳，唯有他們精神上的繼承人才能解碼。

其實在康拉德．勞倫茲（Konrad Lorenz）身上，這樣的種族純淨理想就已經開花結果。這位曾獲諾貝爾獎的科學家在納粹黨羽間極受尊崇，他非常贊同史賓格勒（Oswald Spengler）在《西方的沒落》（*The Decline of the West*，一九二〇年）一書中所提，文化不免會衰敗的想法——但他沒有史賓格勒那麼悲觀。相反地，他以動物的馴化為例，引用強健和平庸的血統相配，會造成什麼破壞性的後果，來證明文化如何沒落。他主張一個生物方面的解決辦法：種族優生學，也就是「刻意地、以科學為基礎的種族政策」，藉由消除「退化的」種類，來防止毀滅。勞倫茲交替使用**物種**、**種族**和**民族**這幾個術語，並警告「健全的民族往往未『注意』它怎麼受到腐化元素的侵襲」。他把這樣的腐化形容成外形醜陋者的惡性腫瘤，並稱每一種動物的目標都是自己物種的生存。他懇求實行下面這個他宣稱聖經也支持的民族戒律——「該把你們民族未來置於一切之上」——並呼籲把擁有「完全價值」的人和「次級價值」的人（包括整個種族和天生身心殘障者）區分開來，淘汰弱者，不論是人類，抑或動物。

海克支持這樣的見解，期望能夠重新打造德國的自然世界，淨化它、精煉它，使它更臻完美。打從納粹主義興起，海克就是忠實信徒。他迎合黨衛軍，吸收費屈和勞倫茲關於種族純淨的信念，成了希特勒，以及戈林等他心目中理想贊助人的心腹。在這個公衛的烏托邦中，海克的工作基本上就是要重新打造大自然；而戈林則是慷慨的金主。另一方面，海克也希望讓戈林擁有波蘭最偉大自然寶藏的主權，以在波蘭和白俄羅斯邊界，失落在亙古時光之中的比亞洛維察原始森林作為回報。正如海克所意識到的，對於在大部分場合都要蓋上自家貴族紋章，喜愛穿著「仿中古服飾長紗、軟靴、寬鬆絲襯衫，手持長槍巡視家園」的戈林來說，這真是最頂級的禮物。許多貴族在納粹都位居要津，這些高官都有可供狩獵的莊園，不足為奇，因此海克很重要的任務就是找出最好的打獵地點，並且想出各種新奇的花招。波蘭既有中古的城堡，又承襲了歐洲僅存的原始林，因此擁有全大陸最好的獵物。戰前曾有攝影師拍攝戈林在柏林東北方狩獵莊園前的情景，這片莊園伸向波羅的海，連接占地一萬六千英畝的私人林地，裡面有麋、鹿、野豬、羚羊和其他獵物。

大體而言，納粹黨人熱愛動物，也主張環保，重視運動和健康，經常到林間旅遊，並且在掌權後制定許多影響深遠的動物政策。戈林對於自己贊助野生動物保護區（綠肺）作娛樂和保育之用的做法很自豪；他也規畫景觀優美的大條公路，吸引了路茲．海克及其他許多世界級的科學家，包括物理學家海森堡（Werner Heisenberg）、生物學家卡爾．馮．孚利（Karl von Frisch）和火箭設計師華納．馮．布勞恩（Wernher Von Braun）。在第三帝國，動物——當然也包括人類——成了崇高、神話、幾乎如天使般的生物；然而這並不包括斯拉夫人、吉普賽人、天主教徒或猶太人。雖然門格勒在以集中營囚徒作實驗對象時根本不給止痛藥，但卻有頂尖的生物學者因為實驗時未給蟲隻施打足夠的麻醉劑而遭申斥；這是納粹罹患嗜獸癖（zoophilia）這種偏執精神疾病的明證。

9

由於實施燈火管制，再加上大部分的動物都已經不在了，因此黎明時分不再有灑進室內的光線，也不再傳出動物世界的讚美詩。安東妮娜在黑暗和沉寂中醒來，臥室的窗戶已經用三夾板封住，大部分的動物鳴叫不是消失，就是壓抑。在如此濃重的寂靜之中，就連人體的聲音都聽得一清二楚；你可以聽到血流陣陣，以及肺臟的起伏。在如此深沉的黑暗之中，螢火蟲迎面飄來，在可以看透自己的眼前舞動；如果姜恩在陽台門邊著衣，安東妮娜就看不見他；如果她伸出手去摸床的另一邊，拍拍枕頭，發現它是空的，在恍惚間不免想起戰前的動物園生活，沉醉在她如夢似幻的透明童書情景之中。但在這一天，安東妮娜可得趕緊忙她的家事，因為還有一些動物等著要餵，雷斯得準備換衣服上學，而家裡也得準備海克的到訪。

安東妮娜記錄道，她覺得海克是「真正的德國浪漫派」，雖然政治觀點太天真，人也或許自負，但卻彬彬有禮，教人難忘。他對她的關懷教她受寵若驚，一位共同的朋友告訴她，她教他想起初戀情人，或至少他是這麼對朋友說。他們很少打交道，但她和姜恩不時會去拜訪柏林動物園，海克隨後也會送來一同考察的照片，附上親切的信函，讚美他們的成績。

安東妮娜由她留待特殊場合穿的幾件圓點洋裝中（有的有蕾絲，有的有荷葉邊）挑出一件穿上，她的照片幾乎都是穿著像山貓一般的淡色小圓點或大圓點洋裝，襯著黑或海軍藍底色，襯托她的淡色頭髮。

姜恩和安東妮娜由前廊可以看到海克的車穿過大門——他踏出車門之際，他們已經堆了滿臉的笑容。

「哈囉，我的朋友！」海克邊爬出車門邊說。他的身材高大魁偉，頭髮向後梳，唇上的小鬍子修得整整齊齊。他現在穿著納粹制服，教他們暗自心驚，因為他們以往看到他，不是穿著平民服飾，就是穿動物園制服，或是獵裝。

他親切地和姜恩握手，然後牽起安東妮娜的手親吻，這是習俗，不足為奇；教人納悶的是這位「真正的德國浪漫派」是怎麼個親法？是輕輕一吻，還是誇張地吻？他的雙唇是碰觸了她的肌膚，還是在她手上盤旋？吻手就像握手一樣，可以反映出許多纖細的情感——是對女性的禮讚，還是亂撞的小鹿；是不情願的服從，抑或電光石火之間洩露的祕密愛戀。

他和姜恩常談到如何飼養珍禽異獸，尤其是海克特別有興趣的那些。他畢生的志願——

有些人會說是迷戀——和培育純種馬供騎乘、純種動物供狩獵的納粹欲望，恰恰不謀而合。

說到稀罕的動物，姜恩和路茲都熱愛波蘭本土的動物，尤其是美洲野牛長著鬍子的表兄弟歐洲野牛，是歐洲最重的陸上動物。姜恩是公認的牛科動物專家，在一九二三年於柏林成立的國際歐洲野牛保護協會扮演舉足輕重的角色。該會的第一個議程就是找出在動物園和私人收藏中，現有所有的歐洲野牛；結果共有五十四頭，大部分都已經過了繁殖的年紀。一九三二年，漢斯．海克在第一本歐洲野牛畜種書中，追蹤了野牛的血統。

安東妮娜後來寫道，當時海克和姜恩寒喧，回憶起戰前他們的會面，以及雙方有多少共同之處，並再次讚揚他們為這間成立還不久的動物園所做的努力。這教她又產生了希望，最後話題轉到海克此行真正的目的，安東妮娜的記載如下：

「我是來向你們保證，」他鄭重地說，「你們可以信任我。雖然我對德國高層並沒有多少影響力，但我會盡我所能說服他們，對你們的動物園慈悲為懷；另外，我也會把你們最重要的動物帶到德國去，我發誓一定會好好照顧牠們。朋友們，不妨把你們的動物當成出借，戰後我馬上就還你們。」他向安東妮娜微笑，要她放心：「札賓斯基太太，我親自負責你的最愛，那些山貓。我相信牠們一定會在我的紹爾夫動物園找到美好的家。」

之後談話進入敏感的政治，包括被炸毀的華沙未來會如何。「至少有件事值得慶幸，」

海克說，「華沙在九月所歷經的噩夢已經結束了，國防軍沒有進一步轟炸此地的計畫。」

「如果戰爭開始，你要怎麼處理你的珍禽異獸？」

「常常有人問起這個問題，還有『那些猛獸怎麼辦？假如牠們在空襲時逃了出來，』等等。這些念頭真可怕，只要想像柏林和我的動物園遭英軍轟炸，就是我個人的夢魘。我不敢想像其他歐洲動物園被轟炸的慘況，我想那就是看到你們的損失教我這麼難過的原因。朋友們，這真可怕，我會盡一切所能協助你們。」

「德國已經和俄國鬧翻……」

「本來就該如此，」海克說，「但若沒有英國相助，又無法制伏俄國；而目前，英國站在另一邊，我們獲勝的機會很小。」

有如此多的問題待解決，使安東妮娜不禁仔細觀察海克。由於情緒的變化，人的表情往往很難掩藏恐懼或謊言，戰爭使她對人的信任變了質，不過華沙的破敗和動物園的蹂躪顯然教海克震驚；此外，他對希特勒的決定如此欠缺熱忱，也教她感到訝異。老實說，她覺得「這樣的言辭出自第三帝國的官員，實在教人震驚。」尤其因為她戰前遇到的海克很少談起他的政治觀點，或是吹噓「德國的不敗」。不論如何，他很快就會把她的山貓和其他動物運到德國**照顧**或說**出借**。而她也的確別無選擇，只能從命，抱最壞的打算，期待最好的結果。

10

由路茲．海克的文章和行為來看，他都像風信旗一樣變化多端：該放軟身段時魅力無窮，該強硬的時候冷酷無情，看他的目的，來決定是柔是剛；不過動物學家海克竟然不顧雜種優勢的理論，倒教人吃驚。所謂雜種優勢，就是混種生物身體會更強健。他一定知道混種生物有更好的免疫系統，牠們體內較強及顯性的基因會掩蓋較弱且隱性基因；而純種生物，不論多麼完美，只要能殺死其中之一的疾病，就會威脅所有其他的同種生物。也因此，動物園對印度豹和野牛這類瀕臨絕種的生物，都有詳細的血統紀錄，並且設法以對牠們生存有利的方式為牠們配種。不論如何，在遙遠的過去，早在可以辨別任何亞利安人之前，我們的祖先就和其他各種原始人類共同在世上生活，經常和相鄰的種族通婚，因而生育出更強健難纏的子孫，繁衍至今。當今所有的人類都是來自這些健全而結實的人，尤其是源自頂多只有一百人的基因瓶頸。二〇〇六年ＤＮＡ線粒體研究，發現阿肯納西猶太人（Ashkenazi Jews，

——在一九三一年約占全球猶太人九二%）共同的祖先是四名婦女，她們在第二、第三世紀，由近東移居到義大利。所有的人類都可追溯到同一個人的基因庫，有人說這個共同的祖先是男人，有人則說是女人。很難想像我們的命運如此偶然，然而我們全都是自然界的奧祕。

或許，在觀察野生動物數十年之後，海克認為種族淨化勢不可免，認為這是改革的利器。以更適合的基因路線取代原本的基因，就像整個動物王國上演的戲碼一樣，一般動物的情況是——以獅子為例——侵略者侵入鄰近的獅群，殺死領頭的雄獅，殘殺牠的子嗣，強迫母獅與牠交配，建立自己的血脈，搶走原先雄獅的地盤。擅長編造各種托辭藉口的人類，因為良心不安，就巧立各種名目，如自衛、必要、忠誠、追求群體的福祉等，來掩飾這種本能。如一九一五年土耳其在一次大戰屠殺亞美尼亞人；或者一九九〇年代中期，波士尼亞境內的基督徒滅絕穆斯林；或者一九九四年在盧安達，胡圖人和圖西人的戰爭一樣。

納粹大屠殺則不同，是預先籌畫構思，以高科技方式，按部就班實行；而另一方面，卻也更原始。生物學者勒康．杜奈（Lecomte Du Noüy）在《人性尊嚴》（*La dignité humaine*，一九四四年）中論道：「德國的罪行之所以是舉世有史以來最大的罪行，是因為它不是就歷史的規模，而是就演化的規模而論。」那並不是說，人類過去沒有干涉過演化——我們知道很多動物都因人類而絕種，而且對其他人種，我們也可能會有相同的行為。即便如此，本能並不是不能避免的，有時我們會克制難以駕馭的本能，未必一定會按照自然的規則行事。難怪希特勒一邊劫掠其他國家疆土，一邊種族淨化雙管齊下的作法，很符合埋藏在海克這種人心底的古老欲望，他說不定覺得這種作法雖然殘酷，卻屬必要。

海克也是實用主義者，德國人馬上就要重新改革波蘭的土地，動物園也包括在內；因此海克往訪已經被轟炸夷為平地的華沙動物園，其實暗藏其他的目的：他的拜訪只是藉口，真正的用意是要把華沙最好的動物以及珍貴的配種紀錄，都掠奪到德國動物園和保育區去。他想和弟弟漢斯聯手，一起造福新德國帝國，重建自然環境的光輝，一如希特勒想要復興人類種族一樣。海克指天矢日，一再向札賓斯基夫婦表明他和關閉華沙動物園無關，他對高層的影響力還不足以改變將軍的決定；然而安東妮娜懷疑他在說謊，其實高層對他言聽計從，說不定他本人就操縱著他們的命運。一想到動物園的未來，他們就心如刀割，擔心它會被拆毀重建，就像戰爭裡死傷的人一樣灰飛煙滅；不過不論如何，姜恩都要守在動物園裡，因為這裡也是波蘭地下軍的基地。地下軍當時在布拉卡區已經有九十排共六千名士兵，是全市從事破壞工作者人數最多的一群。

家鄉軍是波蘭軍隊的一支，由在倫敦的波蘭流亡政府指揮，結構嚴謹，下面有許多基層單位，還有彈藥庫、手榴彈工廠、學校、藏身處、信差以及製造武器、爆裂物和無線電接收機的工廠。身為家鄉軍中尉的姜恩想要把動物園改為第三帝國想保留下來的機構，他想到德國軍隊需要糧食，而德國人又愛吃豬肉，因此他向海克建議，利用動物園殘破的建築來作大型豬舍；因他心知在酷寒的天候下養豬，一定可以保證動物園的建築物和土地不會再受破壞，甚至還可以造福動物園的老員工，帶來一點收入。根據後來他向華沙猶太歷史研究所的證言，他希望藉著收集餵豬的廚餘，「把紀錄、醃肉、牛油和訊息帶給猶太區的朋友」。安東妮娜寫道：

> 我們知道海克說謊，更沉痛的是，我們明白不可能拯救我們的動物園了。在這樣的情況下，我們決定和海克談談下一個計畫，姜恩想用動物園的建築來作大型豬舍……但動物園的野生動物已經沒有希望，德國人根本不想留牠們活口。

她猜對了，雖然海克同意養豬，但其他重要性不足以讓他繁殖配種的動物，則是另一回事。先是一連數天喧囂吵雜的貨車隊進進出出，把小象孤兒杜辛卡送往哥尼斯堡；接著是駱駝和美洲駝被運到漢諾瓦（Hanover）；河馬送到紐倫堡；普氏野馬送到慕尼黑他弟弟漢斯那裡，山貓、斑馬、野牛則送往柏林動物園。安東妮娜擔心這樣的劇變會讓動物多麼混亂，牠們長途跋涉，最後得面對新的籠檻，聽新的動物園員工用新的語言誘哄或喊叫。牠們得適應新的日常生活、氣候、餵食時間，一切都得重新適應，尤其是關在同一籠裡的新伴侶、新管理員，以及突然消失不見的同伴和父母手足。在歷經最近的轟炸、差點被燒成灰的震驚後，再受到這樣的驚嚇，身為牠們人類友伴卻無能為力的安東妮娜邊寫，邊再度感受到牠們的痛苦。

海克竊走他想要繁殖的所有動物之後，決定主辦一場除夕獵宴，這是源自非基督教信仰的北歐節慶習俗，因為他們相信打獵的喧鬧可以嚇跑惡鬼。傳統上，年輕人在除夕騎馬奔馳，到各個農莊邊叫邊射擊，直到應邀入內喝酒為止；有時候男孩子繞樹而行，一邊搖鈴，一邊射擊瓶瓶罐罐，用意是把大自然由沉睡中喚醒，讓樹木結滿果實，大地能獲得豐收。

海克卻扭曲了這樣的傳統，他邀請了黨衛軍的朋友來一場難得的盛會：就在動物園裡面舉辦私人狩獵宴。奇珍異獸四處奔逃，就連打獵新手或是醉漢都能有所收穫，海克心中的獵人天性和他自然學者的稟性並存，這很矛盾，他自己雖是動物園長，卻不在乎殺戮其他動物園的動物，只求逢迎長官就好。海克和一群獵人在陽光燦爛的一天來到，他們已經喝了酒，喧鬧不止，因為最近軍隊的勝利而得意洋洋，邊漫步邊笑，一邊射擊欄檻中的動物取樂，只有戈林和他的刺野豬用的中古長槍不見蹤影。

安東妮娜在日記中寫道：「就像正在休養的病人一再地發燒一樣，我們也一再地被這刻意選在美麗冬日的冷血殺戮折磨。」她看到海克的朋友喝得醉醺醺地帶著槍抵達動物園，擔心發生最壞的情況，因此決定把雷斯關在房裡。

「拜託讓我去美洲駝那邊的小坡上滑雪。」他懇求。關了一天的他發脾氣哀號說：「我好無聊，又沒有人陪我玩。」

「要不要到你房間來讀《魯賓遜漂流記》？」她提議。他不情不願地跟著她爬上樓梯，蜷縮在他床上，而她則藉著燈光讀這本他最喜歡的書籍；但雷斯感覺到媽媽的陰鬱，心浮氣躁、坐立難安，就連她讀到最精彩的段落，也引不起他的興趣。突然間，槍聲劃破了冬日的寂靜，每一聲槍響都跟著回音，步槍開火越過大地，透過緊閉的窗戶，依舊清晰。

「媽，那是什麼？」驚嚇的孩子拉著她的袖子問，「誰在射擊？」

安東妮娜低頭凝視書本，直到字母在她的眼前跳了出來。她說不出話來，也動彈不得，握著書本兩邊的雙手彷彿凍結了一樣。過去幾個月雖然脫離常軌，教人頭暈眼花，但她總算熬過來了，然而如今，「不是為了政治或戰爭，純是無緣無故的殺戮」卻讓她承受不了。這樣的野蠻並不是出於飢餓或需要，這些命運已定的動物，並不是因為數量過多，必須減除。

這群黨衛軍非但不顧他們所認定的動物有獨特性格的理念，甚至也沒有理會動物有害怕和恐懼基本天性；這是一種意淫，短暫的殺戮快感超越了動物生命的價值。「未來還有多少人會像這樣死亡？」安東妮娜不禁自問。親眼看到、聞到那血腥的場面一定會更可怕，她寫道，不過光是聽到槍響，想像恐懼的動物奔逃、倒地，就已經教人心亂如麻。她的驚嚇、海克的背叛、她的無助教她茫然；兒子拉她衣袖時，她麻木地坐著，如果她不能保護園中的動物，又怎能保護自己的兒子？或者怎麼向他解釋這一切，真相必然使他驚駭到無以復加的地步。零零星星的槍火一直持續到黃昏，漫無章法的槍聲教她的神經備受折磨，她打不起精神，只能隨著每一槍響顫抖。

「天邊明亮的淡紫紅色夕陽預示著第二天會有風，」她後來寫道，「小徑、大路和結了霜的庭院都被越來越厚的雪層覆蓋。雪花片片，簇簇狂舞，在暗藍的夜燈下，夕陽為我們剛剛掩埋的動物敲起喪鐘。我們可看到我們的兩隻鷹和一隻鵰在花園上方盤旋，牠們的籠子被子彈射開，所以逃脫了；但牠們不想離開牠們唯一認識的家，牠們向下滑翔，落在門廊上，等著我們餵食一點馬肉。不久，就連牠們也成了戰利品，成了蓋世太保新年獵宴的收穫。」

11

一連數週，動物園陷入冰冷的停頓，原本充滿著熟悉動物嘶鳴吱喳的籠檻，如今只剩一片空虛迴盪。安東妮娜的腦子不肯接受教人悲傷的新現實，處處都感受到像喪禮一般的肅殺緘默，她只能告訴自己「這不是死亡，而是冬眠」；就像蝙蝠和北極熊的暫歇，在冬眠之後，牠們會在春天醒來，伸展慵懶的四肢，覓食求偶。這只是在冰天雪地嚴寒冬日的休憩，食物暫時隱藏消失，因此最好的因應之道，還是在自己的窩巢裡安睡，靠著一整個夏天貯藏下來的脂肪，而感到溫暖舒適。冬眠並不只是睡覺，也是母熊生養小熊的時節，為牠們哺乳，蹭磨牠們的鼻子愛撫，直到春天，等待牠們成熟的時節。安東妮娜懷疑人是否會用同樣的比喻，把戰爭想像成「精神上的冬眠，讓觀念、知識、科學、工作熱忱、了解和愛全都在心裡醞釀累積，沒有人能把它們由我們這裡奪走。」

當然，她們全家的冬眠之地，絕非教人昏昏欲睡的養身庇護所，而是面對災難時不得不然的應付策略。安東妮娜發現，這種冬眠狀態其實是心靈喚起的「腦死反應」；她們真的別無選擇。人必須藉此才能面對教人束手無策的恐懼和悲哀。眼看著其他人當街挨打被捕，遣送德國，在蓋世太保隊上或帕維克監獄（Pawiak）慘遭折磨，集體屠殺這樣天天上演的悲劇，至少對安東妮娜而言，逃跑、忍耐或者斷絕關係——不論用什麼言語描述——都無法驅散「恐懼、反抗和極度悲哀」的弦外之音。

隨著德國逐步接收波蘭的城市和街道，在公共場所說波蘭語也被禁止，在格但斯克甚至會被處死。納粹要爭取更多「生存空間」（Lebensraum）的目標，正是指向波蘭。希特勒已經下令軍隊：「毫不容情地殺死所有波蘭血統或操波蘭語的男女和小孩，唯有如此，我們才可能得到所需要的Lebensraum。」而展現最多北歐五官特色（因此也擁有最強北歐基因）的兒童，則將由德國人重新命名收養；就如海克一樣，納粹的生物學者相信外表，認為凡是與目標品種相像的物種，就有可能重新培育成最原始純種的祖先。

這種種族的邏輯推演如下：在生物學上較優秀的亞利安種族在世上蔓延繁衍，最後雖然各種帝國都崩潰了，但亞利安的血統依然存在貴族身上，可以在冰島、西藏、亞馬遜和其他地區看出。一九三九年二月，黨衛軍高層希姆萊（Reichsführer Himmler）就依據這個理論，派出了一支德國西藏探險隊，尋找亞利安種族的根源；由二十六歲的自然學者、獵人兼探險家塞弗爾（Ernst Schäfer）領軍。

「希姆萊和塞弗爾至少有一項共同的熱忱，」海爾（Christopher Hale）在《希姆萊的遠征》（*Himmler's Crusade*）一書中寫道，「他對東方及其宗教非常著迷，」甚至帶了一本筆記，「記下了印度《博伽梵歌》（*Bhagavadgita*）的訓誡。對坐在黨衛軍毒蛛網中心，身材瘦小毫不起眼的希姆萊而言，塞弗爾是來自另一個神祕刺激世界的特使。」希姆萊對基督教也懷著深沉的恨意，而既然波蘭大部分人民都是天主教徒，就都該受到懲罰。

安東妮娜寫道，她的世界被掏空了，一點一滴地分崩離析，雖名為閃擊戰，「卻有很多拖得太長久的階段。」他們的生活出現了糧票和黑市的食品，幸好安東妮娜還能靠著秋天時向妯娌買的穀子烤些麵包。

到冬日的盡頭，她和姜恩接來了第一批母豬；一九四〇年三月，養豬場開始經營。豬隻主要是靠餐廳和醫院送來的殘羹剩飯，還有姜恩由猶太區收來的垃圾餵養，動物園的老員工駕輕就熟照料豬群，牠們繁衍得很快，到夏天已經有幾百隻仔豬；不但全家都有肉可吃，也符合姜恩把動物園當作地下軍本部的用意。

一個春日，姜恩帶了一隻剛出生的仔豬回家，母豬剛被宰殺，姜恩認為雷斯可能想養隻寵物；而安東妮娜發現這小傢伙渾身精力，很難用奶瓶餵食，尤其是後來牠的體重增加之後。他們把小豬取名為莫瑞斯（Morys），兩週半的莫瑞斯看來「活脫脫就是《小熊維尼》裡跑出來的人物……非常乾淨、粉嫩、光滑，有一種馬澤潘杏仁糖（marzipan）的美。」她寫道（在波蘭，兒童在復活節都會收到粉紅色的豬形馬澤潘杏仁糖作禮物）。

莫瑞斯住在閣樓，雖稱閣樓，實際上卻是一個又長又窄的櫥櫃，和樓上的房間共用陽台。每天早上，安東妮娜都看到小豬等在雷斯的房門外，她一把門打開，莫瑞斯就「跑進房間，邊叫邊推撞雷斯的手或腳，把他吵醒，等他伸手幫牠搔背；接著小豬就像貓一樣拱起身體，彎成C字形，一邊發出滿意的呼嚕聲。」那是介於用鼻子噴氣和門吱吱嘎嘎的聲音之間一種平和的聲音。

在非常罕見的時候，莫瑞斯也會冒險下樓，走進滿屋子氣味和人聲，在陌生的人腿和桌子腳構成的迷宮穿梭。餐桌上的叮噹聲響常讓牠跑到樓梯最上層，牠在那裡停步，「眨著白色長睫毛的亮藍眼睛，邊看邊聽。」安東妮娜寫道。如果有人叫牠，牠就會小心翼翼、徐徐由光滑的木梯上下來，蹄子偶爾會打滑，溜進餐廳，繞著桌子，希望大家給牠一點吃的，雖然殘羹剩飯並不多。

每天晚上吃過晚餐後，莫瑞斯和雷斯就到花園去收集青草和雜草，餵雉雞園裡的兔子，莫瑞斯可以趁此機會尋覓塊莖和青菜。這幅情景印在安東妮娜的記憶裡，她的小兒子和他的小豬在薰衣草般淡紫的薄暮中嬉戲：「雷斯和莫瑞斯在青草地上，這樣的畫面迷住了每一個人，看著他們，教我們暫時忘了戰爭中諸多悲慘的事物。」她的兒子已經喪失了如此多的童年，如此多的寵物，包括一隻狗、一隻土狼寶寶、一隻小馬、一隻黑猩猩和一隻獾，因此安東妮娜很珍惜他每天和莫瑞斯到菜園這片袖珍伊甸的寶貴時光。

日常生活中的一個謎團是：如何在混亂、殘暴、無法預料的社會中，保持愛與幽默的精神？殺戮者天天穿過動物園，死亡的陰霾既籠罩著家人的言行，也包圍著地下軍的舉止，甚至侵襲了街頭的行人。安全這個念頭已經縮小成分子，片刻、須臾，而在此同時，大腦卻奏出憂慮的賦格曲，心中的舞台滿是悲劇和歡欣：因為不幸的是，對死亡的恐懼讓人不由得專心，啟發靈感，提升了感官知覺。相信自己的直覺本能似乎是個賭注，只是人已經沒有時間去想似乎這樣的念頭，大腦已經展開自動駕駛，把像分析這樣複雜的技巧全都拋諸腦後，換成由危險檔案和古老錦囊中浮出的瞬間洞察力。

12

「這樣的野蠻行為怎麼可能發生在二十世紀？！！！！！」安東妮娜問自己，六個驚嘆號都不足以描述她的震驚之情。「才在不久以前，世界回顧黑暗時期，還為它的粗暴野蠻而輕視不屑，如今它卻又全力捲土重來，無法無天的病態殘忍，完全未受到宗教和文明的教化。」

她坐在廚房餐桌上，為猶太區的朋友準備小包的食物，幸好姜恩去為威瑪豬舍收廚餘時，沒有人去摸索他的衣物或翻查他的桶子，他一想到把食物由豬舍帶進猶太區，就不禁因這樣的諷刺而失笑。若說豬肉是猶太人的禁忌，因此把豬肉給猶太人吃太過離譜，那麼老實說，飲食的規則早就被拋諸腦後，有蛋白質可吃，人人都只能感恩，這是不論牆裡牆外都感激涕零的禮物。

起先猶太人和波蘭人都不了解種族主義法令如洪水猛獸的嚴格，也不相信猶太人遭到圈禁殺戮的可怕傳言。「只要我們沒有親眼看到這樣的事情，親身感受到這樣的言行，」安東妮娜後來回憶，「就能把它們想成從沒聽過的荒唐謠傳，是恐怖的八卦，或是病態的玩笑。就連**種族淨化部**開始針對波蘭市猶太人口做詳盡的調查，大家都還把這樣的瘋狂行徑說成是德國人凡事都講求秩序井然、條理分明的癖性，」以為根本就是官僚沒事找事幹。不過德國人、波蘭人和猶太人卻分三條不同的線排隊領麵包，配給量精細到每天該有多少卡路里，德國人二千六百一十三卡，波蘭人六百六十九卡，猶太人只有一百八十四卡。新任的德籍地方首長法蘭克（Frank）說得很明白：「我對猶太人沒有什麼要求，只要他們趕快消失。」

Verboten!（禁止）成了耳熟能詳的新指令，不但士兵常喊，也常和驚嘆號一起大大地出現在海報上，或者在反猶報章雜誌如《攻擊者》（*Der Stürmer*）上；要是忽略這個三音節的字眼，就可能被處以死刑。這個字由嘴裡喊出來，由摩擦音 f 轉為破裂音 b，由壓薄嘴唇的厭惡，到吹氣出聲的恨意。

對猶太人的警告和侮辱日益嚴重，猶太人禁止上餐廳、公園、公廁、甚至連街頭的長凳也不准坐。他們的手上帶著印有藍色大衛之星的白色袖章，非但不能搭火車、電車，而且常當眾受侮辱、欺負、詆毀、強暴和殺害。官府下了命令，猶太音樂家不得演奏或演唱非猶太作曲家的作品；猶太律師被取消了律師資格；猶太公務員在毫無警告的情況下被炒了魷魚，當然也沒有退休或補償津貼；猶太老師和旅行社職員都被解職。猶太人和亞利安人通婚或發生性關係都是非法的，猶太人不得創作藝術或參加文化活動，猶太醫師必須停業（只除了一些可在猶太區執業）。有任何猶太意味的街道名稱全都重新命名，而取了像亞利安人名字的猶太人，則必須換成「以撒」或「莎拉」等猶太味的名字。在發給波蘭人結婚證書前，先得要拿到「適合婚配」的證書。猶太人不得雇請亞利安人擔任服務生，母牛不能和猶太人養的公牛交配，猶太人也不得飼養信鴿。此外還有許多童書，如《毒菇》（*The Poison Mushroom*）等，都以反猶太的漫畫，宣揚納粹思想。

德國士兵為了好玩，常要猶太人站在桶子上，剪掉他們為宗教理由而留的鬍子，或者辱罵老人或婦女，有時還逼他們跳舞，否則就格殺。如今可以由檔案影片看到陌生人當街共舞華爾滋，僵硬地抱著舞伴，臉孔因恐懼而扭曲，而納粹士兵則在一旁拍手大笑。任何猶太人如果經過德國人身旁而未彎腰或舉帽為禮，就可能遭到毒打。納粹取走猶太人所有的現金和儲蓄，偷去他們的家具、珠寶、書籍、鋼琴、玩具、衣服、藥品、收音機或任何有價值的東西。逾十萬人被由家裡拉出來長期作奴工，沒有酬勞。而更教猶太婦女羞憤難當的，是她們被逼著以內衣褲當擦地板或馬桶的抹布。

接著在一九四〇年十月十二日，納粹下令所有華沙的猶太人全都得離開家，把他們趕到城北，位於火車總站、薩克森花園（Saxon Garden）和格但斯克火車站之間的一個地區，限定為猶太區。通常德軍會包圍一個街廓，給他們半小時撤出公寓，只能帶走一些私人物品，其他什麼都不能拿。城內這些猶太人，再加上納粹由鄉下遷來的猶太人，使總共四十萬人被拘在僅占華沙市五％大小的地方，只有十五至二十條街，大約就是紐約中央公園大小，那裡面光是鼎沸人聲，如一名居民形容的「不斷的吵鬧喧囂」，就足以把人逼瘋。那二萬七千間公寓就像旋渦一般，平均十五人塞在兩間半小房間裡，正符合納粹打擊士氣、折磨、羞辱、消磨抵抗的目的。

在歷史上，歐洲猶太區一直都很繁榮，不論它們地處遙遠，或者有時受到鄙夷，但總是生機蓬勃，讓商旅和文化來回流動。然而華沙的猶太區卻完全不同，一名生還者梅瑟（Michael Mazor）描述：「在華沙，猶太區成了一汪死水——就像德國哨兵貼在區內住宅門上的，是『小死城』（Todeskätschen）……德國人早就視之為墳地。」唯有警覺機敏的人才活得下去，沒有人敢不先聽聽危險預報，就貿然跑出家門。過往的行人都會互相傳遞最新情報，「光是提到威脅的情報，只要做個最微小的手勢，都可能讓數千群眾全都躲回家裡，讓整條街上空無一人。」

然而即使在猶太區，生命依舊如野草一般無所不在。現代波蘭史權威學者諾曼・戴維斯教授（Norman Davies）如此描寫這個猶太區起初的活潑情況：「有兩三年，那裡人來人往，有人力車和繪有藍色大衛之星的電車，有咖啡廳和餐館。四十號是『作家的熱湯廚房』，還有一些娛樂的地方。在藍斯諾街（Leszno）二十七號的Fotoplastikon則展示了如埃及、中國或加州等異國景物的圖片，讓人們一窺國外的風光。戴著紅鼻子的小丑站在人行道上，招攬人以六波蘭幣買票。藍斯諾街二號的藝術咖啡店則提供每日餘興節目，還有名歌手或音樂家演唱或演奏的音樂會，比如薇拉（Vera G.）、『猶太區夜鶯』瑪麗茲哈（Marysdha A.），以及拉迪斯拉斯（Ladislas S.）和亞瑟（Arthur G.）。藍斯諾街三十五號的『法美娜』音樂廳則有更隆重盛大的演出，包括波蘭常見的節目，如《柴達斯公主》（*Princess of the Czardas'*）滑稽劇，或是《愛情公寓》（*Love Seeks an Apartment*）喜劇。這全是發揮得淋漓盡致的逃避主義，正如不知誰說過的：『幽默是猶太區唯一的防禦方法。』」猶太區最知名的街道，翻譯出來都是天堂、富商和冒險的憧憬：花園街、孔雀街、沁涼街、曠野街、新菩提街、龍街、鹽街、鵝街、勇敢街、溫暖街、和氣街、快樂街。

起先，在猶太區還能四通八達之際，札賓斯基夫婦的猶太朋友都覺得這只不過是個暫時的棲身之所，雖然它像痲瘋病院受到蔑視。但希特勒政權很快就會崩潰，公理正義終將伸張，他們終就能擺脫這樣的漩渦，他們覺得所謂「最終的解決之道」，頂多就是把猶太人趕出德國和波蘭——沒有人料到是把猶太人徹底殲滅。

大部分的猶太人都寧可選擇未知的未來，而不要面對殘酷的現在，因此他們都遵守命令搬到猶太區；然而還是有些人寧可冒險躲在城裡亞利安人區。據安東妮娜的記載，各種族裔的朋友，或是有一方是猶太人裔的夫妻，大家聚在一起時談的陰暗話題，就是一九三五年九月十五日制訂的紐倫堡種族法令（Nuremberg Laws）。這些法令規定你可以有多少猶太血統，才不算遭到汙染。著名的絲路探險家，後來也曾為納粹罪行道歉的斯文·赫定（Sven Hedin）在一九三六年柏林奧運時和希特勒並肩站在指揮台上，雖然他的曾祖父是猶太教祭司，希特勒圈子裡的核心人物一定知道這點，但他被免除在外，不受這樣的法令約束。

雖然幾乎沒有人預知種族法令到後來會攸關他們的生死，但有些反應比較敏銳的猶太人卻很快地改信基督教，也有的購買了偽造的文件。他們的朋友亞當和汪妲·英格勒特（Wanda Englert）夫婦擔心德國人會發現汪妲有部分猶太血統，因此安排假離婚，接著再安排「汪妲的失蹤」這樣的假事件；但汪妲在失蹤前，打算在鬧區舊軍火庫遺址辦一場歡送會，向親朋好友告別，她選定的日子是夏至前夕。

在這一天黃昏，軍火庫已經用艾草的枝葉點綴起來，這是苦艾家族的一種植物，長得很高，有紫色的莖，灰綠色的葉，和黃色的小花。這古老的香草原是用來除咒，驅趕巫師巫婆之用，尤其是在六月二十三日夏至前夕，聖約翰殉難的日子（根據傳說，聖約翰被斬首時，頭掉到一片艾草植物之間）。迷信的波蘭農夫總是把這種香草的枝葉掛在穀倉簷下，以免女巫趁著黑夜把母牛的牛奶擠乾；華沙的女孩子也總在頭上戴著艾草花環；主婦則把艾草枝葉綁在門廳和窗戶隙縫，以驅逐邪靈。如今在魔鬼占領的地區，特別選在夏至前夕舉辦聚會，實在不可能純是巧合。

六月二十二日，姜恩和安東妮娜動身準備去參加聚會，他們打算走奇亞貝茲橋（Kierbedź）。天氣好的時候，不論是漫步或搭電車，這段路都教人心曠神怡，由老照片看來，這座鋼桁架橋就像一長排釘書針，竹籃式的編排在路上印出了小塊小塊的陽光。如果風以不同的速度吹過這種橋，它就會吹出無調的曲子，橋身也會隨著它所感受到的音樂震動，發出大象也會嘶鳴的那種教人骨頭嗡嗡作響的低音，牠們用亞音速說、聽，動物管理員只要站在大象談話的地方前，就可以感覺得到。

姜恩和安東妮娜通常都抄捷徑穿過普拉斯基公園，這片都市綠洲原本包含拿破崙時期的老碉堡，共有七十四英畝之大。一九二七年，新動物園用掉了公園的一半，盡量留下老樹，讓搭電車抵達的人可以先行經樹蔭，再看到動物園以同樣品種的皂莢樹、葉片如楓的槭樹、鐵線蕨和甜栗，作為故事的前言和主幹。然而在這個下午，姜恩和安東妮娜因為菸正好抽完，因此刻意沿著繞行公園的盧卡辛斯基街（Lukasiński），走了長路，到一間滿是強烈波蘭菸草甜香的小店裡去買菸。正當他們要離開時，一陣低沉的震波卻教他們貼上了圍牆，霎時間飛沙走石，空氣立刻凝結，天色變暗；一秒鐘之後，他們聽見飛機引擎聲，看到一道細細的粉紅線條劃過天空。他們搖搖晃晃站定，嘴唇無聲地蠕動，因為爆炸聲的巨響而什麼也聽不見，只覺得迷惑；接著，他們才聽到解除空襲的警報。他們猜想這架飛機並不是一群機隊的一分子，而只是想摧毀奇亞貝茲橋的單獨一架轟炸機而已，不過橋和公園依舊安然無恙，只有黑煙由一輛被炸毀的電車斜吹、升起，接著又朝斜吹。

「如果我們抄了捷徑，很可能現在就在電車裡。」姜恩氣呼呼地說。

安東妮娜一看時間，另一波恐懼襲上心頭：「這是雷斯放學偶爾會搭的那班電車！」他們倆三步併兩步沿街飛奔，朝被由軌道拋出來的電車跑去。它冒著閃光，還在抽動，就像一隻正在發怒的長毛象一樣，躺在天主教堂之前，身上的金屬已經撕裂，像臍帶一般的電線也都鬆脫，車裡車外約有五十個人軟綿綿地倒在地上。「我眼裡含著淚水，翻看死者的臉龐，尋找雷斯的面容。」安東妮娜回憶道。他們在煙霧和熱燙的殘片中尋覓兒子，卻找不到他，因此趕往學校，但學生全都已經放學。他們又回頭跑，穿過電車和越聚越多的人群，穿過公園，衝過獸籠，跑回家裡，直奔屋後，又衝進廚房，邊喊雷斯的名字，邊翻遍全家。

「他不在。」姜恩頹然倒在椅上，過了一會兒，他們終於聽到他在屋後台階上的聲音。

「坐下，」姜恩嚴厲卻低聲地說，邊把雷斯按在椅子上，「你到哪裡去了？你這壞孩子，難道你忘記你放學之後最重要的就是馬上回家嗎？」

雷斯說炸彈丟下來時，學校才剛放學，有個陌生人擔心他們的安危，把他們帶進他屋子裡，等空襲警報解除。

不用說，安東妮娜和姜恩錯過了汪妲的告別會，但卻並沒有因此和她失去聯繫；因為不久之後，一如原先計畫的，她假扮雷斯的家教，消失到動物園來了。

13

姜恩和安東妮娜認為納粹種族主義非但莫名其妙，而且十分恐怖，教他們打從靈魂深處感到厭惡。雖然他們原本就在協助猶太區的朋友，他們依舊發誓要不計代價幫助更多的猶太人，因為猶太人在姜恩的兒時記憶及之後的日子裡，一直都非常重要。

「我欠猶太人一份情，」姜恩曾告訴記者，「我父親是堅定的無神論者，因此在一九〇五年，讓我上了克雷茲莫學校（Kretshmort），這是當時全華沙唯一不用學基督教義的學校，雖然我母親非常反對，因為她是虔誠的天主教徒。克雷茲莫有八〇%的學生是猶太人，我在那裡和許多日後在科學和藝術都有傑出表現的學生結為好友……高中畢業後，我在羅西克小學（Roziker）教書，」那間學校的師生也同樣以猶太人為主。因此，他和許多猶太知識分子培養出親密的友誼，許多學校裡的好友都住在猶太區。雖然姜恩很少在公共場合談到父親，但他曾告訴記者，他之所以選擇動物學，就是故意要「氣我父親，他不喜歡也不欣賞任何動物，更不准牠們進房來——除了飛蛾和蒼蠅，牠們根本不顧他許可與否就登堂入室！」

不過父子倆對猶太人的友誼，倒有較多的共通之處：

父親和我都是在猶太社區長大的。他是律師，雖然娶了豪門之女——地主的女兒——卻是靠自己的努力，才成為資產階級。我們在華沙這貧窮的猶太社區長大，均是機緣使然。自小我父親就和街上的猶太兒童打成一片，和他們平起平坐，我也受他的影響。

動物園一點也不適合難民藏身，園長的住屋很靠近雷特索瓦街，就像燈塔一樣明顯；四周是獸檻和動物棲地；靠近動物園中間，約〇．三哩處，則是員工宿舍和行政大樓。園長住處四周是數英畝開闊的園地，大部分劃有小花圃的公園地，就在動物園圍籬之外。鐵路沿著維斯杜拉河朝南而去，北方則是德國重兵駐守的軍事區小木屋。華沙淪陷之後，德軍在動物園正中央獅子島上建了一間倉庫，專用來貯放由波蘭軍隊沒收來的武器；其他的德國士兵也常來動物園漫步，享受綠地和寧靜。沒人能預測有多少德軍會出現，也很難預料他們出現的時間，因為他們的時間並不固定；不過他們是抱著休閒而非巡邏的心態而來，何況普拉斯基公園受的轟炸較少，散起步來比較怡人。

奇怪的是，安東妮娜一直都沒有發現姜恩的一個祕密：那就是靠著他的協助，家鄉軍在動物園設了一個彈藥儲藏所，就埋在大象圈養區的壕溝附近（戰後在那裡發現了一間嵌著木板的小房間）。他知道在動物園正中央，就在離德國軍事倉庫數步之遙，埋藏槍彈是多麼危險、甚至愚勇的事，但他怎能告訴她？他擔心她會擔驚受怕，堅持以家人的安全為第一原則；幸好，就如姜恩所預想的，德軍從沒想到波蘭人有這麼大的膽子，因為他們覺得斯拉夫民族是懦弱而愚蠢的種族，只適合作體力勞動。

「我知道德國人的心理，」他想，「他們絕不會猜到在這麼惹眼的地方竟會有地下軍的活動。」

姜恩總是避開讚美，對自己的勇敢也輕描淡寫，只說：「我不懂這些，只要有動物陷入險境，你就一定會去救他，不論他是人是獸。」由他的訪問、他自己的作品和安東妮娜的描述，可以看出他天性內斂但卻友善和藹，非常有紀律，對自己和家人很嚴格，沉著而大膽，他能夠隱藏自己的情感和行為，有極大的意志力，在日日驚濤駭浪的波蘭地下軍中，姜恩的代號是「法蘭西斯」，取動物的守護神聖法蘭西斯（St. Francis of Assisi，又譯聖方濟）的寓意，同時也因為他勇敢、鎮定、甘冒風險。他把武器和猶太人就藏在納粹營地的中央，眾目睽睽之下；結果證明這是非常好的心理戰術，但我認為那也是他喜歡高人一等、勝人一籌的感受，故意嘲弄德軍。不過只要一被發現，就會讓他和全家人都立刻遭到處決，天曉得還會牽連多少人。建立這樣一個中途之家，「讓剛由猶太區逃出來的人在決定去處，移到新藏身所之前，有暫時的棲身地」。姜恩發現身為無神論者，並不能讓他擺脫一切都是命中註定，只能聽天由命的感覺。

14

一九四〇年的夏天，任何一通電話、一張紙條，或是一聲低語，都可能警示札賓斯基夫婦，讓他們準備接待地下軍安排的「**客人**」：躲躲藏藏和在輾轉逃亡途中的猶太人。這些猶太人就像游牧民族，而非定居屯墾的住民，只是暫時停下來休息加油，再上路到不知名的目的地。長得像亞利安人，又會說德語的猶太人可以拿假證件順利地離開，但過不了關的人則會在動物園一待數年，有的住在動物園長屋內，有時多達五十人全散居在空的獸籠裡。許多**客人**，如汪妲，都是全家人的老朋友，安東妮娜把他們當成兩棲家族，要藏他們當然是問題，但還有誰比動物園長更適合安排合宜的偽裝？

曠野裡的動物天生就有各種融入環境中的聰明伎倆，比如企鵝背黑腹白，讓飛掠而過的賊鷗以為牠們是海中波濤，也讓天敵豹形海豹（leopard seal）把牠們當成雲朵；而人最好的偽裝是更多的人。因此，札賓斯基夫婦邀來各種各樣的合法賓客來作客居住——叔叔、阿姨、堂兄、表姊和朋友——並且時時會有意料之外的客人出現。常常有不斷變換的面孔、體型、和口音，其中又以姜恩的母親為常客。

「人人都喜歡姜恩的母親，」安東妮娜在回憶錄中寫道，「她天性仁慈優雅，非常聰明，反應敏捷，記憶很好。非常有禮貌而敏感。一笑起來全身都會顫動，而且又很有幽默感。」但安東妮娜卻為她擔心，因為「她就像嬌弱的溫室花朵，我們的任務是要保護她，讓她不會受到任何恐懼或痛苦，以免折磨她的精神，造成憂鬱。」

姜恩把這種無形的問題留給安東妮娜處理，她一向就負責應付「棘手的動物」，而且取悅、感動、協助老人家，對她來說是再適合不過的了。姜恩則喜歡扮演將軍、間諜、軍師的角色，尤其是欺騙或羞辱敵人。

在其他被德軍占領的國家，藏匿猶太人可能會讓你蹲大牢；而在波蘭，藏匿猶太人非但可能讓藏匿者當場被處死，而且還會牽連家人與鄰居，因為他們有「共同的責任」。雖然如此，還是有許多醫院員工讓猶太成人偽裝成護士，並下藥讓猶太兒童昏迷，再偷偷把他們用背包運送出去；或者把他們藏在一堆屍體之下，用運屍車悄悄運出去。許多波蘭基督徒都把猶太朋友藏匿了整段戰爭期間，即使這意味著他們得減少自己的口糧，時時刻刻提心吊膽，還得挖空心思，窮於應付。只要這房裡有任何多出來的食物、不熟悉的身影，或者由櫥櫃中流洩出的呢喃低語，都可能招致左鄰右舍的懷疑，向警方密告，或是向城裡的敲詐者透露消息。被抓進牢裡的人往往在黑暗中一待多年，幾乎不可能移動，等他們最後終於出獄之時，想伸展四肢，卻已經孱弱無力，只能像木偶一樣被抬出來。

動物園未必總是**客人**的第一站，尤其由猶太區逃出來的，可能先在市區伊娃．柏祖斯卡（Ewa Brzuska）家待一兩天，大家都稱呼為「阿嬤」（Babcia）的伊娃是個臉色紅潤、身材矮壯的婦女，年約六十，她在塞索斯基街上開了一間小小的雜貨店，一路延伸到人行道上，一桶桶的德國泡菜和醃黃瓜就放在一簍簍的蕃茄和青菜旁，鄰居擠在店裡買東西、聊天；雖然德國軍隊的汽車修理站就在對街。每天都有一群猶太人被德軍帶到修理站來修車，**阿嬤**會偷偷幫他們寄信，或者在他們和家人說話時幫他們把風。堆得高高的馬鈴薯可以讓由猶太區來的小朋友躲在後面，一九四二年，她家成了地下軍組織的辦公室。她把各式身分證件、出生證明、錢和糧票藏在醃黃瓜和泡菜桶下；把危險分子的出版品收在貯藏室裡；並且經常收容猶太人臨時過夜，大部分的猶太人接著都會轉往動物園躲藏。

安東妮娜很少弄得清楚什麼時候**客人**會上門，或者他們由哪裡來，一切都由姜恩籌畫聯繫；也因此，躲在他們屋裡的人都不清楚他在地下軍活動的全貌，比如他們都不知道廚房暖爐架上不時會出現的雀巢或阿華田罐子裡究竟裝了什麼。

安東妮娜寫道，有一天，姜恩不經意地說：「我在這個盒子裡放了一些研究要用的小彈簧，請不要碰或動它，我隨時會要用。」

沒有人起疑，姜恩一向都愛收集小金屬用具——螺絲、墊圈、各種五金小玩意兒——只是他通常都放在自己的工作室。認識他的人都覺得他的嗜好奇特而有趣，只有對五金有興趣的人，才會喜歡玩這些；就連安東妮娜也不知道，他其實是在收集製作炸彈的保險絲。

動物研究所派一個年輕研究員送來一大桶肥料，姜恩把它存放在房子旁邊的動物醫院，偶爾會漫不經心地提起某某可能會來拿肥料種花；安東妮娜一直到戰後才知道，桶子裡裝的其實是C13F，一種可溶於水的炸藥。原來姜恩是地下軍組織裡專門負責破壞德國鐵路的領導人，他們把爆裂物塞在車軸裡，等火車開始移動，火藥就會引爆（一九四三年的一個月分中，他們總共讓十七列火車出軌，並且破壞了一百個火車頭）。她還不知道在戰時，他故意讓豬隻感染寄生蟲，屠宰之後作成肉丸，並藉著在德軍福利社工作的十八歲青年之助，把這些肉丸作成三明治，讓德國士兵吃下肚。

他也協助建造地下碉堡，這是救命用的地下藏身處。戰時波蘭的碉堡可不是像當今這麼簡單的壕溝，而是潮濕的地下避難所，有偽裝隱蔽的通道和通風井，通常位於花園或公園邊緣。歷史學家伊曼紐·林格本（Emanuel Ringelblum）所住的葛洛傑卡街（Grójecka）八十一號地下碉堡就在一個花匠的溫室之下，長九十二呎，十四張擁擠的床上共睡了三十八個人。他的一個同伴歐娜‧傑格（Orna Jagur）在一九四四年碉堡被德軍發現之前離開，她後來回憶起初嘗碉堡生活的感受：

一波又熱又悶的空氣朝我襲來，底下是霉、汗、髒衣服和沒吃的食物混在一起的惡臭……避難所中有些居民躺在帆布床上，陷在黑暗之中，其他的人則坐在桌上。因為酷熱，所以男人全都打著赤膊，只穿著一條睡褲，他們的臉都蒼白而疲憊，眼中盡是恐懼不安，聲音緊張而失常。

這還被視為建得很好的地下碉堡，受到熱心家庭的妥善照顧，提供足夠的食物，算是很好的藏身之處。相較之下，動物園的生活則寬敞而充滿田園風味，雖然有點古怪。地下軍隱匿其名，稱之為「瘋狂星星下的房子」，作為祕密代號。因為這棟屋子更像是個裝了各種奇珍異寶的大型珍品閣，裡面有各種古怪的人和動物。都市的訪客都很欣賞這棟頗具未來風味的房屋，四周有大片公園圍繞，有四十畝之大的綠色田野，讓他們忘卻戰爭，可以假裝在鄉間度假。由於天堂僅在比較時存在，因此由猶太區亡命的**客人**不禁覺得這裡是個小小的伊甸園，有花園、動物和時時提供食物的慈母。

天黑之後，札賓斯基家也依規定，在窗戶上掛起黑紙，但白天裡，這棟原本只供一家人住的兩層樓房卻像蜂巢一樣忙碌不已。有這麼多符合規定的住客——管家、保母、老師、姻親、朋友和寵物——一屋子人影和喧鬧似乎再正常不過。這房子太過明顯，就像展示箱一樣，四周只有幾叢低矮的灌木，幾株長成的大樹和招牌的落地大窗。姜恩刻意這樣安排，在視線所及一清二楚的情景，正符合越公開的地方越不惹人注目的座右銘。

為什麼這房子有這麼多玻璃？這房子是依循國際建築風格所建，也就是不理會這地區過去的歷史、文化、地理或氣候而建。它崇尚的是機械時代和未來主義，爭取的是極簡風格，不用任何裝飾特色，只以玻璃、鐵和水泥乾淨俐落完成。建築界大師——華德・葛羅佩斯（Walter Gropius）、路德維希・密斯・凡・德羅（Ludwig Mies van der Rohe）、馬索・布魯爾（Marcel Breuer）、柯比意（Le Corbusier），和菲利普・強森（Philip Johnson）等——都希望能以毫無隱瞞的建築物，來表達誠實、直接和正直。這個運動的口號十分明白，「裝飾是罪惡」、「造型由機能來決定」、「機器是為生活而造」；一切都和納粹的美學標準正好相反（納粹崇尚古典主義）。建築且居住在現代主義的房子裡，本身就是對國家社會主義的冒犯，而姜恩和安東妮娜又把這棟建築所暗示的意味發揮得淋漓盡致：透明、誠實、簡潔。

在不知名也無法預期的人潮來來去去的流動之中，的確很難看出誰是**客人**，更難說出誰什麼時候不在那裡。然而這樣的祕密行動卻意味著如履薄冰的生活，必須默默地評斷每一種噪音，追蹤每一個陰影。某個聲音是否和這棟房屋不斷的變化協調？屋裡的人都像得了妄想症一般，而這也是對永遠不斷的危險唯一正常的反應，住客全都成了偷偷摸摸的武術大師：躡手躡腳、靜止不動、偽裝假冒、轉移目標、啞劇。有的**客人**躲藏起來，有的則猶豫徬徨，唯有入夜時分，才敢自由地在屋裡走動。

這麼多人同住，也意味著安東妮娜有更多雜務。她原本就要照顧大家庭，牲畜、雞、兔子要養；菜園裡的蕃茄和菜豆要種；每天要烤麵包；醃漬蜜餞蔬菜、還要把糖煮水果裝罐。

波蘭人已經習慣占領區的驚嚇，前一刻還風平浪靜，後一刻卻飛沙走石，讓他們四散奔逃。每天早上，他們在黑暗中醒來，不知道今天要面對什麼樣的命運，也許是憂傷，也許不免被捕。她會不會是其中一分子？安東妮娜不禁疑惑，他們消失，只不過是因為他們正好置身德軍隨意選中的電車或教堂裡；他們封住出口，殺死裡面所有的人，為了他們真正受到或想像中的侮辱報仇。

家事，不論多麼單調重覆，至少是熟悉的動作，熟悉、無害、自動。不斷保持警戒只會教人筋疲力竭，感官知覺無法完全放鬆，大腦的看守人不斷地在可能的碼頭逡巡，探看陰影，聆聽危險，直到意識成了自己的懺悔者和囚犯。在死刑的國度，在晨光或星辰的移轉隱藏在百葉窗簾之後，時間也變了形，喪失了它的靈活性，安東妮娜寫道，她的日子更加朝生暮死，「就像肥皂泡泡一般脆弱」。

很快地，芬蘭和羅馬尼亞加入德國那方，南斯拉夫和希臘則投降了。德國攻擊前盟友蘇聯引發了許多謠言和預測，安東妮娜覺得列寧格勒之役尤其教她難過，因為她原本希望戰爭會逐漸停息，而非越來越激烈。偶爾，她聽說柏林遭到轟炸，有一支喀爾巴阡集團軍打敗了德軍，也有德軍投降的消息；但大部分時候，她和姜恩都是由戰時印行的祕密日報、週報和新聞信中得悉消息。主編還故意把印好的報紙送到蓋世太保總部，「協助你們的研究，讓你們知道我們對你們的看法……。」

德軍常來射擊像灰塵般密布滿天的烏鴉群，等他們一走，安東妮娜就偷溜出去，收集烏鴉屍體，清洗烹煮，製作原本該以雉雞為材料的肉派。這是一種波蘭美食，在諸位女士稱賞這道菜的美味時，安東妮娜偷笑：「何必告訴她們動物學的命名細節，破壞她們的食欲？」

家裡人的情緒時常在兩極擺盪，解脫的浪頭之後，往往跟著焦躁的泡沫；因為前一刻大家還在欣賞田園美景，後一刻卻緊跟著教人沮喪的消息。當生活裡充滿著人們輕鬆的交談和鋼琴樂聲之時，安東妮娜就拋開戰爭的念頭，甚至感到歡愉；尤其在霧茫茫的清晨，鬧區消失在一片迷濛之中，讓她不禁揣想自己置身另一片土地，另一個時空。安東妮娜在日記中寫道，她為此而感恩，因為先前在卡波納斯卡街燈罩店的生活，永遠籠罩在陰鬱的哀傷之中。

地下軍的成員經常來往，有時也有男女童軍團內十二至十七歲的少男少女。年輕人的團體在戰前雖然很盛行，但在納粹占領之後已經禁止。只是在家鄉軍的組織之下，他們也協助反抗分子，擔任士兵、信差、社工人員、消防隊員、救護車司機和破壞等工作。年幼一點的則進行較小規模的破壞活動或者祕密信差，比如在牆上寫上「波蘭會勝利！」或「希特勒狗養的！」之類的塗鴉，這些都是可能當場被格殺的罪行。而大一點的孩子甚至可以刺殺納粹軍官，或者由蓋世太保手裡解救戰俘。這些孩子全都到動物園長家裡來，幫忙劈柴、運煤、保住爐火；有些人把菜園裡的馬鈴薯和其他蔬菜用腳踏人力車送到地下軍藏身之處。在德軍占領區，計程車都消失了，所有的車子都收歸德國人所有，腳踏人力車成了最常見的車輛。

雷斯偷聽到童子軍低語的祕密，人人都有刺激的間諜工作可做，但他自己卻無法加入，不免教他覺得喪氣。幾乎由出生開始，他就知道周遭的危險，而且爸媽一再告誡這些危險都是貨真價實，而非假裝的遊戲。大人警告他絕不能把**客人**的事透露給任何人，哪怕一個字也不行，他知道只要自己一說溜嘴，他自己、他的父母，還有屋子裡的每一個人，都必死無疑。這對一個小孩是多麼沉重的負擔！他的世界如今充滿了驚險刺激，有形形色色的奇怪的人和事件，他半個字也不敢吐露，難怪他每一天都越來越焦慮擔憂，安東妮娜在她的備忘錄中嘆息。但在所有的成人也都感到焦慮擔憂的時刻，她又能做什麼呢？也難怪雷斯成了他自己最害怕的夢魘，要是在玩耍時說出了**客人**的名字或地下軍的祕密，他的父母就會被射殺，就算他能活下來，也會舉目無親，而這都是因為他的錯。由於他不敢相信自己，因此只能盡量避開陌生人，尤其是其他兒童。安東妮娜注意到，他在學校甚至不交朋友，一下課就趕回家來和小豬莫瑞斯玩，他可以盡情向牠傾訴，而牠絕不會背叛他。

莫瑞斯喜歡玩他們稱之為牠的「驚嚇遊戲」，牠會假裝被小小的聲音嚇到——雷斯把書闔上，或者移動桌上東西的聲音——牠一聽到，就直衝而出，蹄子在木質地板上滑溜；幾秒之後，牠就回到雷斯的椅子下開心地咕嚕，等著下一次假裝驚嚇奔逃。

雖然安東妮娜非常期望雷斯能過正常的童年，但事情的發展已經毀了這樣的希望。日常生活越來越糟，一天黃昏，德軍看到雷斯和莫瑞斯在菜園裡玩耍，便走過來偵察。不怕人的莫瑞斯直奔到他們跟前發出嗚聲，等著他們幫牠搔背；接著，雷斯驚恐地看到，他們把尖叫的莫瑞斯拖去屠宰。心碎的雷斯一連哭了好多天，有幾個月都不肯再去菜園，甚至也不肯去摘拾餵兔子、雞和火雞的青菜。最後他雖然再度來到菜園，卻永遠不復歡樂平靜的心情。

15

一九四一年

養豬場只撐到隆冬就結束了，因為即使在原本為了安置大象和河馬而裝有中央暖氣的動物園建築裡，依舊需要溫暖的墊褥。贊助動物園的「屠宰場長」雖然親切地見了姜恩，聽他陳述請求，但卻違反常情地拒絕撥款購買稻草。

「這一點也不通！」他後來向安東妮娜說，「我簡直不敢相信他這麼蠢！」安東妮娜也很驚訝，因為食物短缺，豬可以說是黃金，而稻草又能花多少錢呢？

「我說破嘴也沒辦法教他改變心意，」姜恩告訴她，「我不懂，他一直是我們的朋友。」

安東妮娜說：「他是個懶惰而固執的笨蛋！」

夜晚寒冷和冰霜穿透了窗框，如刀的風滲進木屋的外層，也撕裂了小豬的生命。接著豬群又發生痢疾，讓剩下的大半又病死。屠宰場長於是關閉了養豬場。這非但讓他們沒有豬肉可吃，也使姜恩不再能去猶太區收集廚餘。幾個月過去了，他才聽說了真相：屠宰場長和另一個低階官員合夥，打算把動物園租給一家德國香草植物公司。

三月中的某一天，一群工人帶著鋸子和斧頭來到動物園，開始砍樹，劈倒花床、裝飾用的灌木叢，和門口大家最寶貝的玫瑰花。札賓斯基夫婦使出渾身解數，不論是喊叫、懇求、賄賂、威脅，都沒有用。顯然納粹已經下令徹底破壞動物園，管它是花朵還是野草一律除盡。因為畢竟這些都是斯拉夫植物，頂多只能當德國植物的肥料。通常移民來到新的家園，總會想重造故鄉的風貌（尤其是在菜色方面），然而安東妮娜現在才明白，這樣的生活圈原來不只限於人，也應用到德國的動植物上。納粹想運用優生學，把波蘭的基因徹底消滅，拔起它的根，除掉它的莖，用他們的種籽取代它的，正如一年前華沙投降時，她所擔心的一樣。或許他們以為超級的士兵需要超級的食物，而納粹認為唯有「純種」種籽，才能長得出來。如果納粹主義想要復育私有的神話，有它自己的動植物生態，讓動植物重現未受亞洲或中東血液稀釋的古代血統傳承，那就意味著乾乾淨淨的開始，以德國的農夫和農作、牲畜，取代成千上萬的波蘭或猶太農夫及其農作、牲畜。

這個週末，熱愛動物園的德籍現任華沙市長丹格魯・李斯特（Danglu Leist）帶著妻子和女兒來訪，並請老動物園長帶他們參觀，讓他們想像一下戰前動物園的模樣。姜恩一邊和他們漫步園區，一邊也把華沙動物園的氣候植被和柏林、孟瀚（Monaheim）、漢堡、哈根貝克

（Hagenbeck）和其他城市的動物園，讓李斯特非常開心。接著姜恩又帶著賓客到大門旁被毀的玫瑰園，只見大棵美麗的玫瑰叢被漫不經心地連根拔起，就像死傷的士兵一樣倒在地上。李斯特的妻女都惋惜如此浪費美麗的花朵，李斯特也怒不可遏。

「這是怎麼回事？」他問。

「這不是我做的，」姜恩鎮靜地說，他表現出適度的苦惱和氣憤，把養豬場被毀，以及德國香草公司要向屠宰場長承租動物園的事一五一十地告訴他們。

「你怎麼能讓這樣的事發生？！」李斯特怒斥姜恩。

「多麼可惜，」他的太太惋惜道：「我最愛玫瑰！」

「沒人問我的意見。」姜恩沉著地向李斯特太太道歉，言下之意是，既然這不是他的錯，就該是她先生幹的好事。

她狠狠瞪了李斯特一眼，後者生氣地喊冤：「我根本沒聽過這件事！」

在李斯特一行人離開動物園之前，他要姜恩在次日上午十時前，到他的辦公室，等華沙的波蘭副市長朱利安．庫斯基（Julian Kulski）來解釋這是怎麼回事。這三人次日一會面，才發現庫斯基對此也毫不知情，李斯特市長立刻取消了租約，並答應要懲治所屬，並問庫斯基該如何運用動物園，而不致破壞它。雖然李斯特並不知情，但姜恩卻很清楚庫斯基和地下軍的關係，庫斯基提議把它開墾成公共菜園，由市民分別承租，姜恩不禁暗笑，這樣的做法非但可以讓當地居民自給自足，也能凸顯納粹仁慈統治的一面，一舉兩得。分割小塊耕地不會破壞動物園的中心，反而能提高庫斯基的影響力。李斯特同意了，因此姜恩再一次換了工作——由動物園長到養豬場長，如今又成了管理菜園耕地的官員。這份工作讓姜恩得進出華沙公園管理處，讓他獲得進入猶太區的新許可證，這回目的是要檢視其植物群和花園。坦白說，猶太區根本沒有多少植物，只有藍斯諾街上有幾棵樹而已，當然更沒有公園，但他得抓住任何一個可以拜訪朋友的藉口，「為他們打氣，並猶太區偷偷把食物和消息帶進去。」

先前安東妮娜偶爾會陪著姜恩去拜訪知名的昆蟲學家西蒙・唐納本博士（Szymon Tenenbaum），他的牙醫太太羅妮亞（Lonia），和女兒伊瑞娜（Irena）。姜恩和西蒙小時上同一所學校，結為好友，常一起在溝裡爬，翻找石頭，那時西蒙就已經是昆蟲狂，長得像聖甲蟲的金龜子是他的最愛，是他的太陽神，也是他最專門的生物。長大之後，他開始四處旅行，趁著餘暇收集昆蟲，還出版了關於地中海巴利亞利群島（Balearic Islands）甲蟲的五大冊專書，躋身頂尖的昆蟲學者。在學年中，他擔任一所猶太高中的校長，但一到暑假，比亞洛維察森林裡甲蟲聚集，一段空樹幹就像藏著一座小小的龐貝古城，這時西蒙就來此搜集許多罕見的標本。姜恩本人也喜歡甲蟲，曾作過大規模的蟑螂研究。

即使在猶太區，西蒙依舊繼續寫文章、收集昆蟲，把他的獵物釘在玻璃蓋下的棕色木盒子裡，不過在納粹剛命猶太人搬到猶太區時，西蒙擔心不知該如何保存他那些寶貴的大型收藏，因此曾問姜恩可否把它們藏在他家。幸好一九三九年黨衛軍突襲動物園，搶走兩百本寶貴書籍、許多顯微鏡及其他設備時，沒注意唐納本近五十萬昆蟲樣本的收藏。

札賓斯基和唐納本家在戰時益形親密，日常生活的困苦使他們交情更深。安東妮娜在備忘錄中寫道，戰爭不只會使人分隔，反而會加深友誼，點燃愛火，每一次的握手都開啟了新門，或者操縱了新的命運。而就因為他們和唐納本家的友誼，因緣巧合之下，他們認識了一個讓姜恩與猶太區關係更鞏固的關鍵人物，只是這人自己卻毫不知情。

一九四一年夏的一個週日上午，安東妮娜看到一輛豪華轎車停在門前，一名塊頭很大的德國人由車裡鑽了出來，他還來不及按門鈴，她就跑到起居室的客廳，大彈起奧芬巴哈（Jacques Offenbach）輕歌劇《美女海倫》（*La Belle Hélène*）中的〈去，去，去克里特！〉一曲，這是要所有**客人**躲進藏身之所，保持安靜的暗號。安東妮娜對作曲家的選擇，說明了她的個性，和當時家裡的氣氛。

賈克・奧芬巴哈是德裔法籍猶太人，父親以薩・朱達・艾伯特斯（Isaac Judah Eberst）曾任合唱團團員，不知為什麼，有天他突然決定改用出生地的名字為姓氏。以薩共有六女兩男，奧芬巴哈是老七，全家都愛音樂。奧芬巴哈成了大提琴大師和作曲家，常在咖啡廳和時尚沙龍裡演奏，他生性好玩又愛諷刺，因此忍不住在私生活和音樂上都搗蛋胡鬧，和權威作對更是他最喜歡的消遣——他經常因為在嚴肅的巴黎音樂學校惡作劇而被罰款，因此有些時候根本收不到薪水。他愛為通俗舞蹈作曲，包括一首改編自猶太聚會旋律的華爾滋，教他父親大感難為情。一八五五年，他設立了自己的音樂劇場，「因為老是找不到人上演我的作品」，他諷刺地說，「真正輕快詼諧機智的音樂——簡言之，就是有生命的音樂，已經漸漸被人遺忘了。」

他寫了廣受歡迎的鬧劇、諷刺劇和輕歌劇，取笑虛假、權威，和嘲弄懷古的俏皮活潑曲調，就連上流社會也深深著迷，在巴黎街頭時常可以聽到人們傳唱。而他自己也以夾鼻眼鏡、落腮鬍和豔麗的華服，成了眾所矚目的人物。正如樂評家密爾頓·克羅斯（Milton Cross）所說，他的音樂如此吸引人，是因為它出現在「政治壓抑、檢查和侵犯個人自由的時代，」因為「祕密警察滲透了人民的私生活……因此戲院只能追求輕鬆、愉快和言不由衷的嘲笑。」

《美女海倫》中盡是滑稽場面和優美的旋律，這齣喜歌劇充滿了機智和活力，敘述美麗海倫的一生，她那呆板乏味的丈夫米尼勞斯為了海倫被綁架，而和特洛伊人發生戰爭。這齣歌劇諷刺了當權者，扭曲戰爭，質疑道德倫理，並且歌誦巴利斯和海倫的愛，他們倆一心一意只想逃往更美好的國度。第一幕就在阿波羅的神諭中結束，阿波羅告訴米尼勞斯他非得去希臘不可，而這時合唱團、海倫、巴利斯和全劇角色齊聲以〈去，去，去克里特！〉一曲噓他走，其訊息很清楚，是在取笑當權者，歌誦和平與愛，正是家裡這些海倫和巴利斯的完美訊息。更棒的是，這是猶太作曲家所作，而在這個時代，演奏猶太音樂可能會招來大禍。

姜恩去開了門。

「前動物園長是不是住在這裡？」一名陌生人問。

過了片刻，那人進了屋。

「我叫齊格勒（Ziegler）。」他說。並自我介紹他是華沙猶太區勞工局長，這個單位照理說是為猶太區裡外失業者找工作的單位，但實際上，他們卻只把最有技術的勞工送往戰備工廠，如埃森的克魯柏鋼鐵工廠，對於其他因納粹統治而處於半失業狀態，往往有病在身的勞工，則沒有多少幫助。

「我想看看動物園了不起的昆蟲收藏，唐納本博士捐贈的收藏，」齊格勒說。他聽到安東妮娜輕快的琴聲，不禁開懷微笑說：「這裡氣氛多麼活潑！」

姜恩引他到起居室。「是啊，我們家很愛好音樂，我們很喜歡奧芬巴哈。」

齊格勒似乎有點不情願地說道：「嗯，呃，奧芬巴哈是個膚淺的作曲家，不過我們得承認，整體說來，猶太人是很有才華的民族。」

姜恩和安東妮娜焦灼地互看對方一眼。齊格勒怎麼知道昆蟲收藏的事？姜恩後來回想，他當時想：「我想今天就是末日了！」齊格勒看到他們困惑的模樣說：「你們一定吃了一驚，讓我解釋一下。唐納本博士授權讓我來參觀他的昆蟲收藏，你們應該有幫他保管。」

姜恩和安東妮娜戒慎恐懼地聽著。判斷是否危險，就像拆除隨時會引爆的炸彈一樣，成了一門技術——只要聲音的一點顫抖，判斷的一點錯誤，世界就會爆炸。齊格勒是什麼意思？只要他一聲令下，大可直接取走昆蟲收藏，沒有人會阻止他，因此他們沒有必要撒謊說自己是為唐納本保管他的收藏品。他們知道非得迅速回答，以免對方疑心。

「哦，對，」姜恩刻意顯得漫不經心似的說，「唐納本博士在搬去猶太區以前，把收藏品留給我們，因為我們這裡很乾燥，有中央暖氣；而他的收藏品很容易就會在潮濕寒冷的房間裡受損。」

齊格勒會意地點點頭：「沒錯，我也這麼想。」他還說，他也是昆蟲學者，業餘的，他覺得昆蟲實在教人著迷。他就是因此和唐納本博士結緣，不過湊巧的是，唐納本的太太羅妮亞正好就是他的牙醫。

「我經常去看西蒙・唐納本，」他興致高昂地說，「有時我們開我的車到華沙郊區，他在涵洞和陰溝裡找昆蟲，他是很傑出的科學家。」

他們帶齊格勒到行政大樓的地下室，淺淺的長方盒子全都直立在書架上，就像一套套的古書，各自覆上噴著亮光漆的棕木外盒，並以楔形榫頭接合，上有玻璃蓋，小小的金屬鎖，每一個書脊上都標了簡單的數字而非書名。

齊格勒把架上一個又一個盒子全都搬下來，移到燈光下，欣賞地球上鞘翅目的全景：由巴基斯坦收集來，如寶石一般閃著虹光的青銅金龜（green beetle）；長著叢叢腿毛的金屬藍虎甲（tiger beetle）；紅綠相間的烏干達花金龜閃著像絲緞一般的光澤；纖細的匈牙利豹斑甲蟲；比螢火蟲還亮的火甲蟲（Pyrophorus noctilucus），這種小小的棕甲蟲無比明亮，因此南美原住民往往捉幾隻放在燈籠裡放在茅屋中，或者綁幾隻在足踝上，在夜行時作為照路之用；目前已知最小的是纓甲科甲蟲有狹長的翅，後緣飾有微細的長毛；橄欖綠的雄性長戟大兜蟲（Hercules beetle）長達八吋（約二十公分），產於亞馬遜河流域（當地的人把牠們當成項鍊），各有如中世紀騎馬競技所用的武器，比如向前彎的劍形大角和下方相配上曲的小角；雌性的長戟大兜蟲也很巨大，但頭上沒有角，長了珠泡的翅鞘上長滿紅毛；長得和刻在死囚處決室一樣的埃及糞甲蟲；有一雙大角的鬼艷鍬形蟲（stag beetle）；長出彎曲長觸角，就像電車電線或套索繫繩彎在頭上的甲蟲；外殼凹陷蔚藍如氰化物一般的棕櫚甲蟲（palmetto beetle）腳底上有六萬條短短的黃色硬毛，可以緊緊黏附在滑溜溜的蠟質葉面；棕櫚甲蟲的幼蟲戴著由牠們自己排泄物構成的草帽，由肛門擠壓出金黃色的繩縷；來自亞利桑納的紅螢（net-winged beetle），有尖端是黑色的橘棕色鞘翅，其空洞的翅脈構成了花邊般的阡陌，裡面裝的是毒血，受到攻擊時就會慢慢滴落，以驅走敵人；難捉的橢圓狀豉甲（whirligig beetle）在溪畔水面上快速的轉圓圈，冒出髒巴巴的白色泡沫；亮晶晶的棕色芫菁（blister beetle），磨成粉就是「西班牙蒼蠅」，因為含有斑蝥素，這種毒素如果少量可以造成男性勃起，但只要稍微過量，就會鬧出人命〔羅馬詩人伊比鳩魯派哲學家魯克瑞休斯（Lucretius）據說就是因為斑蝥素而死〕；棕色的墨西哥豆瓢蟲（Mexican bean beetle）會由膝關節分泌含生物鹼的血液，驅退敵人；此外還有各種小梳子、瘤瘤、刷子、蹄子、流蘇或吸蜜管形形色色的甲蟲；長了如萬聖節南瓜有齒人臉形狀的甲蟲；和如台夫特（Delft）藍陶般發著藍色亮光的甲蟲。

每一隻大型甲蟲都單獨用一支珠針別著，但小一點的甲蟲則相互交疊，有時三隻才用一支珠針。每一支針下都有藍墨水寫的小標籤，用捲曲的大寫花字體一絲不苟地標明名稱。光是收集這些昆蟲只是唐納本一部分的心力而已，他顯然還花了不少工夫舞弄顯微鏡、筆、標籤、樣本、鑷子和可以收在博物館收藏屜和典藏庫的陳列盒上，就像和他同時代的超現實派畫家約瑟夫・柯內爾（Joseph Cornell）一樣。唐納本花了多少時間心力，虔誠地排列這些甲蟲的腿、觸鬚、和口器？就像路茲・海克一樣，他外出狩獵，帶回收在玻璃下像鹿頭一般的甲蟲，但是在他房間的牆上，能掛的戰利品卻比任何房間或博物館都多。光是他花在編目、乾燥、準備和分門別類一一別起的工夫，就教人不禁肅然起敬。

在其中一個玻璃航空站裡，停放的是一排又一排的放屁蟲（bombardier beetle），牠們可以用設在腹部上端的砲台向攻擊者掃射灼傷敵人的液體，這種會自燃的化學物質如果分別存放並不會造成傷害，但一旦在特殊腺體內混合，就會調合成如神經毒氣那般易揮發的混合物，這些投彈手都是防衛和武器大師，牠們轉動槍砲，直接瞄準敵人，以每秒二十六哩的速度發射教人燒焦的刺激物，並不是持續不斷的射擊，而是集中火力作幾次小小的爆炸。拜達爾文之賜，使唐納本預先就知道這些甲蟲小砲手會噴出灼燙的液體（達爾文在捉另兩隻甲蟲時，竟然笨到把像這樣的一隻含在嘴裡）。但牠祕密的化學實驗室卻是在戰後許久，才由湯瑪斯・艾斯納（Thomas Esiner）所發現。湯瑪斯的父親是化學家（希特勒下令要他由海水中鍊金），他的猶太裔母親是表現主義畫家，全家人由西班牙、烏拉圭，再逃往美國，湯瑪斯長大後成了昆蟲學者，他發現放屁蟲的噴射器和火箭專家馮・布勞恩（Wernher Von Braun）

及華特．多恩柏格（Walter Dornberger）在波羅的海邊的佩訥明德所造的兩萬九千枚德製V-1飛彈（又名嗡嗡炸彈buzz bomb）非常相似。放屁蟲發射時非常安靜，但V-1飛彈使用脈衝噴射發動機，在約三千呎高空上以三五〇哩的時速掠過，嗡嗡聲大得教人心驚膽寒。但唯有嗡嗡聲停下來，才意味著死亡，因為當飛彈達到目標之際，引擎就會突然停止，在接下來教人喘不過氣的緊張寂靜當中，它帶著一八七〇磅的彈頭由空中直墜地面。英國人斥之為臭蟲彈（doodlebugs），正符合放屁蟲的武器。

齊格勒一個接一個地凝視這教人屏氣凝視的盒子，他臉上的驚嘆之情，教安東妮娜消除了對他動機的疑心，因為「當他看著美麗的甲蟲和蝴蝶時，已經遺忘了整個世界。」他走過一行又一行，用眼睛撫弄著每一個標本，一再地觀賞帶著武器的裝甲大軍，看得入迷。

「Wunderbar（太美了）！Wunderbar！」他不斷地對著自己呢喃。「多麼精采的收藏！花了這麼多的工夫！」

最後他回到現實世界，札賓斯基夫婦，他的正事。他的臉突然發紅，很不自在地說：「嗯……博士想請你去看他。或許我可以幫得上忙，不過……」

齊格勒的話陷入危險而誘人的沉默。雖然他沒有冒險把話說完，但安東妮娜和姜恩都明白他的意思，因為太過微妙，因此難以啟齒。姜恩立刻回答說，如果他能和齊格勒一起到猶太區去見唐納本博士，就太方便了。

「我正好要問問唐納本，」他以專業的語氣解釋，「該如何防止昆蟲箱發霉。」

接著姜恩又把他出入猶太區的公園處許可證給齊格勒看，消除他的疑慮，也暗示他只是想順道搭齊格勒的便車，沒什麼不合法之處。齊格勒還在為他方才所見的精美收藏目眩神移，決定一定要好好保存，因此兩人馬上就上路。

安東妮娜知道姜恩希望和齊格勒一起去，是因為大部分的猶太區大門外都有德國重軍防守，裡面則是猶太警察。偶爾大門打開，容許公務進出，但通行證很少，很難取得，往往需要有關係，再加上賄賂。而雷茲諾街和查拉茲納街交口的辦公大樓，也就是齊格勒工作的勞工局所在，正好就是惡名昭彰猶太區圍牆的一部分。

這長達十哩的牆上有碎玻璃和鐵絲網，全都是猶太人無支薪的勞動結果，高達二十呎，曲曲折折，封閉了一些街道，也把其他街道一切為二，形成一些死巷。「猶太區的創造、存在，和破壞，都是出自違反常情的社區規畫。」菲利浦．波姆（Philip Boehm）在《經久不衰的言語：華沙猶太區親身體驗》（*Words to Outlive Us:Eyewitness Accounts from the Warsaw Ghetto*）中寫道：

大滅絕的藍圖投射在學校和遊樂場、教堂和猶太教聚會所、醫院、餐廳、旅館、戲院、咖啡廳和公車站的實際世界裡，這些都市生活的地點……住宅區成了刑場，醫院成了準備死亡之所，墳場成了維生的大道……在德軍占領下，華沙的每一個人都成了地形測量員。猶太人——不論是在猶太區區內外，尤其得清楚哪個社區是「安靜的」，已經進行過圍捕，或者該如何利用下水道系統偷渡到亞利安人那邊。

外在的世界只能透過牆上的縫隙一瞥，在牆的外面，孩子們可以玩耍，主婦則抱著糧食回家。由洞孔中偷窺猶太區外世界的生活成了折磨，華沙起義博物館（二〇〇五年開放參觀）也依據這樣的靈感，設立了一堵可以看到相反風光的牆面，遊客可以由磚牆的縫隙，看到根據資料檔案片所拍攝猶太區內的日常生活。

起先牆上有二十二道門，後來減為十三，最後只剩四扇門——全都像畜欄一樣，教人望而生畏。和華沙市民原本精雕細琢的鐵門完全不同，門上接著橋，橫跨到亞利安這邊的街道，而非橫跨流水。聲名狼藉的德國士兵在猶太區邊緣巡邏，搜捕膽敢冒出石牆乞討或買食物的猶太兒童。由於只有小孩能擠過石牆，因此他們成了一群大膽的走私者或交易商，每天冒死過牆來為家人謀食。其中一個堅強的猶太區兒童傑克・克拉吉曼（Jack Klajman）靠著欺騙、走私存活下來，他後來如此描述一個孩子們取名為「法蘭肯斯坦」（Frankenstein，《科學怪人》中創造怪人之科學家名）的德國少校：

法蘭肯斯坦是個羅圈腿（O型腿）的矮子，望之就教人毛骨悚然。他喜歡打獵，我想他一定覺得光是獵動物太無趣，射擊猶太小孩是更有意思的消遣。孩子越小，射起來越痛快。他在吉普車上架了機關槍來看守整個地區。由於小孩會爬牆，因此法蘭肯斯坦就和另一個德國助手就會神出鬼沒地用他們的殺人機器瞄準。助手負責開車，好讓法蘭肯斯坦可以很快地開槍。

如果沒有看到小孩爬牆，他就會把正好走過他面前的猶太小孩叫住——他們離牆邊還很遠，根本無意出去……你就活到今天為止……他拔出槍來朝你腦袋後射擊。

雖然孩子們很快就在牆上挖洞，但洞也很快就被補平，然後又挖新的洞。偶爾也會有小小走私者躲在勞工或牧師的腳後面混出大門。猶太區內僅有的教堂——諸聖（All Saints）教堂葛德勒威斯基神父（Godlewski）不只把去世教友的出生證明偷偷送去給地下軍，有時也藏個小孩在他的僧袍中，夾帶出去。

勇敢的人，只要在牆的另一邊有朋友，並且有錢可吃住賄賂，還是有脫逃的方法，只是他一定要有像札賓斯基夫婦這樣的友人幫忙，因為他需要藏身之所、食物和許多假證件，而且視個人要在「表面上」或「表面下」生活，而有不同的需求。如果要在「表面上」，即使帶著假證件，但只要被警察攔住，依舊會被盤問鄰居、親人、朋友的姓名，警方並且會用電話或把他們叫來，親自查證。

共有五條電車線越過猶太區，在一個大門的兩側各有一站，但在電車減速準備急彎時，乘客可以跳下車來，或者由車外遞袋子進來給乘客。車上的司機和波蘭警察當然都得要打點，一般行情是兩波幣——還得祈禱車上的乘客全都不會密告。有時，在猶太區內偏僻處的猶太人墓地區，走私者攀越圍籬，爬到兩個緊鄰的基督徒墓地。有些人自願代替每天往返猶太區的奴工，然後買通守門的警衛，讓他們少算工人數目。許多看守猶太區大門的德國和波蘭警察為了收紅包而睜隻眼閉隻眼，也有一些警察純粹出於慈悲，而願意幫忙。

在猶太區下區的確有貨真價實的地下城——避難所和通道，有些還設有廁所和電，這是人們在建築物之間和之下所挖設的路徑，通往其他的脫逃之路，比如磚牆上鑿出的洞，或是下水道的迷宮，通往亞利安那區的人孔蓋（不過廢水有三四呎高，而猶太區其臭無比。有些人緊緊抓著垃圾馬車的下緣逃了出來，而定期前往猶太區收垃圾的馬車工人，常常會幫區裡的人偷帶食物，或留下一匹老馬給他們使用。有錢的人可以躲在私人的救護車裡逃走，或者喬裝為已經改信基督教的死者，躲在棺柩裡送往基督徒的墓地，不過要先買通守門員，不來搜索這些貨車。每一個大難不死的人，都至少要有六、七份文件，還得換六、七次住所，因此在一九四二至一九四三年間，地下軍假造了五萬份文件，也就不足為奇。

由於牆蜿蜒曲折，因此齊格勒的辦公大樓是由亞利安區進入，但很少用的後門則通往猶太區。而隔壁的大樓，則是斑疹傷寒患者的檢疫處，對街則是陰沉沉的三層磚造樓房，用來當作兒童醫院。辦公大樓的這個門和其他門不同，沒有德意志國防軍、蓋世太保或甚至波蘭警察守衛，只有一個門房，負責為員工開門，因此姜恩有難得沒有警衛的進出孔道。不過這並非唯一一間一邊通往亞利安區，另一邊通往猶太區的建築物，如藍斯諾街的地方法院建築，後門也有一條狹窄的通路，同樣通往亞利安區的密洛斯基廣場。人潮表面上是參加法院的訴訟活動，實際上卻在它的迴廊裡見面低語、交易珠寶、會見朋友、走私食物、傳遞消息，在猶太人，尤其是小孩脫逃時，被收買的守衛和警察視若無睹，一直到一九四二年重新分區，才終於把法院劃在猶太區之外。

在德路卡街的一間藥房，也有一堵通往猶太區兩邊的牆，只要說得出理由，樂於助人的藥師就會讓人通過。另外還有幾棟市政大樓，只要花點小錢，守衛也會讓人通脫。

他們的轎車抵達雷茲諾街八十號勞工局時，司機按了喇叭，守衛馬上開了門，車子長驅直入中庭，他們也爬下車來。這棟單調的建築卻設有救命辦公室，因為唯有持勞工卡在猶太區德意志國防軍工作的猶太人，才能避免被遣送赴集中營的命運。

姜恩故意在前門逗留，他再三大聲向齊格勒道謝，後者雖然因為他突然客氣起來而感到吃驚，依舊禮貌地等他說完，門房則專心地凝視著他們。姜恩故意小題大作，一邊用德語夾雜幾個波蘭字眼交談，一邊問已經開始不耐煩的齊格勒，未來若是他對昆蟲收藏品有任何問題，想請教專家時，是否也能從這裡進出。齊格勒告訴門房，只要姜恩要進來，就幫他開門，之後兩個人進了大門，齊格勒把他樓上辦公室的路指給姜恩看，一邊帶他參觀大樓，一邊也把通往猶太區的門指給他看。姜恩並沒有直接往猶太區那邊走，因為他覺得最好還是花點時間在滿是灰塵、走道狹窄的勞工局辦公室裡拉拉關係，盡量多和人打招呼。接著他又回到樓下，以命令的口氣要門房打開前門，他認為擺出一副自以為是的自大軍官模樣，可以加深人們對他的印象，而他就是想讓門房記住他。

兩天後姜恩又回來了，用同樣粗魯的聲音要門房開門，這回門房作了個歡迎的手勢，幫他開了門。這回姜恩到後面的樓梯那裡，穿過通往猶太區的門，去拜訪朋友，包括唐納本在內，唐納本也一五一十的把和齊格勒這件事相關的來龍去脈告訴他。

唐納本說，齊格勒是他牙醫太太羅妮亞的老病人，他發現羅妮亞不但技術好，而且所有複雜昂貴的治療都不收費（她不是別無選擇，就是以免費治療來換取他的好意）。他們一致認為該盡量利用齊格勒對昆蟲學的熱忱，兩人並討論了地下軍的工作。唐納本如今是一所猶太祕密高中的校長，雖然姜恩提議把他偷渡出去，但唐納本拒絕了，認為他待在猶太區機會較多。

於是姜恩和齊格勒交往，到他的辦公室去看他，偶爾和他一起去猶太區訪唐納本談昆蟲。過了一陣子，大家都知道他是齊格勒的友人，既然他和勞工局長交情深厚，來來往往就方便得多。他也經常自己一個人去，偷送食物給各個友人。偶爾他會按常規給門房一點小費，但不會太多，也不會太經常，以免引起懷疑。

最後運用此門實現姜恩老早就抱定目標的時機終於來臨，這回有個穿著高雅、十分體面的人陪在他身邊。姜恩一如往常，要門房開門，他和這位「同事」跨出大門，就踏進了自由之境。

姜恩頭一次嘗試就獲成功，使他信心大增，如法炮製，一共夾帶了五個人偷渡出猶太區，才終於引起門房的懷疑。據安東妮娜的記載，門房向姜恩說：

「我認得你，但那一位是誰？」

姜恩佯作受到侮辱的神情，「兩眼噴火」，吼道：「我告訴你這個人是和我一起的！」被罵的門房勉強擠出微弱的聲音：

「我知道你可以隨時進出，但我不認識那個人。」

只要分寸有一丁點拿捏不對，就會招來危險。流露出一點心虛，說錯一個字，罵得太凶，門房就可能會猜出真相，封閉了猶太區和亞利安區之間這得來不易的管道。姜恩火速伸手到口袋裡掏摸，嘴裡嘟囔著：

「哦，那個，這人當然有許可證。」

他邊說邊掏出自己的公園部猶太區通行證，只發給德國公民、德國裔和非猶太波蘭人的黃色許可。由於姜恩的身分貨真價實，自然不需要兩張許可。驚訝的門房十分難為情，說不出話來，於是姜恩好脾氣地握著他的手，雖掛著微笑但嚴肅地說：「不要擔心，我從來不會不守法。」

此後姜恩陪著看來像亞利安的猶太人出入都不成問題，但不幸的是，守衛並不是唯一的威脅，在姜恩帶著所謂的同事進出時，任何勞工局的員工都可能會碰到他們，拆穿他們的把戲。偷帶逃犯穿過德國駐守的動物園，則是另一個問題，但札賓斯基夫婦已經想出兩個方法，不是把**客人**藏在房間裡，就是把他們藏在舊的動物籠檻、小屋或欄舍裡。

廚房光滑的白色木板上，有一扇裝了把手的門，通往狹長的地下室，地下室裡草草隔了幾個房間，一九三九年，姜恩在最遠的一間開了一個緊急出口——一道長達十呎的走廊，直接通往動物園的雉雞園（是一棟鳥舍，有一棟小小的中央建築），連接廚房邊的菜園——這成了躲藏在他們家裡「客人」的出入口，也是運送飲食的好路線。姜恩還在地下室裝了自來水和廁所，並且由樓上的暖爐裝了通風管，讓地下室能稍微暖和一點。由於木板很容易傳音，因此**客人**雖可以聽得到樓上的人聲，但他們自己只輕聲低語。

另外一個通道則直接通往獅檻，這個通道非常低，並且包覆了生鏽的鐵條。有的**客人**就躲在獅檻旁的庫房裡，雖然旁邊就是德軍的武器倉庫，裡面的人只要大喊，都清晰可聞。這條看來很像鯨骨架的通道原本是用來保護管理員進出獅檻免遭危險之用的。

齊格勒又來動物園數次，觀賞精彩的昆蟲收藏，也和札賓斯基夫婦聊聊，有時他甚至帶了唐納本一起，藉口收藏品需要原收藏者的照管，唐納本因此得以在他個人的天堂裡一待數小時，在菜園裡跪著，收集更多的昆蟲。

一天，齊格勒又來到動物園，這回他手裡抱著唐納本的臘腸狗查卡（Zarka）。

「可憐的狗，」他說，「牠在動物園會過得比較好。」

「當然，歡迎牠留下來。」安東妮娜提議。

齊格勒一手由口袋裡掏出一小塊香腸給查卡，一手把牠放下，轉身就走。查卡在後面追，拚命抓門，最後頹然趴在門邊，嗅著牠所認識最後一個人的氣味。

接下來幾天，安東妮娜總看到查卡等在門口，巴望家人重新出現，帶牠回到熟悉的環境和氣味之中。這棟人聲鼎沸的房子對查卡來說，房間太多，又有許多陰暗的角落、階梯、迷宮、一片鬧哄哄。雖然查卡腿又短又彎，但牠還是不停地走來走去，在如叢林一般的家具和陌生人之間不停地嗅聞，無法安靜下來。過了一陣子，牠才適應了這裡的生活，但總是很容易受到驚嚇。只要有腳步聲或是敲門聲打破了寂靜，由牠光潤的皮膚就可看到牠緊張地抖個不停，好像想要爬出去似的。在隆冬來臨，積雪堆高，沒有多少氣味可供狗兒像人讀報一般嗅聞之時，齊格勒又來訪了一次。

他雙頰依舊紅潤，身材依舊壯碩，戴著同樣一副舊眼鏡，查卡立刻迎向前去，跳上他的膝頭，嗅聞他口袋裡有沒有火腿或香腸，齊格勒也親切地撫弄牠。但這回齊格勒沒有帶好東西來給查卡，也並不和牠玩耍，只是漫不經心地拍拍牠。

「唐納本死了，」他哀傷地說，「真想不到，我前兩天還和他談過話，他講了好多有趣的事給我聽……昨天他內出血……就完了。他的胃突然潰瘍……你們知道他病得很重嗎？」

他們不知道。聽了這個教人震驚的消息，他們都很難過，說不出話來。齊格勒因為情緒激動，突然站起身來，讓查卡由他膝上摔落。他就這麼突兀地離開了。

唐納本去世後，札賓斯基夫婦哀悼了許久，安東妮娜很擔心唐納本太太在猶太區還能撐多久。姜恩設計了一個脫逃計畫，但他們該把她藏在哪裡？雖然他們很希望這間屋子能夠滿載人們安然駛過戰爭歲月，但他們家頂多只能讓大部分人短暫停留，即使是兒時好友的太太亦然。

16

動物世界是靠著計謀和反計謀而繁榮興盛，由模仿四周環境求生存的變色龍到獅子魚，到哺乳類的狡滑詐欺皆是如此。恆河猴決定不把牠剛找到的甜瓜告訴同伴，並不需要任何「心智理論」的運作，只要以往說謊曾讓牠獲利的經驗即已足夠；但如果同伴發現實情，必然會給牠一頓好打，這樣的教訓可能足以改變牠自私的行為。然而許多動物都會不假思索地共享食物，並且憑本能就喚同伴共食，包括我們在內的人科動物則有形形色色的花招，刻意的說謊——有時甚至純為練習，或作娛樂——至少已經有一千二百萬年的歷史。訓練有素的審問者可以由對方提高的聲音、放大的瞳孔，避開的視線，和更多的訴苦抱怨，找到撒謊的線索，也能由對方試圖隱瞞的事物中，得知更多的真相。

身為動物學者的姜恩花了多年時間，研究動物行為細節——所有關於追求、虛張聲勢、威脅、委曲求全的姿態，地位的展示和愛情、忠實和情感的諸多語言；把牠們的行為和人行為相比，對這樣一位孜孜不倦的動物學者，是再自然不過的事。尤其是欺騙的策略，他可以迅速適應新角色，這樣的天賦很適合他在地下軍中的影子生活，也很適合他的個性和訓練。

不只札賓斯基，而且所有暫住的**客人**和來訪的訪客都得各自施展妄想的本事，並且遵守他們小小封地裡的嚴格規則。因此，雷斯和屋裡其他的兒童面對的是各種各樣的真相，除了言語之外，他們還學會了虛有其表的花招、對族群的忠誠、自我犧牲、裝瘋賣傻和充滿創意的欺騙。該怎麼創造表面上的正常？屋裡一切都該顯得毫不起眼，即使那意味著全然的虛假。假裝正常，由誰的觀點？波蘭動物園長家裡戰前的日常生活，在來往巡邏的德國士兵眼中正常嗎？德國人知道波蘭非常喜歡社交，往往幾代同堂，再加上來訪的親友，因此某個程度的喧鬧是正常的，但若住客太多，就免不了教人起疑。

現任華沙動物園長雷比斯威斯基博士小時候常到姜恩的動物園來擔任義工（而且告訴他長大之後也想做動物園長），他記得姜恩是嚴格的主管，追求完美；而安東妮娜則說姜恩是標準很高的家長，不能容忍亂七八糟或丟三落四。由她那裡可以明白，姜恩的座右銘是：「好的策略應該可以指出正確的行動，任何行動都不該憑本能靠直覺，而該事先分析所有可能的結果；扎實的計畫必須要有許多輔助的辦法和備案。」

唐納本去世後，姜恩去探視他太太羅妮亞，說明脫逃計畫的細節，並且告訴她地下軍正安排讓她在動物園短暫停留之後，逃到國內其他安全的地方，說不定可以繼續執業當牙醫。

姜恩和羅妮亞走到勞工局前門，他準備用老方法，說她是亞利安同事，陪他一起去看齊格勒，如今門房常常看到他獨自一人或有同事一起進進出出，早就習以為常。但等到他們走到門口，他正準備護送她出去時，才發現大事不妙：門房不在，只有一個女人守在他原本的崗位——那是他太太。樓上的辦公室滿是德國人，只要一聲叫喊，就會驚動大家。她似乎認識他——不是因為她經常由附近一所平房的窗戶觀看，就是因為她丈夫曾向她提過他，描述他的粗魯。不過一旁的羅妮亞卻教她不安，她不打算破例，不肯開門。

「我們剛才去看過齊格勒先生。」姜恩以堅定的態度解釋。

她說：「好，如果齊格勒先生下樓來，親自批准你們離開，我就開門。」

姜恩知道恫嚇對她丈夫有效，但他有點猶豫——不知語言暴力對這女人是否有同樣效果？可能不行，他判斷。他繼續按照自己在她先生面前一貫的自大態度演出，堅持說：

「你想做什麼？我每天都來這裡，你先生很清楚我。現在你卻命令我回樓上去煩齊格勒先生！那會叫你……！」

她有點動搖，卻還是不確定，只看著怒氣衝上姜恩的臉孔，彷彿隨時要咆哮，準備報復似的，最後她靜靜地開了門，讓他們出去。但接下來發生的事，卻教姜恩和羅妮亞同樣心驚膽跳：就在對街，有兩個德國警察，一邊站著聊天，一邊朝他們這邊看過來。

據安東妮娜的記載，羅妮亞用充滿「恐懼和飛快念頭」的言詞描述後來發生的事。

我想對姜恩說——「我們快跑！」我想趕快離開此地，我希望他們不會阻止我們！但姜恩卻不知道我的感覺，不但沒有奔跑，反而停步，撿起地上的菸頭，可能就是那兩個警察丟在人行道上的。然後他非常緩慢地把手托到我的臂下，我們才起步朝伍茲卡街（Wolska）走去。這一刻簡直比一世紀還長！

那晚，安東妮娜經過樓上的臥房，正好看到羅妮亞在枕上哭泣，查卡的濕鼻子同情地靠在她的臉頰上。羅妮亞看著唐納本死亡，她的女兒在克拉科被蓋世太保發現射殺，如今唯一的親人只剩這隻臘腸狗了。

過了幾週，地下軍在鄉下為羅妮亞找到了一個藏身之所，羅妮亞向大家道別時，查卡嘴裡銜著皮帶跑上前來。

「你得待在這裡，我們還沒有家。」羅妮亞告訴牠。

安東妮娜在備忘錄中記載，此情此景教人鼻酸；羅妮亞撐到戰後重獲自由，查卡卻沒有。一天這隻臘腸狗在德軍倉庫附近嗅來嗅去，誤食了老鼠藥，牠拖著最後一口氣跑回屋內，死在安東妮娜的懷裡。

在華沙起義前三週，姜恩把唐納本的昆蟲收藏搬進了自然歷史博物館保存，戰後羅妮亞把它捐給了國家動物博物館，如今原先的二十五萬個標本就存在其建築之內，位於華沙北部約一小時車程的村莊裡。

要觀賞唐納本的收藏，先駛上一條狹窄的碎石路，穿過一家動物旅館（源自美國的新觀念），穿過成排雲杉的聖誕樹農場，再轉入樹林圍繞的路底，這裡就是波蘭科學研究所擁有的兩棟平房建築，其中較小的那棟設了辦公室，另一棟則安置動物博物館暫時放不下的五花八門收藏品。

走進那棟建築巨大的房間，可以看到數以百萬計的精美標本，許多奇珍異寶都搶著吸引人的視線，由美洲豹、山貓和本地鳥類的標本，到成排裝了蛇、蛙和爬蟲的玻璃罐。長長的木櫥和櫃子把房間的一部分切割成許多狹長的走道，裝滿了寶藏。唐納本的昆蟲就占了兩大櫃—每一層有二十盒，像書本一樣直立收藏，每櫃有五層。這裡有的是整個收藏的一半，姜恩告訴記者約有四百盒，而安東妮娜則記得有八百盒。據博物館的紀錄，「唐納本太太在戰後捐了約二十五萬個標本。」此時標本仍原封未動，但根據計畫檔案，館方打算把昆蟲移出來，重新按照界門綱目歸檔——所有的放屁蟲放在一個櫃子裡，所有的纓甲科則放在另一個櫃子裡。這是教人多麼難過的拆解！當然這樣做更方便昆蟲的研究，但卻呈顯不出收集者獨到的見解和美感，而收集者是homo sapiens sapiens（現代人，也就是知道，而且知道自己知道的動物）的一分子。

在這吵鬧喧囂的世界裡，昆蟲收藏是一片寂靜的綠洲，因此可以全神貫注欣賞。由這樣的觀點來看，這些收藏品重要的不只是昆蟲本身，也是收藏者深切的注意力，這同樣也是極其稀罕的珍寶，是透過心智泛起漣漪的迴廊。它真正的收藏，是在使社會和個人分心的漩渦中，把神奇定格，化為永恆。「收藏」一詞描述得好，因為人為了著迷而珍藏，就像收集雨水一般，一點一滴地收集人的好奇心。每一個玻璃盒中，都裝著獨一無二收藏家匠心獨運的樣本，那也是人們之所以研究它們的原因之一，即使他們早已經把昆蟲的每一部分都記得滾瓜爛熟了。

因此這些收藏究竟存放在哪裡並不重要，只是唐納本一定會喜歡這個遺世獨立，位於巷底的處所。四邊是農田和布滿昆蟲的綠蔭，小小的甲蟲無所不在，而他的愛犬查卡可以盡情追逐小鳥和鼴鼠，這是臘腸狗的特權。人往往要到事後，才會明白某個偶然或巧合轉變了命運。誰能想到一位熱忱教授一系列的甲蟲標本，竟能為這麼多人打開猶太區的大門？

17

齊格勒對昆蟲的著迷和納粹信條相去甚遠，第三帝國一心要消滅害蟲，因此在戰爭前就已經撥了許多經費，進行殺蟲、滅鼠藥，以及其他種種消滅白蟻、蠹蟲、蛀食木材、衣物及其他害蟲的研究。戰爭中這些計畫依舊持續進行，希姆萊曾在慕尼黑學農，他偏好如卡爾・佛瑞迪瑞克斯（Karl Friederichs）這類研究如何消滅雲杉葉蜂和類似蟲害的昆蟲學者，同時以納粹種族意識型態作為生態的一種形式。也就是說，殺死占領區的居民，代之以德國人，既符合政治、也符合生態目標；尤其如果按照納粹生物學者費屈建議的那般，先種植樹林改變氣候，就更加理想。

透過電子顯微鏡（一九三九年在德國發明），虱子看起來好像粗短的長腳魔鬼，有凸出的眼睛和六隻撒下天羅地網的腳。這種昆蟲是一八一二年的軍隊剋星，讓拿破崙的大軍在赴莫斯科的途中損失慘重，這個傳聞在最近已經獲得科學家證實。「我們認為虱子傳播的疾病造成了拿破崙士兵大量死亡，」馬賽地中海大學（de la Méditerranée）的達奧特（Didier Raoult）二〇〇五年一月在《傳染病期刊》(*Journal of Infections Diseases*）撰文，這份報告是依據二〇〇一年，建築工人在立陶宛首都維爾紐斯（Vilnius）附近一個萬人塚中，所發現士兵遺骸的牙髓分析而來。由於體虱是傳播回歸熱、戰壕熱和流行性斑疹傷寒的主要媒介，拿破崙的大軍就因這些傳染病，由五十萬驟減為三千人。腓德列克・普林辛（Friedrich Prinzing）一九一六年發表的《戰爭導致的疫病》(*Epidwmics resulting from Wars*）提出同樣的看法，並且指出美國南北戰爭時，因虱子造成傳染病而死的人，遠比戰死殺場的人還多。到一九四四年，德國人雖有藥物可降低斑疹傷寒的嚴重性，但並沒有可靠的疫苗；美國軍方對此也束手無策，只能反覆施打效力僅有幾個月的預防接種。

在猶太區內，擁擠的公寓很快就被肺結核、痢疾和饑餓所苦，猶太區的居民也因斑疹傷寒而發燒、畏寒、虛弱、疼痛、頭痛、譫妄。斑疹傷寒其實是由是由立克次體引起傳染病的統稱，其英文 typhus 源自希臘字 typhos，意即「模糊」、「朦朧的」，描述了病患的意識狀態。患者得病數天後起疹，逐漸遍布全身。由於此病是由虱子所傳播，因此必須禁止一般人進入猶太區；到最後，斑疹傷寒流行到即使行人走在路上也得保持距離以策安全，以免虱子跳到身上。少數幾位出於慈悲而在猶太區看診的醫生心裡都明白，因為缺乏藥物和營養，病人能否存活，端視年齡和整體的健康。

這自然造成了猶太人滿身都是虱子的齷齪印象。「反猶太其實就和除蝨一模一樣，」希姆萊在一九四三年四月二十四日告訴黨衛軍官，「去除虱子無關意識型態，而是清潔問題……。我們很快就會除光虱子。現在我們只剩兩萬隻虱子，很快地，全德國就會解決這個問題了。」

早在一九四一年一月，華沙的德國總督路德威・費雪（Ludwig Fischer）就說，他挑了「猶太人—虱子—斑疹傷寒」這個口號，製作了三千張大海報，七千張小海報和五十萬本小冊子，並表示「（德國贊助的）波蘭報章和廣播，也傳播這樣的訊息，」此外，相關單位每天都提醒波蘭學校的學童這種危險。」

一旦納粹重新分類，把猶太人、吉普賽人和斯拉夫人劃歸為非人類的物種，接下來不免就是他們自己身為獵人的形象。他們在準備給納粹菁英使用的鄉下莊園和山間名勝舉辦射獵宴會，以血腥的娛樂，作更堂皇盛大的圍捕。他們當然可以選擇其他的典範，包括騎士和醫師，但獵人提供最像男子漢的象徵：謀取、追捕、下餌、設陷阱、破壞、獵殺等等。

納粹對傳染的恐懼，簡直到了心膽俱裂的程度。海報上常可看到面孔如鼠的猶太區（鼠蚤是各種瘟疫的主要傳播媒介），這樣的形象甚至刻劃到一些猶太人的心上。例如猶太區起義活動的領導人之一麥瑞克・艾德曼（Marek Edelman）就記得，他有一次在要去參加地下軍會議的路上，突然浮起一個希望，「希望自己不要有臉孔」，以免被人認出來，因為他是猶太人而瞧扁他。此外，他覺得自己長了一張：

> 教人厭惡，一臉邪惡的面孔，一張像「猶太人—虱子—斑疹傷寒」海報的面孔。其他每一個人都有英俊、輕鬆自在的臉龐，他們能自在，因為他們知道自己的俊美。

在猶太區社會玻璃罩裡的政治局面中，社會地位涇渭分明：罪犯和通敵者可以生存，其他人卻得餓肚皮。賄賂和敲詐勒索盛行，德國士兵不時施暴、偷竊猶太人的財產、隨意抓人去做受盡折磨的屈辱工作，直到如一名猶太區住民寫的：「侵略者召來啟示錄上三個騎在馬上的騎士——瘟疫、飢荒和寒冷——不是華沙猶太區居民的對手，於是他召來黨衛軍的騎士，完成任務。」據德國公布的數字，他們由一九四二年初至一九四三年一月，共由華沙送了三十一萬六千八百二十二人去集中營。由於他們在猶太區也射殺不少人，因此實際的死亡數字要高得多。

成千上萬的猶太人在亞利安區這邊朋友的協助之下，設法在戰爭結束前逃出了猶太區，但有些人卻因堅決不離開，而名聲遠播。比如猶太區哈西德教派的拉比卡洛尼莫斯・夏皮拉（Kalonymus Kalman Shapira）。在戰後，他的祕密講道和日記被人找出來，流露出這位在宗教和歷史之間擺盪的人，在信仰之間劇烈的掙扎。人怎麼可能在大屠殺的悲痛和教導愛、歡喜和歌誦的哈西德教派之間，找出折衷之道？然而他的宗教任務之一，就是要撫慰飽受折磨的信徒（他們受的苦太深太重，再加上所有崇拜神的舉止都已遭禁止，因此任務極其艱鉅）。有的學者在修鞋店談起聖經經文，一邊切割皮革，一邊敲打鐵釘。他們談到敬拜上帝的作法在猶太區應該有新的意思，那就是「在面對毀滅時，爭取生命的奮鬥」。德文也出現了類似的字——überleben——意即掙扎求生，但不及物動詞特別表現出一種挑釁的意味。

夏皮拉的哈西德教義包括了形而上的沉思冥想，訓練想像力，並且抒發情感，達到神祕憧憬。夏皮拉教導說，理想的方式，是「見證人的思想，導正錯誤的習慣和個性的特點。」如果能三思自己的想法，它就會減弱，尤其是負面的念頭；因此他建議學生不要陷入自己的想法，而該冷靜的檢視。如果他們能靜坐觀察自己的思緒流過，而不會被思潮帶走，就能達到hashkatah：沉靜知覺心靈的沉思冥想狀態。他還教導「神聖的知覺」，也就是在自己身上發現神聖的過程。哈西德教義傳統也包括細心注意日常的生活，一如十八世紀大師亞歷山大．蘇斯金（Alexander Susskind）所教導的：「吃喝時，你由飲料和食物中體驗到享受和喜樂，時時刻刻都提醒自己，詢問自己：『我的享受和喜樂是什麼？我在品嘗的是什麼？』」

最震撼人心的拉比，也是哈西德神祕主義的作者亞伯拉罕．約書亞．海舍爾（Abraham Joshua Heschel）在一九三九年逃離華沙，後來在紐約成為猶太神學院德高望重的教授（一九六〇年代更積極鼓吹消除種族差別待遇）。他在充滿如禪宗公案那種警句雋語（如「人是忘了訊息的使者」；「異教徒頌揚的是神聖的事物，而先知讚美的則是神聖的行為」；「理智的追求在知的海岸邊終止」；「石頭碎了，但言語卻永遠長傳」；「人的本身就是問題，而問題往往以苦惱來表達自己」）的散文中，感覺到「在日常事物中忠於最終極的存在」，以及「在有限的作為中，可以體會到無限」。他寫道：「我有一種才能，就是無比驚異，對人生驚異，對想法驚異。在我看來，這就是最崇高的哈西德精義：不要老化、不要陳腐。」

大部分的人都知道，舉世的猶太人有三四成都在二次大戰時遇害，但卻不知有八至九成正統教派的猶太人（Orthodox Jews）在這段時期死亡。這些人當中，許多都是奉行傳統神祕主義，和可以回溯自舊約先知沉思冥想傳統的信徒。海舍爾寫到他在華沙的童年時說：「我幼時在猶太環境中成長，有一件不需要尋覓就會自然來到的事物，那就是喜樂。人們教導我們，每一刻都偉大，每一刻都獨一無二。」

先知的希伯來文navi，源自三個過程：navach（喊出）、nava（流湧）和navuv（空）。沉思的用意，是要「敞開心靈，打通無限和死亡之間的通道」，來到一個稱為「mochin gadlut」（偉大心靈）的狂喜狀態。哈西德大師艾佛蘭·戴維斯（Avram Davis）寫道：

世上只有一個上帝，我們指的是包羅萬象，含納一切的「一」。我們可以把這個「一」稱之為現實之洋，凡泅游其中者，都遵守十誡的教義。這裡只有一個zot，本質。zot是本質的陰性字眼，zot此字本身，就是上帝的諸多名字之一，是一切的本質。

凡是弱、病、疲憊、飢餓、受盡折磨和瘋狂者，全都來到夏皮拉拉比這裡，尋求性靈上的慰藉，而夏皮拉也以領導力和熱湯廚房，賜予他們所需要的撫慰。他怎能在理智清明和充滿創造力的情況下，同時保持這樣的慈悲？方法就是平靜心靈，和大自然融為一體：

我們聽到來自世界整體的聲音，來自小鳥的啁啾、母牛的鳴叫、人聲話語和吵嚷喧嘩，人由一切，聽到來自上帝的聲音……。

我們的五官感受都會送入大腦，而如果大腦接到的只有殘忍和折磨，那麼它怎麼可能健全？你該刻意改變大腦的飲食，訓練心靈，重新調整大腦的焦點，汲取能供給大腦養分的食品。夏皮拉拉比的訊息是，即使在猶太區，一般人同樣也可以這樣的方式來減輕他們的折磨，並不是只有僧侶、修道者或是拉比才做得到。他點出大自然之美作為冥想的對象尤其困難，因為對猶太區裡大部分的居民而言，大自然只留在回憶當中－既沒有公園、也沒有鳥語花香——他們受到喪失大自然的折磨，就像截肢病患所感受的幻肢疼痛，感覺失去的肢體仍舊附著在軀幹上，並有痛感，打亂了他們身體的韻律，使五官匱乏，讓兒童無法揣摩世界的基本觀念。就如一名猶太區居民所寫的：

在猶太區，一個母親正在教孩子什麼是遙遠。她說：「遙遠是比我們這條藍斯諾街更長，是一片曠野，是一大片有青草生長，玉米結實的地方。站在其中，一望無際，看不見始終。遙遠既大又廣闊又空，天地在那裡相接……。遙遠是持續不斷，是搭車或火車或飛機接連許多小時甚至幾晝夜的旅程……。火車會吐氣冒煙，吞進許多煤炭，就像你圖畫書裡畫的一樣，但是是真的；海洋是寬廣無涯，也是真實的，波浪好像遊戲一般無盡的起伏。森林裡都是樹木，像卡美利卡街（Karmelicka）和諾瓦利皮街（Nowolipie）上的樹，多到無法計數，它們又壯又高，樹上滿是綠葉。森林裡就滿是這樣的綠樹，一直到眼睛看不見之處，充滿綠葉樹蔭，鳥鳴啁啾。

在滅絕之前，他們經歷的是大自然的放逐，而猶太區的拉比教他們，唯有經由驚歎與超脫，才能擺脫日常生活中崩潰瓦解。

18 一九四一年

夏去秋來，成群的紅腹灰雀、紅交嘴鳥和朱連雀，開始由西伯利亞和北歐沿著比絲路還古老的天空迴廊南飛，以V字形的隊伍飛過人們的頭頂。由於波蘭就位於幾條候鳥遷徙主要路徑的交口——由西伯利亞向南、由非洲向北、由中國向西——因此這裡的秋天，天空盡是遷徙的鳴鳥和喧鬧的雁鴨來回穿梭。以昆蟲為食的飛鳥將深入非洲，比如斑鶲將展翅數千哩，一路不停直飛六十小時，越過撒哈拉沙漠。大藍鷺和其他涉禽則不需要飛這麼遠，就在地中海、大西洋、裏海或尼羅河等岸邊安居。而四處為家的遊鳥則沒有固定的飛行路徑，因此戰時牠們不是朝西，就是向東，乾脆避開硝煙四起的華沙，只是整個歐洲都同樣不是久留之地。

在園長家裡，**客人**和訪客也趁著深秋移居到較暖的房間，或者較可靠的藏身之處。這是札賓斯基夫婦在戰爭中的第三個冬天，煤炭少得只夠餐廳取暖，而且還得先把暖爐的水倒掉，封住樓梯間和二樓才行。而這也使得整棟屋子分為三個氣候帶：地下的潮濕帶、一樓的赤道和臥房的極帶。由獅舍借來的柴爐雖然拚命噴著煙，但大家還是圍爐而坐，透過小小的玻璃門看著爐中舔舐煤塊的紅藍火燄，隨著煙囪冒出溫暖的讚美歌，他們也享受在酷寒時日能在室內召喚蒸騰熱氣的無言魔法。姜恩和雷斯全身緊裹在羊毛和法蘭絨衣褲之中，睡在層層毛絨和羽毛被下，等到早上才由被窩裡彈跳起身，趕緊趁著身體還暖和，更衣上班上學。廚房則像冷凍櫃一樣，窗戶裡外都是霜雪，不論是做菜、洗碗，或者更糟的洗衣服，任何需要碰水的家事——都教安東妮娜苦惱。她的皮膚已經皸裂流血，「皮膚光滑的人類就是不能適應嚴酷的氣候。」她想，除非運用智慧，穿上動物毛皮，捕捉能冒炊煙的火。

每一天，在姜恩和雷斯都出門之後，她就拴上雪橇，拉著一桶由屠宰場收來的廚餘到雞棚，接著用乾草和夏天菜園裡留下的胡蘿蔔餵兔子。雷斯在幾條街外的地下軍學校上課，而姜恩則在市區工作，那是一間小小的實驗室，負責檢查建築物的衛生，並為之消毒，雖然工作微不足道，但卻能發放實用的津貼：糧票、每日提供有肉和湯的一餐、工作許可證、微薄的薪水，還有一件對地下軍而言是無價的珍寶——到全市各角落的正當理由。

由於他們沒有足夠的燃料，為籠子、棚子和家裡三層樓供應足夠的暖氣，因此所有的**客人**都會火速送往其他可過冬的安全處所，也許在華沙，也許在郊區。地下軍把一些猶太人藏在鄉下的莊園，這些莊園沒有被德軍沒收，主要的用意是要讓地主生產糧食，供應德軍。而偷偷被送往那裡的黑戶，女性可以當管家、女僕、保母、廚師或裁縫師；男性則在田地或磨坊裡工作；其他人則可躲進農莊，或者在社區中學當老師。莫瑞希・赫琳—葛魯辛斯基（Maurycy Herling-Grudziński）就有一座這樣的莊園，離華沙市區西方僅五哩遠，隨時都收容約五百名難民。

雖然所有的**客人**和親戚都離開了，但動物園長冬日的家裡依舊有兩位奇特的房客，而且據安東妮娜說，頭一位大駕光臨的威塞克（Wicek）出身貴族家庭，血統無懈可擊：「他媽媽系出銀兔（silver rabbit）名門」。銀兔就是北極兔，出生時一身光澤的黑毛，隨著成長，毛色轉銀，至青春期，毛色呈白。十月吹起陰濕的強風，讓威塞克在花園的小棚子裡瑟瑟發抖，因此安東妮娜讓牠進屋來，白天待在較暖和的餐廳，晚上則鑽進雷斯蓋了層層毛毯的床上。每天早上，雷斯更衣準備上學時，威塞克就由床單被褥之間溜出來，沿著走道跳到樓梯間；然後小心翼翼地走下狹窄的樓梯，用鼻子推開木製的門擋，火速跑進餐廳；窩在火爐的玻璃門邊，把長長的耳朵貼在背上保暖；伸出一隻後腿，另外三隻腳則緊緊縮在一起。這種兔子天生有對琥珀色的眼睛，兩眼周圍黑色的線條，就像埃及的象形文字；還有三層的毛皮，像雪鞋一樣的大腳，和用來啃苔蘚地衣的特長門牙。但威塞克卻很快地養成了不像兔子的習慣和口味，還有像怪獸一樣奇特的性格。

起先，只要雷斯坐下吃飯，威塞克就在他腳邊繞來繞去，好像一隻毛茸茸的黑色拖鞋，如野兔在北極風雪中一樣，本能地蹲伏下來；但等牠長得更大、更有肌肉之後，牠就像硬橡皮一樣，在家裡蹦蹦跳跳。常趁著大家用餐時，由地板一躍竄上雷斯的膝頭，前爪搭上餐桌，一把搶走雷斯的食物。北極兔是素食的動物，有時可吃樹皮和松果，但威塞克卻喜歡搶一塊馬肉或牛肉片，然後跳往僻靜的角落享受。安東妮娜說，只要牠一聽到她用肉槌敲軟肉排的聲音，就會神不知鬼不覺地溜進餐廳，跳上凳子，再由那裡跳上餐桌，搶走一塊生肉；再火速挾著戰利品脫逃，像隻小黑豹一樣吃得津津有味。

聖誕佳節來到，朋友送來波蘭醃香腸作禮物，這時威塞克成了尖嘴利牙的討厭鬼，隨時索討，只要看到有人在吃香腸，就動手搶奪。不久牠還發現藏在廚房旁邊、姜恩書房鋼琴上的冷盤肉，照理說，即使是飢腸轆轆的老鼠，也爬不上鋼琴滑溜溜的腳，然而這卻難不倒飢腸轆轆的兔子。威塞克使出渾身偷竊的本事，不久就成了圓滾滾、毛茸茸的暴徒，到最後，只要全家人要出門，就得把牠關在房間一隅的壁櫥裡，不然牠會連他們的衣服都吃了。牠曾吃掉姜恩掛在臥室椅子上外套的領子，也把一頂氈毛帽啃掉一半，還把訪客的大衣咬了個大洞。大家開玩笑說牠成了一隻攻擊兔，不過安東妮娜以更沉重筆調寫道，她在人類或動物的世界裡，都看到了「教人震驚、難以預測」的行為。

後來又有人送來一隻生病的公雞，安東妮娜照顧牠痊癒之後，雷斯把牠據為寵物，為牠取名庫巴（Kuba）。其實戰前札賓斯基家裡就養過更奇特的動物，包括兩隻活潑的水獺，如今他們家依舊保持人與動物共居同一屋簷底下的傳統，一次又一次地接納流浪動物進入他們的生活，在已嫌狹小壓迫的空間定居。他們天生就有動物園長的性情，而不是因為命運驅使不得已而為之，即使在戰時食物短缺的情況下，他們依舊需要動物陪伴才能生活，才能感覺真實，姜恩也才能繼續他對動物心理學的研究。姜恩寫道：「動物的性格，是根據你如何養育、訓練、教育牠們而定——但也不能一概而論。就像養狗養貓的人都會告訴你，沒有兩隻的個性是一樣的。誰能想到兔子能學會親吻、開門，還會提醒我們該開飯了？」

威塞克的個性教安東妮娜困惑不已，她形容牠「厚顏無恥」，聰明得不可思議，有時甚至很駭人。一隻會親嘴、又會掠食、愛吃肉的兔子——簡直是童話中的角色，很適合作為她童書的題材。她把牠的越軌行為通通記錄下來，觀察牠埋伏守候，耳朵像雷達圓盤天線一樣保持警戒，隨時追蹤每一個聲音，渾身緊繃地解讀每一個聲響。

這個室內的動物園創造了像馬戲團一樣五花八門的儀式、氣味，和噪音，帶來了嬉戲和歡笑，滋補了每一個人，尤其是雷斯的心靈。動物讓他由戰爭中分心，安東妮娜想道，因此不管是長羽毛的禽還是四隻腳的獸，不論是長爪的還是生蹄的，不論是散發著濃烈如獾般麝香氣味的，抑或是如初生小鹿那般毫無味道的，最後全都進了老華沙動物園長家裡的小動物園裡：就像動物園的俄羅斯的連環娃娃一樣。

在札賓斯基家裡，安東妮娜的親族有的趴在桌腳椅下，有的則撕咬啃嚙或跳上家具，但她喜歡牠們的陪伴，就像擁有豁免權的小孩或未成年人一樣。家規規定由雷斯照顧寵物，就像迷你動物園長照顧比他還需要照顧的小小精靈封地一般，這也讓他為了許多重要的雜事而忙得不可開交，都是他能做得到的事物，在大家各有成年人的祕密，各司其職之時。

這樣小的孩子不可能理解人脈關係、報酬、以物易物、互惠利他、小錢賄賂、黑市、封口費、和戰時華沙的純粹唯心主義。「瘋狂星星下」的房子讓人人都得以暫時忘卻更瘋狂的世界，至少忘記幾分鐘，有時忘記卻幾小時，讓眼前暫時成為一段流動的感覺、一陣臨時的戲耍、凝神的雜事、和諧悅耳的人聲。在危險而不確定的時代，人自然就會由這一刻到下一刻全神貫注的生活，但這也是安東妮娜為自己和家人所刻意培養，作為治療的韻律。安東妮娜最了不起的，就是把嬉戲、動物、驚喜、好奇、驚異和天真無邪，融入躲避周遭危險、恐怖和不確定的全家人心裡，這需要戰時很少會受重視的特殊勇敢。

夏皮拉拉比講授該對美、對神聖和對大自然作如何的沉思冥想，才能超脫痛苦，保持神智的清明，而此刻，安東妮娜則讓家裡填滿了如麝香鼠、公雞、兔子、狗、老鷹、黃金鼠、貓和狐狸寶寶等天真無邪的生物，吸引人們進入沒有時光界線的自然世界，是他們慣常的天地，卻也是新奇的世界。他們在觀察屋裡獨特的生態系統和日常生活之際，也可因不同物種混居在一起所產生的需要和韻律，而獲得暫時的休憩。動物園的景物中依舊有樹木、鳥類、花園；甜美的菩提花朵依舊像裝著香料的香盒一樣高掛枝頭；入夜之後，鋼琴的音樂也依舊流瀉。

隨著數十位**客人**的來到，講述起納粹殘暴的行為，使得札賓斯基家裡這些五官感受的混合交融更加濃烈。如艾琳娜．山德勒（Irena Sendler，代號喬蘭塔 Jolanta）所描述的，札賓斯基靠著「祕密群體和接觸對象」的協助，一一接納這些**客人**。山德勒是一名基督教醫師的女兒，結交許多猶太朋友，她憑著自己在社會福利部門的工作，招募了十位志同道合的同志，製作有假簽名的假證件。她還經由「衛生傳染病站」，假裝要處理傳染病問題，取得進出猶太區的許可證，冒險為猶太人「提供食物、醫藥、衣物和金錢，同時由區內偷偷地救出許多人，尤其是猶太兒童」。這表示她得先說服猶太人父母，讓他們願意把孩子托付給她，接著再想辦法把孩子送出去——裝在屍袋、箱子、棺木裡，經由老法院或諸聖教堂送出，最後把他們安頓在天主教的家庭或孤兒院裡。她在花園裡埋藏了一個罐子，裡面裝了這些孩子的真實姓名，如此他們才可能在戰後和家人團圓。修女經常把這些孩子藏匿在華沙市內或郊區的孤兒院裡，其中有些很擅長藏匿長相看得出猶太裔的孩子，他們的頭或臉被包紮起來，好像受了傷一樣。

札賓斯基常會接到電話或傳訊，告訴他們要準備有**客人**會短暫停留，艾琳娜也常親自來訪，不是傳遞消息，就是閒聊，或者在她的辦公室被嚴密監視時，躲藏一陣。後來艾琳娜被蓋世太保逮住，在帕維克監獄受到殘酷折磨，最後在地下軍的協助之下逃了出來，她成了動物園最喜愛的**客人**。

駐在倫敦的波蘭流亡政府籌設了廣播電台，並且向英國借了飛機、情報員和資源，籌畫祕密任務，傘兵身上綁的錢袋多達十萬美元，並附上收件者的代號名稱，這些人稱「黑暗而靜默的一群」情報員也走私武器、製作武器的用具，以及計畫進波蘭。根據一名波蘭情報員的說法，他們那一批人為了避免疏散太遠，因此「瞄準大片曠野中一塊紅白花朵恣意綻放之處」，由三百呎的高度跳下來」，在刮過一片松林，發出嘶嘶聲之後，他雙腳著地，見到一個戴頭盔的人，兩人很快地互報口令，握手行禮。接著當地的年輕人會來收箱子和降落傘，而婦女則把降落傘縫成上衣和內衣褲。他把指揮官交代的密碼情報交給家鄉軍的指揮官之後，他吞下混有咖啡因的止痛劑伊克賽錠（Excedrin）以保持清醒，並把氰化物藥丸塞進長褲的特製口袋裡，然後被領到一間校舍，一位豐滿的女校長餵他吃了醃肉蕃茄蛋捲，在黎明時分送他上路。有些傘兵也加入當地的地下軍，許多都參與了一九四四年的華沙起義。這三六五名信差中，十一人死亡，六十三人的飛機被射落，在八五八次空投中，只有一半成功，但他們為永不疲憊的地下軍提供了後援，而不論是盟軍還是敵軍，都認為波蘭地下軍是全歐洲最有組織的，的確也是如此，因為第三帝國特別挑出波蘭人作為特殊懲罰的對象。

如今姜恩更深入參與地下軍的工作，並且在華沙的「流動大學」（flying university），擔任藥學和牙醫學教員，講授一般生物和寄生蟲學。雖然班級很小，教室不定，以免被發現，由華沙的一角流動到另一角，在私人公寓、技術學校、教會、公司行號，和修道院，在猶太區裡裡外外，雖然欠缺圖書館、實驗室和教室，但依舊頒小學、大學和研究所學位。猶太區的醫師面對著只要有一點食物和藥物就能治癒的病人，卻束手無策，只能盡量撫慰，或許出於悲哀的反諷心情（或者是出於樂觀的態度），他們參與教學，把最新的醫藥知識交給未來世代的醫師。戰爭初爆發時，納粹想要徹底毀滅這個國家，因此集合了波蘭大部分的知識分子，悉數處決，然而這樣的策略卻起了反作用力，因為它不只讓學習更加有吸引力，也讓倖存的知識分子把腦力集中在反抗和破壞行動上。地下報紙在猶太區內外廣為流傳，有時堆放在猶太區的廁所內（德國人非常謹慎地避開這樣的地方）。在一切都匱乏的年代，圖書館、大學、戲院和音樂會卻蓬勃興盛，甚至還有祕密的華沙足球錦標賽。

一九四二年春，又有一波波**客人**再次來到動物園，躲在獸籠、棚舍，和櫥櫃裡，雖然生活在勉強按捺的驚嚇之中，依舊努力營造日常的生活慣例。他們熟悉了房屋的布局配置，也免不了開起誰腳步沉重的玩笑，孩子們跑來跑去、蹄子和爪子溜來滑去、門開開關關、電話鈴響、偶爾還要加上寵物吵架的尖聲叫嚷。至少，在廣播時代，人人都習慣用耳朵和心裡的想像來收集消息。

安東妮娜擔心她的朋友，雕刻家瑪格達蕾娜．葛羅絲，自從動物園遭轟炸之後，她的人生和藝術就像出軌一樣一團混亂。動物園不只是她戶外的工作室，也是她的羅盤——不論是她工作的想像領域，抑或是她生活的實際方向。安東妮娜在日記裡寫到葛羅絲對動物的著迷，她怎麼對牠們如痴如醉，一連數小時觀察牠們，流連忘返，無視於其他站在一旁靜觀的遊客。向來熱愛造型藝術的姜恩，對她的作品同樣也十分欣賞。

葛羅絲最擅長的是小型雕塑，她創作了二十多尊作品，栩栩如生，有趣而巧妙，動作熟悉，同時又有獨特的人類特性：一隻正在伸懶腰的駱駝，頭向駝峰後仰，四腿張開；小美洲駝正豎起耳朵，偵察哪裡有可吃的；戒慎恐懼的日本雁把尖喙指向天際，一邊凝視著觀眾，就像「沒有腦袋的美女，」葛羅絲解釋說。一隻用卓別林式姿態走路的紅鶴，提起了右腳跟；雄赳赳氣昂昂的雉雞正在炫耀牠的後宮佳麗。一隻長得怪模怪樣的母雞正伏著上半身疾走，「彷彿正在盤算該買多少鯡魚的家庭主婦」。一隻鹿被聲音驚起，正引頸朝後望；還有眼睛清澄明亮的蒼鷺，喙又長又硬，曲線玲瓏的肩膀和深縮在鬆散胸毛之間的下巴—葛羅絲把牠比為自己。高高的禿鸛頭深縮在兩肩之下；麋鹿則嗅著空氣中，辨識有沒有伴侶的跡象；另外還有煩躁不安的公雞，準備找碴，正骨碌碌地轉著眼睛。

葛羅絲找出每一種動物獨一無二的姿態：牠如何擺出臀部和肩膀的角度平衡；如何威脅敵人表示情感。她津津有味地欣賞牠們小小的彎曲，擺動自己的手臂和腳，以了解模特兒肌肉和骨骼。擔任葛羅絲顧問的姜恩對這些動物的設計、牠們的重心和幾何讚嘆不已——比如鳥兒怎麼以兩隻細如樹枝的腿，來平衡自己造型平滑的身體；而哺乳類較豐富多變的形狀和質地，則需要四隻厚重的大腿才能支撐。姜恩大學時代修過農業工程、動物學和美術，或許曾受到達西．湯普森（Darcy Wentworth Thompson，英國動物學家及古典學術研究者）迷人的經典之作《生長與體形》（*On Growth and Form*，一九一七年）所影響，這是一本生物工程學的研究，探究如骨架或骨盆的架構如何演化為骨翅，以免軀幹的疼痛。她花了數月才雕出一具作品，由各種各樣的動作中，挑出可以具體代表那動物的一個動作，這當然要花費時間與沉醉的心情，而這正是葛羅絲喜愛如痴如醉的想像。她的歡喜全都顯現在她的雕刻裡。

安東妮娜常常讚美葛羅絲的藝術才華，並且思索她在人類描繪動物的悠久藝術中，扮演什麼樣的角色？早在舊石器時代，人們就點燃火把，藉著火光在洞窟的牆上描繪水牛、馬、馴鹿、羚羊和長毛象。他們並不真正用畫，因為有時他們是小心翼翼地把顏料吹到牆上（當今法國南部拉斯科山洞（Lascaux）用雷射處理的複製山洞，就是用這樣的技巧裝飾的）。用鹿角和石塊所繪的動物神祇，也被加入了聖骨盒，不是用來崇拜，就是被獵人當作神聖的洞窟儀式之用。它們浮現在天然的石灰牆輪廓上，馳騁在啟蒙儀式之中，在昏暗朦朧之中，很容易就把心跳和蹄聲混而為一。

二十世紀之初，在兩次世界大戰之間達達派和超現實派（兩者都不是主義，而是對藝術在人生中的角色，以及人生作為藝術之用的觀念）的全盛時期，動物雕刻在波蘭藝術中十分流行，而在一直持續到二次大戰之中和之後。在安東妮娜的眼裡，葛羅絲也加入了以神奇動物妝點古巴比倫、亞述、埃及、遠東、墨西哥、祕魯、印度和波蘭藝術的流暢傳統。

瑪格達蕾娜會先以黏土塑型，最後才以銅定鑄，在這個還可以更動改變的階段，她常請姜恩批評她作品的結構細節，不過他總說她沒有什麼錯誤。每一尊雕塑都需要許多個月才能完成，而瑪格達蕾娜平均一年只創作一件銅雕，因為她研究動物模特兒的每一片羽毛，每一根纖維，對她的設計斟酌再三，翻來覆去地整修她的黏土模型。有一次，有人問她喜不喜歡自己已完成的創作，她說：「我三年後再告訴你。」她只雕塑了兩種瀕臨絕種的物動：歐洲駝鹿（European elk）和野牛。她花了兩年的時間製作這尊野牛，是送給姜恩的特製禮物。動物園裡的動物當然不肯擺姿勢讓她創作：牠們不是展翅，就是到一旁蹓躂，要不就躲開她。野生動物唯有在進食、交配，或決鬥之時，才會讓視線互相接觸，密切地注意牠們，讓她得以心平氣和，而這相對的也讓牠們心平氣和，最後牠們可以自在地讓她看上一段長時間。

葛羅絲雖然聲名遠播（她的〈野牛〉和〈蜂虎〉兩件作品在一九三七年巴黎國際藝術展獲得金牌），但安東妮娜卻發現她非常謙虛，永遠樂觀積極，只醉心動物和藝術。安東妮娜回想起葛羅絲讓她的模特兒、遊客和動物園警衛都深深著迷的情景：「人人都喜歡看到這位開朗的「瑪琪亞」女士，一雙會笑的黑眼睛，優雅且熱情地捏塑著黏土。」

納粹命令猶太人集中居住於猶太區時，葛羅絲不肯，但在猶太區外生活，同樣也不輕鬆，因為願意公開露面的猶太人得假扮為亞利安人，而且時時刻刻都得保持這樣假裝的身分，得記住波蘭街頭巷尾的語言，還得學習撐得住場面的口音。究竟有多少猶太人藏匿在外，大家估計的數字都不一樣，但最可靠的是阿道夫．貝曼（Adolf Berman，他協助猶太人，並且作了詳實的紀錄）的統計，他發現到一九四四年，還有一萬五至兩萬名猶太人藏匿在外，而且認為確實的數字應該高得多。剛納．波森（Gunnar Paulsson）在研究躲藏在亞利安區猶太人的《祕密城市》（*In Secret City*）中，則估計約有兩萬八千人。正如他所說的，由於數字這麼高，因此我們談的是一群亡命之徒的地下城市，有它自己的黑社會（敲詐勒索者、竊賊、貪汙的警察和黑心的房東等）、社工人員、文件生活、出版品、眾所喜愛的咖啡店和各種行話隱語。躲藏在亞利安區的猶太人通常稱為「貓」，他們的藏身處叫「賊窟」，如果「賊窟」被破獲了，就稱「被燒了」。波森寫道，祕密城市「有兩萬八千名猶太人，可能有七萬至九萬人協助他們，而有三、四千人敲詐勒索或危害他們。這些人口總數超過十萬，說不定超過波蘭華沙地下軍的人數，因為華沙地下軍在一九四四年人數為七萬人。」

只要一丁點疏忽，「貓」就會露出馬腳——比如不知道電車票的價格，或者顯得太孤單，收到的信或訪客太少，不與街坊鄰居的社交。如艾莉莎・卡辛斯卡（Alicja Kaczyńska）所描寫的情景：

> 房客互相拜訪……談論時政，常常一起玩橋牌……晚上回到家裡，我通常會在我們這棟樓門廳的小祭壇前逗留一下。所有的華沙建築在門廳裡都有這樣的祭壇，整個華沙都會唱：「聽啊，耶穌，你的子民如何求懇聆聽，聆聽，並且仲裁。」我們這棟樓的房客也都聚在一起，參加這樣的祈禱……。

波森提到「海倫娜．索瑞塞絲卡（Helena Szereszewska）的女兒瑪瑞莎（Marysia）認為自己已經完全同化，因此自由地活動，有一次她在市場上看到檸檬（在戰時市面上幾乎沒有），出於好奇，詢問了價錢，菜販告訴她一個天文數字，她不由得像波蘭天主教徒一樣，喚起天主的名字來：『耶穌，瑪麗亞！』菜販聽了，調皮地說：『小姐，你才認識他們不久，卻已經叫起他們的名字來了！』」

葛羅絲和一名老嫗住在一起，靠著為幾家麵包店送糕餅勉強維生，她也冒險出門，到一家歡迎「貓」輩咖啡屋會晤朋友。躲躲藏藏的猶太人常在麥奧多瓦街二十四號，或是西瓦諾街的另一家咖啡店聚會，他們可以在「聖約瑟天主社區中心用餐，那裡有一家親切的餐廳，位於僻巷，又由修女主辦，因此吸引了許多躲藏在華沙的猶太人……幾乎所有藏匿在華沙的猶太人都知道這裡，這裡也能讓他們由殘酷的現實世界裡，獲得一兩個小時的休息。」

每當葛羅絲離開家，就有被認出密告的危險，但在每天都可聽到街頭逮人和到家裡搜捕的氣氛中，安東妮娜更擔心的是她聽到傳言，說納粹已經開始挨家挨戶搜索瑪格達蕾娜家附近的公寓，有時還會突擊檢查閣樓和地下室，以揪出藏匿的猶太人。

19

安東妮娜正站在廚房裡揉麵糰，這是她日常儀式之一，卻聽見雷斯在後門興奮叫喊：

「快點！椋鳥！這邊來！」

顯然她兒子又交了新的動物朋友，她喜歡他這回選擇的品種。椋鳥有「又長又黑的喙、蹦蹦跳跳，總是開心地咯咯叫」，她為此著迷，也喜歡看牠們像彈簧一樣在地上跳躍，挖洞找蟲，尾巴和頭靈活的抽動。椋鳥能在地上盡情找食物享用，意味著冬去春來，「大地已經為春日放鬆了它的肚皮」。成群的椋鳥形成美麗的隊形，在天空盤旋：三頭馬車、四季豆，或是芋螺狀。牠們齊集結隊，一起轉彎，一霎那就消失得無影無蹤，下一霎那卻又像一把胡椒一樣，重新出現。安東妮娜在回憶錄裡寫道，牠們在地面上跳躍振翅，不由得教她把牠們想成長了羽毛的小丑弄臣。光是想到雷斯抓到一隻，和牠結為朋友，就教她歡喜。她站在水槽前，兩手沾著黏巴巴的麵糰，轉頭朝後喊著說她手太黏，沒辦法和他的新寶貝打招呼，等一下再說。就在這時，廚房門彈開了，她突然明白雷斯話中真正的意思。瑪格達蕾娜．葛羅絲就站在門口，穿著一件夏天的舊外套和一雙襤褸的鞋子。

所有躲藏的**客人**和朋友都有祕密的動物名稱作為代號，瑪格達蕾娜就是「椋鳥」，一方面是因為安東妮娜喜歡這種鳥，也因為她想像她「狡兔三窟」，一直不停地換窩巢」，就是為了避免被捉，因為一個又一個的「賊窟」都「被燒了」。就算旁人在動物園裡聽到動物的名字，也不會覺得稀奇，何況大家都覺得，讓姜恩和安東妮娜為動物命名，能讓他們的生活稍微恢復正常一點。

在波蘭占領區顛三倒四的小巷之語，瑪格達蕾娜戰前所享的盛名，如今卻讓她置身險境。如果她過去認識的熟人看到她，不論是出於善意或惡意，透露了她的行蹤呢？謠言的耳朵長，如老吉普賽人的諺語，恐懼的眼睛大，如今屋裡有瑪格達蕾娜，其他的**客人**就得加倍小心，瑪格達蕾娜也不敢露出她的臉孔，因為波蘭有幾個社交圈都很熟悉她的面貌。「瑪琪亞原本總是快快樂樂的臉龐，如今變得有點哀傷。」安東妮娜在日記上寫道。安東妮娜和姜恩有時稱她為瑪琪亞，是瑪格達蕾娜的暱稱，把硬梆梆的「格」音，換成柔軟的「琪」音，傳達溫柔的情感。「她想念戰前的自由，和她多彩多姿的生活」，其中也包括一大群藝壇的朋友。例如在一九三四年，瑪格達蕾娜曾協助一位夏卡爾風格的畫家兼幻想散文作家布魯諾・舒茲（Bruno Schulz），為他的處女作《肉桂店》（*Skelpy Cynamonowe*）找到了出版社，這是一本描述他奇言異行家人的短篇故事集。她把舒茲的手稿送去給另一個朋友——小說家左菲亞・奈柯斯卡（Zofia Nalkowska），後者覺得這些手稿非常有創意而精采，因此穿針引線，協助它出版。

瑪格達蕾娜白天躲在屋裡，沒辦法到動物園找模特兒，因此決定以雷斯為雕塑的題材。「他是隻山貓，」她開玩笑說，「我這件作品應該會很成功！」

一天，正當安東妮娜在揉麵糰準備作麵包時，瑪格達蕾娜說：「讓我來幫你，我會烤美味的牛角麵包。現在我雖不能用黏土來雕塑，但依舊可以用麵粉。」她邊說，邊把手插進一大盆麵糰之中，一團白雲飛了起來。

「這樣才華洋溢的藝術家竟然得在廚房工作，太可怕了！」安東妮娜悲嘆。

「只是暫時罷了！」瑪格達蕾娜安慰她，一邊輕輕地把她由麵碗邊擠開，以堅強有力的雙手揉起麵糰來。「有人可能會說，像我這樣嬌小的女人不可能是好的烘焙師傅，但其實雕塑家的力量可大著呢！」

揉捏泥土，使得她有強壯的肩膀和雙手，這是她這一行磨練出來的。在她所結交的友人，包括瑞秋・奧爾巴克（Rachel Auerbach）和意第緒詩人黛伯拉・佛結（Deborah Vogel）

的圈子裡，舒茲所謂「獨特神祕一貫的事物」的確十分重要，一如處理這一切的雙手一樣。這是他們這群人經常以充滿文藝氣息的長信反覆推敲討論的內容，也是一種藝術形式。如今已經沒有幾封倖存，不過幸運的事，舒茲引用了不少作為短篇故事的題材。

戰前，瑪格達蕾娜一定去過巴黎的羅丹美術館，研究過羅丹充滿活力的雙手雕塑，美術館是一棟像音樂盒一樣的小小建築，周遭是玫瑰花叢和肌肉結實的雕塑品。她很驕傲，因為靈活而強壯的雙手可以懷抱新生兒、興建城市、栽植蔬菜、愛撫情人、把萬物的形狀教給我們的眼睛—圓是怎樣的膨脹，沙是如何的摩擦—跨接寂寞的心靈，讓我們連結到世上，描繪出自我和他人之間的差別，繫縛住美，誓言忠誠，化五穀為美食，還有許多其他的功能。

瑪格達蕾娜以「大量的陽光、能量，和偉大的精神」，妝點他們的家園，安東妮娜寫道，「即使面對緊急危機，她也從不會喪失這一切。雖然她自己的生活中，就面臨了可怕的危機，但從沒有人看到她垂頭喪氣。」安東妮娜有時不禁疑惑，沒有她，他們怎麼撐到現在的，因為她成了他們這群人之間一股堅強的力量，共享生活，日常的關懷，共度艱辛不安，協助家事。每當**客人**太多，也是她把床讓出來，自己睡在大麵粉桶上，或是把兩張椅子拼在一起睡。安東妮娜在備忘錄中寫道：「她就像她的綽號『椋鳥』一樣，在艱難困苦時，在許多人面對相同景況必會絕望無助時，她卻依舊吹著口哨前行。」每當有陌生人可能來訪，瑪格達蕾娜就得躲藏起來，如果訪客是危險人物，或者更糟的是，訪客為了某些原因而想上樓，安東妮娜就會用鋼琴音符，或者實在來不及，就突然唱起歌來，提出警告。她覺得瑪格達蕾娜「有點淘氣」，而奧芬巴哈的〈去，去，去克里特！〉正是適合這樣愛玩愛笑活潑愉快的人逃走的曲調。

每當瑪格達蕾娜聽到這音樂，就衝進某處躲藏，看她的心情，或許是閣樓、浴室或者是可容人走入的大衣櫃。她向安東妮娜坦承，每次她都邊躲，邊為這種荒謬的情況暗笑不止。有時她開玩笑：「我真不知道在戰後再聽到這首曲子，會有什麼感覺！如果收音機播放這曲子，我會不會衝到哪裡躲藏？我還能不能受得了這首要米尼勞斯去克里特的歌曲？」

這首旋律輕快的曲子曾是她的最愛，但戰爭卻摧殘了許多美好的感官記憶，每一時刻的緊張壓力，因焦急而分泌的腎上腺素和快速跳動的脈搏，逼使記憶更深入，埋藏了每一個小細節，讓一切深深刻入記憶。雖然這可以鞏固友誼或愛，卻也會汙染如音樂這般的知覺寶藏。不論是任何樂曲，只要和危險結合在一起，就永遠不可能聽到它而不會感到腎上腺急速分泌，因為回憶喚醒了知覺，接著是油然而生的恐懼。她疑惑得對，如她所說：「這真是毀滅偉大音樂的好辦法。」

20

一九四二年的秋天，雪下得特別厲害，風猛烈地抽打著木屋建築，直到它們哀號呻吟，撢拂雪堆，掀起了層層的蛋白牛奶酥。戰爭之初的轟炸，炸裂了動物園的地面，擾亂了它的地標，接著大雪拚命地下，把新的車轍凹槽、倒下的籬笆、扭曲的碎石路，和鋸齒狀的金屬全都埋藏在內。在騙人的柔軟雪景之下，金屬的怪蛇四處窩藏，讓人只能被限制在鏟起的走道和被人踏爛的草地迷宮之中。

安東妮娜的活動範圍縮得更小，因為她似乎患了靜脈炎（她沒有提供太多線索），因此不能行走。靜脈炎是大腿靜脈感染，非常疼痛，無法走路，因此安東妮娜在一九四二年秋至一九四三年春，都得臥床休息。這位原本異常活躍的三十四歲婦女最痛恨被關在房裡，穿著厚重的衣物，包裹在一層又一層的毯子和棉被之下（「我覺得自己既丟臉又沒用，」她用筆墨呻吟），而如今卻有一大家子的事務要整理安頓。

畢竟她是俄羅斯連環套娃的頭一號人物，而且這不只是象徵而已，因為她懷了孕，肚子裡的確還有個娃娃。如今很難推敲她腿上是否形成了血栓——因為懷孕、吸菸、曲張的靜脈，還是因為遺傳？當然不可能是因為完全不動或者肥胖。靜脈炎可能會危險，最嚴重的情況是造成深部靜脈栓塞，會流動到心臟或肺臟的血凝塊，可能會造成死亡。即使是輕微的靜脈炎，或者類風濕性關節炎，都會造成腿部紅腫，必須臥床休養。因此安東妮娜別無選擇，只能在她的臥房裡垂簾聽政，讓親朋好友和員工輪流拜訪。

一九四二年六月，波蘭地下軍接到一封用暗號寫的信，提到距華沙不遠的城市特雷布林卡（Treblinka）的滅絕營。下面就是一部分的警告內容：

> 叔叔也打算（上帝保佑我們）在你那裡幫他的孩子們舉行婚禮……（上帝不容），他已經在你家附近為自己租了個地方，離你們真的很近，恐怕你們還一無所知。因此我才寫信給你們，並且派一位特使送信，讓你們知道此事。這是真的，你們必須在城外為你們自己和我們在以色列的兄弟、兒子租個房子，……我們可以確定叔叔幾乎已經準備好要給你們的房子了，你們一定要知道這件事，你們必須找個出路……叔叔打算儘快辦婚禮……躲起來吧……記得——我們全都是聖祭，「若剩下一點，留到早晨」……

史學家艾曼紐．林布藍（Emanuel Ringeblum，他藏匿在華沙地下碉堡時，曾寫了《二次大戰期間波蘭—猶太區關係》（*Polish-Jewish Relations During the Second world War*）一書）及其他地下軍都很清楚這封信的意思。意義隱晦的最後那一句，指的是《出埃及記》第十二章第十節耶和華在埃及地曉諭摩西過逾越節的指示：吃羊羔的肉，不可剩下一點留到早晨；若留到早晨，要用火燒了。很快地，消息由海烏姆諾（Chelmno）傳來，猶太人在貨車裡被用毒氣處決，來自威爾諾（Wilno）的難民則說起在其他城市同樣也有大屠殺。原本這樣教人髮指的行為根本教人無法置信，但最後有人逃出的毒氣室，躲在貨車裡一路逃到華沙，把他的所見所聞告訴猶太區的人們。雖然地下軍已經散發了有關特雷布林卡的消息，但還是有人認為，納粹不可能在像華沙這麼重要的城市，作出同樣的獸行。

一九四二年七月二十二日，猶太區的屠殺由史塔斯基街開始，七千人被趕到火車站，登上撒了漂白粉的牲口車廂，送往馬伊達內克（Majdanek）的毒氣室。為了這個所謂的「東部重置計畫」，這些猶太人可準備三天的食物，收拾所有的細軟，以及三十三磅的行李。在一九四二年七至九月間，納粹共把二十六萬五千名猶太人由華沙送往特雷布林卡，猶太區只剩五萬五千人，猶太反抗組織ZOB（Zydowska Organizacja Bojowa）起而準備反抗，為了要盡量安撫這些註定死亡的猶太人，特雷布林卡的火車站還張貼了德軍抵達和離去的時間，雖然沒有猶太人活著離開。「他們以極端的精準，開始邁向那瘋狂的目標，」安東妮娜寫道，「原本看似單一個人的吸血本能，到頭來卻成了設計精良，要毀滅整個國家的手段。」

另一個像唐納本和夏皮拉拉比那樣，在有人願協助逃亡時卻選擇留在猶太區裡的鄰居，是小兒科醫師亨利克・戈德茲密（Henryk Goldszmit，筆名柯查克Janusz Korczak），他曾寫過自傳體的小說，和給父母師長看的書，比如《如何愛孩子》（*How to Love a Child*）、《尊重孩子的權利》（*The Child's Right to Respect*）。教柯查克的朋友、書迷和學生大吃一驚的是，他在一九一二年放棄了他的文學和醫學生涯，在克羅克瑪納街九十二號，創立了一間七至十四歲男女兼收的先進孤兒院。

一九四〇年，納粹規定猶太人搬進猶太區，孤兒院也因此遷進他在日記上記載為「詛咒區」的商人俱樂部。他的日記寫在藍色通草紙上，內容除了孤兒院日常生活的點點滴滴，還有各種想像，哲思和靈魂的探索。這是無解困境的聖骨盒，顯示出：「一個充滿性靈和道德的人，在歷史最黑暗的時刻，如何保護天真的兒童，躲避成人世界的殘酷。」傳說他面對成人總是害羞而笨拙，但他對孤兒，卻創造出理想的民主作風，孩子們都稱他「潘醫生」（Pan Doctor）。

在孤兒院裡，他運用機智、想像力和自嘲的幽默，把自己奉獻給「兒童的共和國」，裡面有自己的議會、報紙和法律制度。孩子們起了爭執，並不會用拳頭解決，而學會了喊「我要告你！」每週六，由五名當週未被告的兒童擔任法官，出庭審理當週的訴訟。所有的判決全都是依據柯查克的「律法」，前一百條全都是要求寬恕。他曾向朋友坦承：「我受的是醫師的教育，因緣際會成了教師，因為熱忱而成為作家，而又出於需要成了心理學者。」

每到夜晚，他躺在醫務室的帆布床上，床下塞著剩餘的伏特加和黑麵包，他就這樣逃往自己私人的星球羅星（Ro），在那裡，他想像有個太空人朋友齊伊終於創造出機器，可以把燦爛的陽光化為道德的力量。齊伊用這機器在宇宙間行俠仗義，他抱怨這機器在任何地方都無往不利，只除了「那不安的火光——地球」，他們辯論齊伊是否該摧毀那血腥好戰的地球，而潘醫生則懇求他對這星球上的孩子們慈悲。

在他藍色的篇章裡，穿插著各種感受、幻想和各種新的觀念，但卻並沒有提到猶太區裡各種邪惡的事蹟，比如在七月二十二日他六十四歲生日時展開，把猶太人押往集中營的事件。他沒有提到那一天的喧鬧和傷害，只寫到「皎潔的明月」映照在這「不幸而瘋狂的」匱乏角落。

由照片上看，那時他的山羊鬍和八字鬍都已經灰白，在深邃的黑眼睛下，也有了一圈圈的眼袋。雖然他經常承受「疑惑、痛苦、破滅和創傷」，卻不肯拋下孩子們，自己逃出猶太區，即使亞利安區的許多學生一再地要協助他。他在日記中寫道，聽到飢餓痛苦的孩子們把他們的疾病比喻成「療養院的老人」，不禁教他心如刀割。他們需要超脫痛苦的辦法，因此他鼓勵他們像這樣祈禱：「感謝你，慈悲的天主，因為你提供了芳香的花朵，發光的蟲子，讓天上的星星閃閃發亮。」他也以身作則，教導孩子們在日常生活的雜務中，找到安慰，比如在餐後小心翼翼地拿起碗、匙和盤子：

我自己收拾碗碟，就看到盤子上的裂紋，彎曲的湯匙，碗上刮紋……我可以看到漫不經心的人們把刀匙碗碟亂丟，一半像嬌生慣養的少爺小姐，一半則是粗野無文的態度……有時我觀察多出的時候如何分配，誰又坐在誰的旁邊，因此有了一些想法。因為如果我要做什麼，絕不會漫不經心地去做。

他一邊為孩子們設計傻裡傻氣的遊戲，一邊也創造寓意更深沉的娛樂。有一天，他基於對東方宗教的熱愛，決定演出印度作家泰戈爾（Rabindranath Tagore）的戲《郵局》（*The Post Office*）。這齣戲如今成了一種象徵，因為它在七月十八日上演，正是孩子們被送往特雷布林卡前三週。在戲中，一名臥床的孩子阿默在一間會造成幽閉恐怖症的房間裡受盡折磨，夢想飛往奇境，接受讓國王的御醫治療，而在劇終之時，醫生出現了，治癒了他，打開門窗，阿默看見繁星點點。柯查克說，他選擇這齣戲是為了協助嚇嚇而受困的孩子，讓他們能平靜地接受死亡。

解送的日子（一九四二年八月六日）到來，他知道孩子們將要承受的苦難和恐懼，因此和他們一起搭上通往特雷布林卡的火車，因為他說，他知道自己在場能安慰他們——「你不會在夜裡離開生病的孩子，你也不會在像這樣的時刻離開他們。」在轉車站烏姆斯納廣場（Umschlagplatz）拍的照片上，他沒有戴帽子，穿著軍靴，和七個孩子手牽著手向前行進，另外一九二個兒童和十名員工則跟在後們，四個一排，由德軍看守。柯查克和孩子們登上了比雞籠大不了多少的紅色車廂，這些車廂原本每次裝載七十五個站立的成人，如今則塞進所有的孩童。約書亞·波爾（Joshua Perle）在他親眼見證的記錄《華沙猶太區的毀滅》（*The Destruction of the Waesaw Ghetto*）一書中寫道：「奇蹟發生了，兩百個純潔的靈魂，面臨死亡，卻沒有哭泣，沒有一個逃走，也沒有一個想要躲藏。就像被刺在一起的麻雀一樣，他們拉著他們的老師和心靈導師，他們的父與兄——柯查克。」

一九七一年，俄國人以他的名字，為一顆新發現的小行星命名：二一六三柯查克，但也許他們該把它命名為羅星，他所夢想的星星。波蘭人宣布柯查克為殉難者，以色列人則尊他為三十六義人（Thirty-Six Just Men）之一，他們純潔的靈魂讓世界得以獲得救贖。根據猶太傳說，因為這些義人的善心義行，才讓世界不致毀滅。光是因為他們，就讓人類得以得到寬恕。傳奇說他們也是普通的人，並非沒有瑕疵，或有什麼神奇之處，而且大半一生義行都不為人所知，但他們卻讓善永垂不朽，即使自己置身煉獄。

21

在一九四二年七月猶太人「大放逐」之後，猶太區的形狀和本質由一向擁擠的街道，變成了由黨衛軍看守，滿是德國工廠的集中營。在杳無人煙、範圍廣闊，名為「荒涼猶太區」的南區，特別部隊Werterfassung忙著由搶救還可以使用的廢棄物，並改造無人居住的房屋，供德國人使用。而剩下的三萬五千名猶太人，則重新安頓在商店附近的住宅區，由警衛護送上下班。實際上，還有兩三萬名「法外」猶太人躲在猶太區裡，在人們視線之外，以穿梭在各建築之間的地下通道來往交通，靠著迷宮中的經濟維生。

一九四二年秋，地下軍也有新的生力軍加入，姜恩覺得他們非常有幫助。這個名為協助猶太人協會的組織匿名為柴格塔（Zegota），是由索菲亞・柯薩克（Zofia Kossak）和汪妲・克拉赫絲卡—菲利波維茲（Wanda Krahelska-Filipowicz）所創立，任務是協助躲在波蘭人家裡的猶太人。雖然其正式的名稱是康拉德・柴格塔（Konrad Zegota）委員會，但根本就沒有康拉德．柴格塔此人存在。索菲亞〔代號「維若妮卡」（Weronika）〕是知名的作家和保守派國家主義者，她和上流階級來往密切，尤其是鄉紳貴族，而這些鄉紳都有許多天主教神職人員的朋友。相較之下，藝術雜誌《阿卡迪》（*Arkady*）的主編汪妲就是社會黨積極分子，是前波蘭駐美國大使夫人，和地下軍的軍方與政治領袖相熟。她們倆有一些共同的朋友；她們招募的人，也有一些專業、政治或社會上的人脈；她們的目的，就是由社會的各個角落創造一個人際網路。比如亞歷山大．卡米斯基（Aleksander Kamiński）在戰前是很受歡迎的波蘭童軍協會幹部；亨林克．伍林斯基（Henryk Wolinski）則是波蘭酒吧協會會員；左派的錫安黨員和心理學家阿道夫．柏曼（Adolf Berman）則是猶太區兒童福利組織Centos的會長。作家協會、地下記者協會、民主醫生委員會和由鐵路、電車、衛生部門員工所組成的工會，全都協助柴格塔。伊琳．湯瑪斯威斯基（Irene Tomaszewski）和泰西亞．韋布洛斯基（Tecia Werbowski）在《柴格塔：拯救戰時波蘭的猶太人》（*Zegota: The Rescue of Jews in Wartime Poland*）一書中寫道：「柴格塔的人不只是理想主義者，也是行動主義者，而行動主義者天生就是瞭解人的人。」

柴格塔聯合了波蘭天主教和政治團體的力量，唯一的目的就是要營救猶太人，而非破壞行動或對抗。這在戰時歐洲是絕無僅有的組織，史學家估計這個組織在華沙總共救出二萬八千名猶太人；它的總部設在祖拉維亞街二十四號，由書籍裝訂商和印刷商人尤金．瓦索斯卡（Eugenia Wąsowska）和律師詹尼卡．勒比（Janina Raabe）經營，辦公室一週上班兩次，並且為亡命的猶太區提供暫時的庇護所。這個組織和波蘭地下軍及反抗分子合作，供應札賓斯基夫婦金援和假證件，並且到偏遠的城市找房子，供動物園的**客人**在戰爭期間躲藏。保住一人的性命，往往意味著許多人都得涉險，這樣的考驗永無止境，因為他們必須抗拒政治宣傳和死亡的威脅。然而在華沙和郊區，依舊有七至九萬人，也就是全市約十二分之一的人口，冒險協助鄰居逃命。除了這些救援者和地下軍的幫手之外，還有許多僕人、郵差、送牛奶的人等等，他們雖看到有生人出沒，或者知道哪裡多了嗷嗷待哺的人口，卻三緘其口。

知名律師及行動分子馬塞利．列米—勒考斯基（Marceli Lemi-Lebkowski）帶著地下軍提供的假證件和「重要的祕密任務」來到動物園，他和家人假裝要租兩間房間，一間是給他生病的太太，另一間則是讓他的兩個女兒努妮亞（Nunia）和艾娃（Ewa）合住。馬塞利自己只能住在另一安全的處所，不時來探望，因為他們很難解釋為什麼有健全的男人住進來，但生病的女人帶著兩個女兒，則比較沒有問題。他們支付的租金可以用來買焦煤，讓樓上的臥室取暖，這也意味著有更多的人能住在這裡，包括兩個在地下軍青年破壞活動團的小男孩馬瑞克和齊爾斯（Dziuś）。他們常在德軍射殺波蘭人的地點放置表示悼念的花朵，並且在牆上和籬笆上塗寫「希特勒會輸！德國會滅亡！」這種罪可致死的字樣。

在冬天，有些可以信賴的合法房客會付租金，但動物園長的家主要接納的是失落在兩個世界之間，躲避蓋世太保魔爪的人們。這些**客人**名單包括伊瑞娜．瑪塞爾（Irena Mayzel）、卡齊歐和魯德威尼亞．克拉斯克（Kazio and Ludwinia Kramsztyk）、路威格．赫斯斐醫師（Ludwig Hirszfeld，傳染病專家）、國家衛生研究所的羅沙．安索羅納醫師（Roza Anzelówna）、列米－勒考斯基妻女、波茲納斯卡（Poznańska）太太、羅妮亞．唐納本醫師、魏斯太太（一名律師的太太）、凱勒一家人、瑪瑞琪亞．艾瑟（Marysia Aszer）、新聞記者瑪瑞亞．艾瑟洛那（Maria Aszerówna）、瑞秋．奧爾巴克、凱尼格斯萬一家人、安索姆和金瑟博醫師（Anzelm and Kinszerbaum）、尤金尼亞．希克斯（Eugienia "Genia" Sylkes）、瑪格達蕾娜．葛羅絲、莫瑞希．法蘭柯（Maurycy Fraenkel）和艾琳娜．山德勒。據姜恩表示，總共達三百人。

猶太和波蘭的亡命之徒血管裡彷彿流著隱形墨水似的，只在下班之後出現在室內，**客人**和房客融合為一個大家庭。如此一來，安東妮娜的家務也增加了，不過她有了幫手，而且她也喜歡有列米－勒考斯基這兩個小女兒的陪伴，她很快發現她們倆對家務事一無所知，因此使出「渾身解數」，傳授作賢妻良母的絕學。

沒有動物的動物園，在德軍眼中就是浪費土地，因此他們決定興建毛皮工廠，不只可以供應在東部陣線上打仗的德軍（他們已經為這個目的，沒收了猶太區所有的毛皮），多餘的還可以出售，籌得款項。為求效益，他們也指派了一名波蘭人負責：韋多德．羅布勒斯基（Witold Wroblewski），他一向都獨來獨往，只和毛皮農場的動物同住一起，就像瑪麗．雪萊（Mary Shelley）《科學怪人》中遺世獨居者的角色一樣，總是又妒又羨地看著溫暖舒適的動物園長家，「充滿了燈光和烤麵包的香氣」——他後來告訴安東妮娜。教姜恩和安東妮娜驚奇又煩惱的是，有一天，他直接了當走到他們家門口，既不客套，也沒有商量的餘地，就宣布他要搬進來住。

札賓斯基夫婦運氣不錯，他們很快就發現「狐人」——他們給他取的綽號，是在德國生長的波蘭人，對他們的任務抱著同情心，可以信任。他是到目前為止整棟房子裡最古怪的人，來的時候帶了一隻母貓巴比娜（Balbina），還有安東妮娜形容為「幾隻他難以割捨的鸚哥」，別無其他，沒有任何私人物品。因此他很快就搬進姜恩的舊書房，並且支付租金，購買急需的煤炭。狐人從不理會日月時辰或是街道的名稱號碼，雖然這一定會影響他的商人生涯，但他總隨興之所至生活，有時甚至就睡在書桌和床之間的地板上，彷彿他已經筋疲力竭，不能再多走一步路。同住在動物園家的**客人**後來聽說他的鋼琴有專業水準，他就登堂入室，進了札賓斯基的好友圈，因為一如瑪格達蕾娜喜歡說的：「瘋狂星星下的房子特別尊重藝術家。」雖然人人都要求他彈一曲，但他卻堅持不肯，直到有一天，凌晨一點正，他由房裡跑出來，躡手躡腳地走到鋼琴那裡，突然人彈特彈，直到早上。此後，只要一過了宵禁時分，瑪格達蕾娜就在家裡安排晚間的鋼琴獨奏會。他的蕭邦和拉赫曼尼諾夫比起瘋狂的〈去！去！去克里特！〉，倒是很好的改變。

安東妮娜經常寫到狐人的灰貓巴比娜，她描述牠正是母貓浪蕩的模樣（「老是出嫁，就像任何一隻正常的貓一樣」）。但每一次巴比娜生小貓，狐人就把牠們由籃子裡拎出去，換上一窩新生小狐給牠養。安東妮娜沒有說小貓後來怎麼了，也許是拿去餵毛皮農場中無所不吃的貉（因為灰色的毛皮上有像浣熊的條紋，因此牧場也飼養牠們）。據養育場的人說，母狐一次應該只養幾隻小狐，才能確保毛皮濃密健康，因此「狐人」想到用巴比娜來當奶媽這個調皮的好點子，「對牠而言，第一天是最難適應的，」安東妮娜說：「牠明明記得自己生了一窩小貓，但到頭來卻發現這竟只是牠的想像。」

這隻母貓因小寶寶奇特的氣味和號叫而大惑不解，又發現小傢伙食欲驚人，經過多次舔舐和餵食之後，牠們的氣味終於和牠相像，只是牠一再地嘗試教導牠們貓科動物擅長的技巧，卻一再地失敗。牠在牠們身邊喵來喵去，「用非常清楚的聲音……教導牠們正常的貓如何說話」，卻從沒辦法說服牠們回喵，牠們總是大吼大叫，教牠驚嚇不已。「在牠作貓媽媽的心裡，總為牠們的吼叫而覺得難為情」，安東妮娜想道，並加上這些小傢伙都是「壞脾氣」的大嗓門。但牠們的確嫻熟貓科動物靈活跳躍的本事，時常縱身一躍就跳上桌子、櫥櫃、和很高的書架。家裡的房客常會發現小狐寶寶縮得像巴伐利亞的湯鍋一樣，睡在鋼琴或是抽屜櫃上。

巴比娜喜歡活生生的食物，因此每天都到屋外打獵，餵牠的寶寶，牠很勤快地把鳥、兔子、田鼠和地鼠拖回家，但很快就發現，牠得不停地打獵，才能餵飽那些無底洞。在屋外，牠領在前面——一隻瘦巴巴的小虎斑貓，後面跟著是牠體型三倍大的子女，長著長鼻子和蓬鬆的黑尾巴，尾巴最後是白白的花朵圖案。牠教牠們如何像人面獅身像那般低低蹲伏，如何猛撲到獵物身上。如果有寶寶走散了，牠也會拚命地喵個不停，直到小狐乖乖地回到狐群裡。每當狐寶寶看到雞，就一撲而上，火速抓住牠們的肚子，再用利齒把牠撕裂，邊吃邊號叫，巴比娜則遠遠地站在一邊觀看。

在「生」了幾窩狐寶寶之後，巴比娜固然筋疲力竭而且大惑不解，但牠總算習慣了牠們奇特的方式，牠們成了半貓，巴比娜則成了半狐。安東妮娜讚美這隻貓從不攻擊室內動物的好德行，她寫道：「牠彷彿有自己的道德規則。」她從不攻擊狐人的鸚哥，即使他把牠們由籠中放出來亦然；威塞克這隻兔子也吸引不了牠，公雞庫巴也一樣。牠懶得去追一兩隻跑進屋內的老鼠，如果有流浪鳥飛進屋裡（凶兆），她也只是懶洋洋地看一下。但有一隻新來的動物，卻點燃了巴比娜野性的本能。

春天裡，鄰居送來一隻奇特的孤兒，給雷斯的皇家動物園——一隻大腹便便的麝鼠（muskrat）寶寶，一身光滑的棕毛，黃米色的肚子，鱗片狀的長尾巴，和小小的黑眼睛。長蹼的前爪有手指頭讓牠可以作窩、覓食、挖掘，而游泳時，邊緣長毛的後腳則可像獨木舟的槳一樣，強而有力地撥水。或許最奇特的，是牠有四顆像鑿子一樣的暴牙，由兩頰和嘴唇中伸出來，因此麝鼠不必張開嘴巴，就可以咬樹幹樹根，在水裡也可以嚙咬蘆葦香蒲。

安東妮娜覺得這小動物非常有趣，因此在陽台上為牠設了一個大籠子，還從舊暗房裡找來沖洗照片用的玻璃盤，讓牠當作水池，因為麝鼠天生就愛游泳。雷斯為牠取名為瑟瑟（小鼠之意），牠很快就學會自己的名字，適應了新生活，成天吃、睡、游泳。野生麝鼠通常不容易馴養，但幾周之內，瑟瑟就能讓雷斯打開籠門，抱著牠到處走，愛撫牠，或幫牠梳毛。瑟瑟睡覺的時候，巴比娜就像山獅一樣繞著籠子走來走去，想要闖進去。瑟瑟醒來，就在小水盆裡不停地玩水，逗弄巴比娜，潑得牠一身是水，教牠氣惱。沒人知道為什麼這隻麝鼠對巴比娜有這麼大的誘惑，但不論是誰，只要餵了瑟瑟，或是幫牠清了籠子，都一定要用小段的鐵絲把籠門鎖牢。

安東妮娜喜歡看著這隻麝鼠「精雕細琢地梳妝打扮」——每天早上，瑟瑟都會把臉浸在水盆裡，用力地噴鼻子，把空氣吹出來，接著用濕爪朝臉潑水，就像男人準備刮鬍子一樣，細心梳洗很長一陣子。然後牠會爬到水桶裡仰天朝上，伸直肚子，翻滾好幾次。最後牠才爬出浴缸，像狗一樣拚命甩身體，水珠飛濺。奇怪的是，牠總會爬上籠子的牆，就像這籠子的前任主人鸚鵡可可一樣，坐在棲木上，用手指細細地梳刷毛皮上的水。來訪的客人看到籠裡的麝鼠像鳥一樣棲在棲木上梳毛，總不免覺得奇特，不過動物園長家向來都有一堆奇怪的成員，即使在最平靜時亦然，而牠是雷斯最新的寵物。在每天早上的洗禮之後，瑟瑟會吃一根胡蘿蔔、馬鈴薯、蒲公英，麵包或穀類食物，雖然牠顯然更渴望樹枝、樹皮和沼澤的水草，這些才是野生麝鼠慣常的食物。

等牠長到小浴盆容不下之後，安東妮娜就幫牠換了姜恩原本用來作蟑螂研究時用的大水瓶。瑟瑟一看到水瓶，就歡天喜地一躍而下，拚命潑水，因此安東妮娜只好把牠的籠子搬進廚房，因為那裡是磁磚地板，而且隨時可添新鮮的水。

「你知道，媽媽，」雷斯有一天說：「瑟瑟在學怎麼開籠子，牠可不笨！」

「我覺得牠沒有那麼聰明！」安東妮娜回答。

瑟瑟花了許多工夫撥弄鐵絲，用牠的手指抓住兩端，想把它解開。經過一整晚的努力，牠終於解開了鐵絲，拉起了籠門，沿著椅子的腿爬到地板上，跳上水管，滑進像沼澤一樣的廚房水槽。接著牠又縱身一躍，跳上爐子，爬到溫暖的暖爐上睡著了。雷斯第二天在暖爐上找到牠，把牠送回籠子，這回把籠門鎖得更緊。

第二天一早，雷斯直奔安東妮娜的房間，緊張地大喊：「媽！媽！瑟瑟呢？牠的籠子是空的！我到處都找不到牠！會不會被巴比娜吃了？我得上學去了，爸爸上班了！救命！」

依舊臥病在床的安東妮娜對這場清晨危機幫不上什麼忙，但她指派狐人和管家畢莎夏（Pietrasia）展開搜索，他們非常盡忠職守地搜遍了所有的櫥櫃、沙發、椅子下、各個角落、靴子裡，任何鼲鼠可能躲藏的隱身之處——卻一無所獲。

安東妮娜不相信鼲鼠會這樣「人間蒸發」，懷疑是巴比娜或查卡幹的好事，因此請人把貓狗抱到她床邊來作詳細的檢查。她仔仔細細地摸牠們的胃，看看有沒有可疑的凸起。如果牠們真吃了這麼大一隻動物—差不多有兔子這麼大，肚子一定會圓鼓鼓的。但沒有，牠們的肚子像平常一樣扁平，因此她宣布這兩嫌犯無罪開釋。

突然畢莎夏衝進她房間來：「趕快來呀！」她喊道：「到廚房來，瑟瑟在爐子煙囪裡！我像平常一樣生火，結果聽到裡面傳來可怕的聲音！」

安東妮娜支起拐杖，慢慢地由床上起身，撐起腫脹的雙腿，小心翼翼地走下樓梯，一跛一跛走進廚房。

「瑟瑟，瑟瑟，」她柔聲呼喚。

牆裡傳來劈哩叭啦的聲音，等到一個滿頭煤灰的小頭由煙囪裡冒了出來，她就一把抓住這逃犯的背，把牠揪了出來。小傢伙的鬍鬚上滿是灰塵，前爪有點燒焦。她輕輕地用肥皂和溫水幫牠一洗再洗，想洗掉牠身上的煮菜油漬。接著她又在牠燙到的地方塗了油膏，再把牠放回籠子裡。

她邊笑邊解釋，麝鼠把植物和土堆成土丘作窩，然後由水面下挖條水道。這隻麝鼠想要個窩而不要籠子，誰能為了牠要創造一個模擬世界而責備牠呢？牠甚至把鐵爐都扳起來，以便更方便進入煙囪。

那天下午，雷斯放學回家，很興奮地發現瑟瑟已經回到籠裡。晚餐時分，大家忙著由廚房端菜上桌時，他也興高采烈地把瑟瑟在煙囪的冒險說給大家聽。有個小女生因為笑得太厲害，結果在由廚房通往飯廳的路上摔了一跤，把滿一碗熱湯全都灑在狐人的頭和坐在他膝上的巴比娜身上，狐人由椅子上彈起來，直奔自己的房間，他的貓緊跟在後，隨後他關上了房門，雷斯跟在後面跑，由鑰匙孔窺伺，然後低聲報告他所看到的動靜：

「他脫了外套！」

「他用毛巾來吸乾它！」

「現在他在擦巴比娜！」

「他在擦臉！」

「哦！不好了！他打開鸚哥的籠門！」

此時瑪格達蕾娜再也不能忍受這場懸疑，用力拉開了門。狐人站在當地，這位家庭音樂會大師像柱子一樣矗立在房間正中央，鸚哥在他的前額上盤旋，就像旋轉木馬的動物一樣。過了片刻，牠們降落在他頭上，在他頭髮中挖掘，把湯裡的麵條拉出來吃。最後狐人才看到門口這一群沉默卻激動的觀眾，等著他解釋。

「浪費這樣好的食物就太可惜了！」他為這奇特的景況提出說明，彷彿這是唯一該做的事似的。

22

一九四二年，冬

光陰總是時快時慢地轉動消逝，但在動物園長家裡，每當宵禁時分到來，時間就會加快：就像達到某個分至點，太陽停駐在安東妮娜白晝的地平線上，每一分鐘都像啞劇演員緩慢的動作，先是一動，接著是拉長的暫停，然後再一動。過了宵禁時間還沒回到家的人，就要冒著被逮捕、毒打或被殺害的危險，因此這個時間產生了一股魔力。人人都聽過關於宵禁的恐怖故事，比如瑪格達蕾娜的朋友，畫家和散文作家布魯諾．舒茲，他於一九四二年十一月十九日在羅戈貝奇（Drohobycz）被惡意報復的蓋世太保射死。原來有另一名蓋世太保菲利斯．藍道（Felix Landau），因為欣賞舒茲以死亡為題材，甚至帶有施虐受虐狂意味的畫，因此發給他通行證，讓他可以出猶太區，到他家為兒子牆上畫壁畫。一天，藍道殺了另一名蓋世太保甘特（Günther）所保護的牙醫，等甘特看舒茲過了宵禁時分，還在亞利安區，腋下夾著麵包走路回家，他就射殺他，作為報復。

如果每一個人都安全回家，安東妮娜就可慶祝大家又安全度過了一天，又度過了一夜，而沒有受這城市迷宮內的怪物傷害。薄暮時分宵禁開始，教雷斯覺得焦慮不安，因此她允許他晚點睡，等家裡的人都回來，確定一切平安無恙，他才能安穩地入睡。幾年來的戰爭和宵禁都沒有改變這點，他依舊焦灼地等著父親回家，就像月亮一樣，每一天都不可少。姜恩知道兒子的心事，因此會一回家，就直接到雷斯的房間，放下背包，坐幾分鐘，談談一天的經歷，通常還會由口袋裡掏出一點為他留的寶貝。有一天，他的背包鼓得好像裡面有鐵柱一樣。

「爸爸，你那裡面是什麼？」雷斯問。

「一隻老虎。」姜恩假裝害怕地說。

「別開玩笑，裡面究竟是什麼？」

「我已經告訴你了——一隻危險的動物，」他爸爸鄭重地說。

安東妮娜和雷斯看著姜恩拿出一個金屬籠，裡面有一個毛茸茸的東西，就像侏儒天竺鼠的模樣，栗色的體毛，白色的兩頰，身體兩側則像印地安馬一樣生有斑點。

「如果你想要，就歸你養！」姜恩說。「牠是我在衛生研究所那對天竺鼠的兒子……不過如果給你養，你可不會把牠拿去餵巴比娜吧？」姜恩開玩笑說。

「爸爸，你怎麼老是把我當小孩子？」雷斯生氣地說。他說他以前就有各種各樣的寵物，從來沒有對牠們淘氣。

「對不起，」姜恩說：「好好照顧牠，仔細觀察牠，因為牠是一窩七小福中唯一存活的一隻。只可惜我還來不及阻止，牠媽媽就把其他的都殺了。」

「多可怕的媽媽！你為什麼養牠？」

「天竺鼠都有這樣殘酷的本能，不是只有牠媽媽才這樣，」姜恩說明：「作丈夫的會殺太太，媽媽會把小孩趕出窩巢不管。我不想讓寶寶太早斷奶，但可惜我誤算了最佳的插手時機，只來得及救出這隻。我在實驗室沒時間管牠，但我知道你一定能做得不錯。」

安東妮娜寫道，她和姜恩不知道該向這麼小的孩子透露多少大自然殘酷、非關道德的一面而不嚇到他（戰爭已經帶來了許多恐懼）；但他們也覺得他該面對真實世界，了解動物原本的生活方式，不論是可以解釋的凶殘，或是不可解釋的慈悲。

「我讀過很多和天竺鼠有關的故事，」他失望地說：「我一直以為牠們是很好、很勤勞的動物，會收集穀類過冬……」

「對的，沒錯，」姜恩向他保證：「冬天牠會冬眠，就像獾一樣，但若他冬天時因為飢餓而醒來，就可吃穀子，然後再回去睡覺，等春天來臨。」

「現在就是冬天，為什麼這隻天竺鼠還醒著？」

「動物在野地的生活習性不同。我們讓豢養動物按著對牠們不自然的時間生活，因為這樣我們比較好照顧牠們，但這干擾了牠們睡眠的韻律。不過即使這隻天竺鼠醒著，牠的脈搏和呼吸也比夏天時慢得多。你可以自己試試看——只要把籠子蓋起來，牠馬上就會睡覺。」

雷斯把毯子拉過來，蓋住籠子，天竺鼠爬到角落，屁股坐穩，把頭收進胸前，用前爪蓋臉，陷入熟睡。慢慢地，安東妮娜斷定牠是「非常自我中心」的小傢伙，而且是「吵鬧的老饕」，「喜歡獨自一人，輕鬆過活」。在如此人畜相通，動物時間和人類時間混在一起的家裡，判斷歲月的推演，不是憑季節或年份，而是由具有影響力的訪客來計算：不論是兩足，還是四腳客人。在安東妮娜看來，這隻天竺鼠的來臨，「開創了我們這艘諾亞方舟的新紀元，後來我們就把這段時間稱為『天竺鼠年代』」。

23

一九四三年新年即將到來，安東妮娜依舊臥病在床。三個月來一直關在房裡，缺乏運動，已經耗盡她的體力和精神。通常她總讓房門開著，好加入家裡的活動，不管多遠的動靜，或者氣味和聲音。一月九日，希姆萊來華沙訪察，下令再「重新安置」八千名猶太人，只是現在人人都明白，重新安置意味著死亡。他們非但沒有按照命令排隊等待，而且許多都逃逸躲藏，還有一些埋伏襲擊士兵，在屋頂上橫衝直撞，造成足夠的摩擦，讓重新安置不得不拖延幾個月。教人驚訝的是，電話線路依舊可通，甚至可以通到某些地下碉堡，只是很難想像德軍怎麼會容許這樣的事，除非他們覺得，不論如何禁止，聰明的電工師傅依舊可以架設非法電話，要不就是地下軍自己也有電話工人。

一天，在黎明之前，札賓斯基夫婦醒來，他們聽到的不是像以往那樣狒狒或是金剛鸚鵡的合唱，而是刺耳的電話鈴響，和似乎遠由月亮那端傳來的聲音。住在瀕臨滅亡猶太區那邊的律師朋友莫瑞希．法蘭柯（Maurycy Frenkel）撥電話來，問他能不能「往訪」。雖然札賓斯基夫婦已經有好一陣子沒有他的消息，但至少有一次，姜恩曾到猶太區看過他，而且他們也知道他是瑪格達蕾娜「最親的好友」，因此他們馬上答應了。安東妮娜記錄了接下來瑪格達蕾娜坐立不安的情況：

她的嘴唇發紫，臉色蒼白，原本平常看不見的雀斑都跑了出來。她強健而忙個不停的雙手開始發抖，眼睛裡的光彩也都消失，我們只能由她的臉上看到一個痛苦的念頭：「他能不能逃出來，到這裡來？」

他的確逃了出來，但來到這裡時，卻變成了植物的瘤癤一樣，彎腰駝背，就像來自**那一區**的怪獸─人們有時用意第緒語sitre akhre（那一區）來形容魔鬼所住的世界，在那裡，行屍走肉穿著「遮擋神聖之光的外皮或莢殼」。

猶太區生活不可承受之重，讓他成了癱瘓肢障——他的頭總低垂在彎聳的雙肩之中，下巴垂在胸膛上，呼吸沉重。他的鼻子因凍傷而腫脹，一臉蒼白病容。等他走進自己的新臥房，就像作夢一般，由衣櫥邊拉了一把扶手椅，到室內最幽暗的角落。他弓著背坐在那裡，縮越小，彷彿要讓自己隱形似的。

「你們能讓我待在這裡嗎？」他低聲說：「你們會置身險境……這裡這麼安靜，我不明白……」這是他輕聲呢喃，在低到聽不見之前，僅能擠出的幾句話。

安東妮娜疑惑是否他的神經已經適應了猶太區的喧囂，如今突然轉到這安靜的環境中，無法適應，覺得不安，比在猶太區悲慘的生活更教他焦慮。

莫瑞希．法蘭柯生於利沃夫（Lwów），熱愛古典樂，和許多作曲家與指揮家結為朋友，也常主辦小型的私人音樂會。他年輕時研究法律，後來搬到華沙，邂逅了瑪格達蕾娜．葛羅絲，起先他非常欣賞她的才華，後來成為她的贊助人，結為密友，最後成了情人。戰前她曾帶他來動物園，他很喜歡，也協助札賓斯基夫婦買了幾車水泥，供動物園裝修之用。

莫瑞希很快就適應了在悲慘猶太區對岸、河這邊的生活，而隨著他開始走出角落和陰影，安東妮娜也注意到他的背脊挺直了一點，雖然還未完全直立。他以嘲諷為幽默，但從不大笑出聲，只是臉上掛著一抹微笑，直到眼睛緊瞇，在厚重的鏡片後直眨。安東妮娜覺得他：

沉著、慷慨、親切、溫和。他從不會找人挑釁、惹人討厭，教人不快，因此人家叫他搬到猶太區，他連想都沒想，就乖乖地搬。等他領教了那邊的悲慘情況之後，曾試圖自殺，幸好他用的毒藥放得太久，過期失效了。在那之後，反正他也沒有什麼可損失的了，他才決定冒險逃亡。

因為沒有證件，他哪裡也不能去，因此有很長的一段時間，他在法律上根本不存在。憔悴枯槁地在朋友之間出沒，他已經喪失了許多發言權：律師的、音樂會主持人的、情人的，就算他覺得說話，或甚至協調動作都很困難，也是意料中事。

安東妮娜臥病在床的時刻，莫瑞希一連數小時坐在她床邊，安東妮娜覺得他逐漸恢復精神，以及說話的力氣。他覺得最沉重的，就是因為他置身此地，而為大家帶來的莫大危險。且他常提到一九四一年十月十五日，法蘭克總督所諭令的威脅：凡藏匿猶太人的波蘭人都將處死。其實每一個接受幫助的猶太人，都必須面對這痛苦的折磨，包括躲在動物園長家的十幾人，以及藏匿在動物園其他地點的人；然而莫瑞希對他為札賓斯基家人帶來的負擔，卻尤其煩惱。他告訴安東妮娜，自己危險是一回事，但一想到他讓整個動物園，這麼多條生命的軸心都恐懼不安，這樣的罪惡感教他承受不起。

在安東妮娜的臥室，架子和抽屜都收在隱蔽的白牆裡，床則安置在淺淺的凹處，由那裡凸出來，就像裝上墊子的橋墩一樣。所有的家具都是銀樺材質，這是波蘭常見的樹木，又硬又堅固。這種淡色的木材纖維由平板無花紋，到火燄一般的圖案，偶爾穿插著棕色的瘤結，和曾經啃食活樹新生組織的昆蟲所留下的棕色痕跡。

在臥房南面，高大的窗戶下，有一扇通往陽台的玻璃門；北面則有三扇白門，分別通往走廊、閣樓和**客人**藏身的大壁櫥。壁櫥上用的不是其他門那種把手，而是高高的鑰匙孔，雖然裡面沒有多少空間，但**客人**依舊可以蜷縮在衣物和安東妮娜教人安心的氣味之間。由於壁櫥像魔術師的箱子那樣兩邊都可開，因此不論由哪一邊看來，成堆的衣物都會擋住另一扇門，很適合作安全艙；尤其它靠走廊上那邊的門是由地面一呎處開始，看起來就像淺淺的壁櫥，只要一堆換洗衣服或一張小桌子，就可輕鬆掩藏。

一天，坐在床邊的莫瑞希聽到管家畢莎夏上樓梯的聲音，趕快藏到壁櫥裡，躲在安東妮娜圓點的洋裝之間。等畢莎夏離開時，他靜靜地走了出來坐下，安東妮娜還來不及開口，畢莎夏就又打開了房門。她是因為想到一個忘記問的家務問題，才跑回來的，沒想到卻見到一個陌生人，因此她突然停步，拚命地喘息，慌亂地用手在胸前畫十字。

「所以你還是繼續服用水楊酸，」莫瑞希裝出醫生的口吻對安東妮娜說，他輕輕握住她的手腕，加了一句：「現在我幫你量量脈搏。」後來安東妮娜寫道，她的脈搏怦怦亂跳，根本不費工夫就可以量得到，而他自己的脈搏也在她指尖上劇烈顫動。

畢莎夏觀察他們的表情，發現他們很沉著平靜，不由得困惑地搖頭，咕噥著說自己一定是頭昏或眼花了，一邊揉著太陽穴，一邊搖頭下樓。

安東妮娜把雷斯喚來，告訴他：「幫我把醫生的外套和帽子拿來，讓他由廚房門出去，讓畢莎夏看到他離開。然後叫她去找雞。明白嗎？」

雷斯眨了一下眼睛，想了一會兒，然後綻開微笑：「我會告訴她，今天早上我不小心把一隻雞放出來了，我們得去找。然後醫生就能由花園的門溜進來。這就成了。」

「謝謝你這麼聰明，」安東妮娜說：「現在快去！」

從此以後，莫瑞希只敢在晚上管家走了之後，才出來遊蕩，到樓下活動，彷彿在禁忌的凍原上一樣。每天晚上安東妮娜都會看到他在客廳裡來來回回，緩慢地，虔誠的，他說，這樣他「才不會忘了怎麼走路」。有時他會停下來檢視已經和他交上朋友的天竺鼠，然後再加入其他**客人**，等著狐人的鋼琴演奏會。

一天早上，在拉赫曼尼諾夫的前奏曲之間，狐人把莫瑞希拉到一邊，告訴他：「醫師，我的文書工作不行，而且有些是德文的——這個語言我連說都說不好。我的毛皮生意現在要擴大營業，我很需要一位祕書……說不定你可以幫我？」

莫瑞希曾向安東妮娜坦承，他躲躲藏藏，用自己不熟悉的假名，彷彿是個幽靈。狐人提供的這個工作機會，可以讓他重回現實世界，拿到身分文件，得以四處走動，而最好的是，他可以毛皮農場員工的身分住在動物園長家裡。能夠取得實際的身分可不是小事，自德軍占領之後，華沙到處都要官方的身分證和文件——因此假的工作證、出生證明、護照、註冊卡、配給券和通行證盛行。在莫瑞希的新文件上，他名叫查林斯基（Pawel Zieliński），是狐皮農場的祕書，因此以房客的身分住在動物園長家，這意味著他再也不必躲進樓上的壁櫥裡，這個空間可以挪給其他**客人**用了。光明正大的身分讓他的心理也產生了變化，他睡在樓下餐廳旁放天竺鼠窄室中的沙發上，身旁有他最喜愛的寵物為伴，安東妮娜注意到他整個心情都產生了變化。

莫瑞希告訴安東妮娜，他每天晚上緩緩鋪床準備睡覺時，都感到德軍占領前從沒有過的快樂。光是徐徐折疊起他僅有的一套西裝這樣簡單的動作，都教他欣喜，雖然它的邊緣已經磨損，但把它整整齊齊地放在椅子上，一旁是屬於他自己的書架，裝著由過去時光中搶救出來僅有的幾本書，在他可以不受干擾安歇的房子裡，周遭是像他家人一樣的人們，光是他們的存在，就讓他安心。

猶太區的生活已經破壞了許多人日常的安逸，原本理所當然的隱私、保護，以及每天晚上可以安然躺下輕鬆入睡的信心，全都被消除殆盡。如今莫瑞希在天真無邪天竺鼠的陪伴下，睡在他的書旁，擁有證明他還活在世間的身分文件，而且最美好的是，和他所鍾情的瑪格達蕾娜睡在同一屋頂之下。安東妮娜不禁凝想，他會發現愛並沒有消逝，還有很大的空間可以容納，他的心依舊柔軟，甚至可以感受到「片刻的快樂和歡喜，這是他在猶太區生活中，所喪失的感受」。

一九四三年二月二日，德國第六軍團在史達林格勒投降，這是德國國防軍第一次的大失敗；但僅三周之後，在柏林兵工廠工作的猶太人就被送往奧辛威茲集中營（Auschwitz），三月中，克拉科夫猶太區就被清除殆盡。在此同時，地下軍依舊繼續各種攻擊，自一月一日以來，已經有五一四次，到一月十八日，華沙猶太區開始第一次的武裝反抗。

在這樣驚天動地的大變動之中，越來越多的猶太人來到了動物園長家。他們飽經風霜，「就像遭了船難的靈魂，」安東妮娜寫道。「我們覺得我們的房子並不像在驚濤駭浪中舞動的扁舟，而是像《海底兩萬哩》中尼莫艦長（Captain Nemo）的潛水艇一樣，在深海中潛行，想要找到安全的港口。」在這段期間，戰火正熾，讓所有的人都心驚膽裂：「在我們剛逃過火葬場和煤氣室**客人**的生活中，投下陰影。」他們需要的，不只是藏身之處，「當務之急，是安全避難所確實存在的希望，是戰爭的恐怖終有一天會結束的期待。」而他們就在一棟陌生的房子裡漂流，就連房子的主人，都稱之為方舟。

安東妮娜不喜歡坐困愁城、苟延殘喘的生活方式。姜恩以戰術和欺騙應付戰時生活；而安東妮娜面對眼前的情況雖然提高警覺，卻也盡量維持快樂的心情。因此姜恩和安東妮娜一方面隨時隨地身上都各帶著一顆氰化物毒藥，一方面卻鼓舞大家以幽默感面對生活，時時演奏音樂，保持歡樂的心境。他們盡一切努力，過著苦中作樂，甚至像節慶一般的愉快生活；雖然在擁擠的環境中，不免教人感到喪氣，**客人**也因此發出種種意第緒知名的抱怨語，由「希望你尿出綠蟲！」或「你應該被工地砸死！」這樣的咒罵，到像下面這樣的長篇大論：

你該有一千棟房子
每一棟有一千間房間
每一間房間有一千張床。
每天晚上你該睡在
不同房子，不同房間，

不同的床上。每早起床，
走下不同的樓梯，
坐上不同的車，
有不同的司機駕駛，
他會帶你去看不同的醫生，
——但他也不知道你是什麼毛病！

雖然如此，「我還是得說，我們家的氣氛非常愉快，」安東妮娜在日記中寫道：「有時甚至可以說快樂。」這和城裡即使是最佳藏身處的生活和氣氛，都有天壤之別。比如安東妮娜和姜恩都熟識阿道夫．貝曼，很可能讀過他在一九四三年十一月收到茱迪特．林格本（Judit Ringelblum，伊曼紐．林格本之妻）所寄的信，信中說到一個名叫「克雷西亞」（Krysia）地下避難所的生活：

這裡是一片消沉——是永無止境的牢獄，可怕的絕望。或許你可以告訴我們一點消息，讓我們振奮一點，或許我們可以安排，讓最接近我們的最後一位友人，和我們在一起。

天竺鼠和莫瑞希共處一室，似乎都喜歡有對方為伴。安東妮娜記錄這兩位多快就結為伴侶。「你知道嗎，」莫瑞希有一天說：「我真喜歡這個小動物，我現在的新名字是保羅，那麼牠該叫彼得（Piotr），我們倆就是耶穌的兩門徒了！」

每天晚餐後，莫瑞希就把彼得放出來，在餐桌上光滑的台地上奔跑。天竺鼠由一個盤子跑到另一個盤子，攪起麵包碎屑，最後牠的胖臉頰都拖在地上，這時莫瑞希再一手把牠抱起來，送牠回籠子。彼得對莫瑞希越來越信任，可以坐在他攤開的掌上，在屋內地毯上四處遨遊，兩人形影不離，因此房客都把保羅和彼得稱為「那兩隻天竺鼠」。

24

一九四三年春天，希姆萊想要送希特勒無與倫比的生日禮物，以博得希特勒的歡心，讓他能由諸多寵臣中脫穎而出。經常對著希特勒照片說心事的希姆來一直努力要做希特勒最好、最忠實的僕人，若是能用繩子套住月亮，包裝起來送給希特勒，他一定會這麼做。他曾告訴朋友：「如果希特勒要我殺了母親，我一定會照做，而且還為了他的信任我而感到驕傲。」他的大禮是要在四月十九日希特勒生日前夕，把華沙猶太區裡剩下的猶太人全都清除乾淨，而那天正是猶太人重要節日逾越節的頭一天。

凌晨四時，德軍巡邏和攻擊部隊已經悄悄進入猶太區，逮住幾個正要去工作的猶太人；但這些人設法逃脫魔爪，因此德軍先撤出。到上午七時，黨衛軍指揮官于爾根・施特魯普（Jürgen Stroop）率領三十六名軍官和二千零五十四名士兵重回現場，用坦克車和機關槍殺進猶太區中心，但卻發現猶太人設起防禦工事，以手槍、幾把步槍、一把機關槍和許多「莫洛托夫雞尾酒」，也就是裝了燃燒破布的汽油瓶回擊，教他大吃一驚。這種汽油彈原是一九三六至三九年西班牙內戰時，由蘇聯人支持的共和派人士所發明的燃燒瓶武器。當時餐前雞尾酒正在流行，俄羅斯侵略芬蘭時，芬蘭人就故意諷刺，以蘇聯外長莫洛托夫之名作為燃燒彈之名。猶太人無論是人數或裝備，雖然都處於下風，但卻設法抵擋德軍攻擊，直到夜暮來臨。次日德軍再度出擊，這回帶著火焰噴射器、警犬和毒氣瓦斯，但猶太人依舊頑強抵抗。此後約一千五百個游擊隊員，只要一有機會，就回擊德軍。

希姆萊籌畫的大屠殺生日禮物，演變成長達一個月的圍城，到最後，德軍決定放火燒光一切——建築物、地下避難所、下水道以及裡面所有的人。許多猶太人死在火舌裡，有些人投降，有些則自殺，只有一些人逃了出來，把這慘絕人寰的景況告訴外界。地下報紙刊出呼籲，要篤信基督的波蘭民眾協助逃亡的猶太人尋覓藏身處，而札賓斯基夫婦自然欣然從命。

「就在附近，在牆的另一端，生命如常流瀉，一如昨日，一如平常，」一名倖存者寫道：「人群、首都的民眾，都照常歡度他們的生活，他們白天看到煙霧，夜裡看到火光，猶太區旁的旋轉木馬不停轉動，孩子們繞著圓圈跳舞，好一幅迷人的情景。他們很快樂，來到首都的鄉下少女騎著木馬，眺望猶太區的火燄。」她們捕捉飄浮在眼前的片片灰燼，一邊歡笑，耳裡一邊聽得響亮的歡樂曲調。

最後，在五月十六日，施特魯普少將向希特勒作了一份自豪的報告：「再也沒有華沙猶太區了。」據一九四三年五月十六日的《地下經濟快報》（*Underground Economic Bullrtin*）報導，德軍燒毀了十萬戶公寓、二千間工業廠房、三千家店鋪，還有數十間工廠，而最後德軍只搜到九把步槍、五十九支手槍和幾百枚形形色色的土製炸彈。七千名猶太人當場射殺，二萬二千人被送往特雷布林卡（Treblinka）或馬伊達內克集中營，另外數千人被送往勞動營。德軍只有十六死，八十五傷。

動物園長家裡每一個人都密切注意猶太區起義的消息，安東妮娜記錄道，他們的心情「震驚、激動、茫然、驕傲」。起先他們聽說波蘭和猶太旗幟在猶太區上方飄揚，接著煙硝四起，砲火大作。他們又由身為地下軍高層的友人史蒂芬・柯本斯基（Stefan Korboński）那裡聽說猶太反抗組織和猶太作戰聯盟——總共只有七百名男女——英勇反抗，但「德軍已經除去、殺害、活活燒死成千上萬的猶太人。原本在波蘭的三百萬猶太人，如今只剩不到一〇%。」

接著在這可怕的一天，一場灰色的雨籠罩了整個動物園，這是非常緩慢冗長的煙塵之雨，被西風由河對岸正在焚燒的猶太區帶來。屋裡每一個人都有朋友陷身大難，陷身在滅絕華沙四十五萬猶太人的最後一個階段。

十二月十日，就在宵禁之前，在姜恩再一次安抵家門，畢莎夏也做完工作離去之後，安東妮娜召來全家和**客人**，狐人、瑪格達蕾娜、莫瑞希、汪妲等上桌享用羅宋湯。湯裡因為加了甜菜而呈亮晶晶的紅色，在燭光的映照下，襯著大銀匙，就像紅酒一般。雖然街燈下雪花飄舞意味著酷寒，但那年冬天屋裡有足夠的煤炭，人人都可保溫暖無虞。晚餐後，在廚房裡，雷斯正為瑟瑟的浴盆換水，卻聽見輕輕的敲門聲，他小心翼翼打開房門，接著興奮地跑到餐廳去向父母稟報消息。

「媽，」他說：「黑貂的女兒和她的家人都來了！」

狐人很困惑地把報紙放下來，毛皮農場並沒有養黑貂這種小動物。

「這房子真是瘋狂！」他說：「你們為人取了動物的名字，又把動物取了人的名字！我根本不知道你們說的究竟是人還是動物。這個『黑貂』究竟是誰，還是什麼東西？我不知道這是個名字還是代號，是人還是動物。這教人頭昏腦脹！」

接著他突如其來站起身來，回自己的房間去了。

安東妮娜趕到廚房迎接新的黑貂進屋：雷齊娜．凱尼格斯萬（Regina Kenigswein）、她先生山繆（Samuel）和兩個兒子——五歲的密西歐（Miecio）和三歲的史代西歐（Stefcio）。他們最小的孩子史塔斯（Staś）還不滿一歲，因為怕他的啼哭會惹來旁人的注意，所以送往波頓神父（Boduen）的棄嬰之家去了。雷齊娜也像俗語所說「心上掛著個寶寶」，因為她現在懷了第四個孩子。

一九四二年夏，在德軍開始大量把猶太人撤往集中營，法院的地下道被封死，迷宮似的下水道逃生之路還沒有畫出來之際，山繆曾託一名天主教友人齊格穆·派泰克（Zygmunt Piętak）協助逃生，並在亞利安區找藏身之處。要由猶太區脫逃，通常都要複雜的朋友、熟人等網路，還要靠機會運氣，凱尼格斯萬一家人就是如此。山繆和朋友蘇帕茲·羅索克（Szapse Rotholc）曾擔任猶太區警察，很快就和富有同情心或貪婪成性的德國警衛和波蘭走私販結交，因此山繆一家人就趁著夜黑風高，把安靜的孩子裝在袋中，買通了守衛，爬過猶太區的高牆。起先他們躲在派泰克幫他們租的公寓裡，一直躲到一九四三年末，在這段期間，派泰克是他們與外界唯一的接觸。他經常為他們送食物和必需品來，但後來錢用完了，他們被房東趕了出來，派泰克就來問姜恩能否在地下軍為他們另覓安置之處前，暫時收留這家人。

安東妮娜認識雷齊娜，她是賽博先生（Sobol，音與黑貂相近）的女兒，戰前賽博先生曾為動物園的動物供應水果，是個雙肩佝僂的好好先生，總是穿著同一件褪色的背心，馱著沉重的蔬果菜籃。雖然籃子已經很重，他依舊在口袋裡塞一些額外的點心和禮物，比如給猴子的甜櫻桃，或是送給雷斯的黃蘋果。不過黑貂一家人和札賓斯基夫婦真正的橋樑，是透過賽博先生的兒子，他是猶太區勞工的一分子，有時會由工作地點偷溜到動物園來，札賓斯基夫婦會給他馬鈴薯和其他蔬菜，讓他偷帶回家。有一天，他告訴他們自己被重新分派任務，要在猶太區裡面工作，他懇求安東妮娜想辦法讓他繼續在猶太區外工作，安東妮娜照辦了，她記錄如下：

「或許這個阿比富赫（Arbeitsführer）是個好人，也或許他太震驚。我告訴他，如果沒有賽博帶回猶太區的食物，他們家人可能就會餓死。他用很流利的波蘭話說，我該『更謹慎』。不過不論如何，小賽博獲准繼續在猶太區外工作一個多月，並可把食物偷帶回家。」

札賓斯基夫婦不只從小看著雷齊娜長大，也參加了她的婚禮。姜恩和她的丈夫山繆一起建築地下避難所，山繆是知名的拳手，原本常在華沙的馬卡必和明星俱樂部打拳，而且也是訓練有素的木匠，為柴格塔建造或整修藏身之所。戰爭期間，柴格塔的核心人物建築師艾米利亞．希茲瓦（Emilia Hizowa）發明了按個鍵就可開的假牆，工人把它們安裝在全市各地的平房裡，居民只要小心，不要用家具擋住它們。這計謀效果不錯：黑戶可以順利通過，絲毫不會引人注意。

凱尼格斯萬一家剛來到動物園時，安東妮娜非常心痛他們的困境：「我含著眼淚看著他們。可憐的孩子們，他們滿眼恐懼和悲傷回望著我。」雷齊娜的眼睛尤其讓她難過，因為那是「註定要死亡的年輕母親沉痛的眼睛。」

安東妮娜寫道，她覺得心裡一陣折磨，同情和自私的情緒在交戰，她也為在不危及自己和家人的情況下，只能為他們做的這麼一點而難為情。不過凱尼格斯萬一家要睡在哪裡？他們在獅欄中待了幾天，接著雷齊娜和孩子們經由雉雞園的通道躲進屋子。安東妮娜為山繆找來一件溫暖的羊毛厚大衣和靴子，他趁著天黑之前躲進木製的雉雞園，他們把他鎖在裡面。第二天，趁著管家還沒來之前，雷齊娜悄悄地搬進二樓的一個房間，他們要在那裡待兩個月。安東妮娜稱讚這些孩子們都很乖巧懂事，不吵不鬧，這時才聽說猶太區的祕密學校已經教他們玩過在小空間裡藏身的遊戲，教他們最安靜的移動方法，也教他們如何在幾個動作之內，就靜悄悄地躺下來。

狐場雇用了許多陌生人，不認識的男生有時會不請自來，在廚房逗留，等著要點食物，警察也時常會光臨。不過札賓斯基夫婦不能信任管家，也無法向她解釋為什麼大家的食欲突然大增，因為他們不可能瞞著她由廚房偷食物出來，因此只好捧著盤子，一臉貪婪地向她要第二盤、第三盤、第四盤。身為僕人的她當然不能批評他們飲食習慣怎麼突然改變，但安東妮娜不時聽到她喃喃自語：「簡直不敢相信他們吃這麼多！我從沒見過這樣的事！」趁她不注意，雷斯會偷偷把盤碗送到樓上樓下，一個接著一個。有時姜恩或安東妮娜會告訴他：「記得餵獅子。」或者餵「雉雞」、「孔雀」等等，雷斯就會把食物送去給躲在獸檻裡的**客人**。不過為求保險起見，安東妮娜還是把管家炒了魷魚，由一位名為法蘭西絲卡法蘭西絲卡（Franciszka）的婦女取代。她是姜恩老友的嫂嫂，足堪信任，縱使如此，她對動物園長家三度空間的棋戲生活，也同樣一無所悉。

25

一九四三年

姜恩由老戰友菲利克斯・辛溫斯基（Feliks Cywiński）那裡，為凱尼格斯萬張羅到了新住處。辛溫斯基原是職業軍人，後來當了工程師，他在一戰時曾和姜恩並肩作戰，現在則和他一起在地下軍工作。辛溫斯基已婚，有兩個孩子，他在薩皮辛斯卡街（Spaieżyński）十九至二十一號的公寓、他姊姊、父母的房子，以及朋友開的一家室內裝潢店（暫時關閉整修）裡，藏了許許多多的人。他曾收容了十七人，為只吃符合猶太教義食物的信徒提供不同的菜色，並運送藥品，必要時也帶地下軍醫生前來。一九四〇年代祕密成立的「民主暨社會醫師協調委員會」共有五十名醫師成員，照料生病或受傷的人，也出版月刊，揭穿納粹關於種族淨化和疾病的政治宣傳真相。辛溫斯基每月會把躲在他那裡的猶太人移往動物園或其他安全的處所，邀請鄰居朋友到家裡來，證明他沒有藏匿什麼。等錢用完了，他就賣掉房子，把售屋所得又租了四間房子，用來藏匿猶太人之用。他的房客就像凱尼格斯萬一家人一樣，常來自動物園，只待一兩天，等文件備齊，找到新居處之後，就離開。

如何讓凱尼格斯萬一家人逃出動物園，成了安東妮娜和姜恩的新問題。該怎麼才能遷移這麼多人，而不惹人注意？安東妮娜決定要把他們的黑髮染成金色，因為許多德國人和波蘭人都認為金髮來自北歐血統，而猶太人則多是深色頭髮。即使笑話開始流傳，說希特勒的鬍髭和深色頭髮不像亞利安人，大家依舊抱著謬誤的觀念。由當時的照片和姜恩的說法，可以得知安東妮娜先把自己的棕髮染白，不過她只是讓顏色變淺了一點，而沒有徹底把它由淡褐變為檸檬黃。她藉此去請教一位理髮師朋友，朋友給了她好幾瓶過氧化氫和一張配方。她需要這張配方，因為就如伊曼紐．林格本所強調的：「其實，金髮女郎比棕髮更啟人疑竇。」

一天，她領著凱尼格斯萬一家人到樓上的浴室裡，把門上了鎖，並派雷斯在外頭把風。然後用棉花球泡在稀釋的過氧化氫裡，一個頭挨一個地抹，結果弄得大家頭皮紅腫燙傷，手指頭也起了水泡；但他們的頭髮還是一絲金黃也沒有，即使再怎麼加腐蝕性的染劑也沒用。等她最後把門打開，受害者一頭紅通通地現身。

「媽，你把他們怎麼了？」雷斯驚駭地喊道：「他們看起來就像松鼠一樣！」從那天起，「松鼠」就成了凱尼格斯萬一家人的代號。

夜裡，姜恩護送凱尼格斯萬一家人穿過地下的通道，來到雉雞園，再到鬧區菲利克斯位於薩皮辛斯卡街的家。在那裡，如果發生危險，難民可以由浴室中偽裝的開口爬進地下避難所，躲在浴缸的凹槽。菲利克斯不知雷齊娜懷孕，一直到她開始陣痛，即將臨盆，但那時已經過了宵禁時間，沒辦法請醫師，接生的工作只好落到他頭上。他在戰後的訪問中說：「這是我畢生最快樂的一刻，小寶寶就這麼誕生在我手上。這是華沙猶太區最後的毀滅關頭，城裡氣氛非常緊張，恐怖已經達到極致。德國憲兵和敲詐勒索者無所不在，到處搜索，尋找逃匿的猶太人。」菲利克斯一直照顧他們到一九四四年華沙起義之時，那時，身為一戰老兵的山繆・凱尼格斯萬也成立了自己的大隊。

在華沙其他地方，救援者也以各種化妝技巧來為猶太人改裝，有些美容沙龍特別擅長易容化妝，比如瑪達・華特醫師（Mada Walter）和先生就在馬瑟柯斯卡街（Marszaikowska）開了一家美容院，由華特太太教猶太婦女如何打扮得像亞利安人，而不惹人注意。

「我看到十多位半裸的女士，」波蘭作家，也是柴格塔成員華迪斯洛・史摩斯基（Wladyslaw Smólski）在戰後作證說，「有的坐在各種各樣的燈下，臉上敷著乳霜，進行各種神祕的美容療法。華特太太一來，她們全都圍上前去，把椅子拉到她身邊，坐下，打開書本，接著開始問答講解！」

雖然這些婦女生的是猶太人的面貌，但脖子上卻各自掛著十字架或基督教聖像。華特太太教她們怎麼念重要的基督禱詞，在教會或儀式活動中如何不受人矚目。她們學會烹煮和上豬肉菜餚的方式、如何準備傳統波蘭菜，以及如何點私釀伏特加酒bimber。通常警察在街上攔住疑似猶太人時，若是男人，就檢查他是否割了包皮，而女人則得背誦主禱文和聖母經。

即使最微小的細節，都可能洩露他們的身分，因此華特太太經營的是一種魅力學堂，研究的是不被人察覺的魅力，需要的是合宜的化妝、低調的姿態和波蘭民眾的習慣，這意味著要戒除所有猶太人說話的習慣，比如問「你住哪條街？」而不是「你住哪一區？」他們特別對日常生活的習慣提高警覺，比如怎麼走路、如何打手勢、在公眾場合的言行舉止——提醒男人在教堂要脫帽（在猶太教廟堂，信徒通常都戴著帽子不必脫下），人人都要記得慶祝自己和親朋好友的主保聖人日。

她們的頭髮梳成亞利安婦女的型式，乾淨俐落地挽起，露出額頭。任何劉海、鬈曲，都會教人疑心，黑髮得漂白，讓髮色黯淡，但又不能淡到不真實的地步。至於服飾的顏色，華特太太的建議是：「避免紅、黃、綠，或甚至黑色，最好的顏色是灰色，或者是幾種不顯眼的顏色混在一起。必須避免現在流行的眼鏡型式，因為那會凸顯你們猶太鼻子的特色。」有些太明顯的猶太鼻則需要「美容手術」，幸好她和波蘭醫師合作（比如知名的安卓西・特洛揚諾斯基（Andrzej Trojanowski）及其同僚），為猶太人的鼻子整型，並且重塑包皮—這種祕密手術雖然頗有爭議，但卻有古老的傳統。

在歷史上，羅馬人稱為重塑包皮的手術拯救了許多猶太人，聖經上記載這種手術始自西元前一六八年，在塞琉西國王安條克四世（Antiochus IV）推廣希臘化，盛行於希臘羅馬裸身運動和公共沐浴之時。當時想要隱藏自己猶太血統的人只有兩個選擇：不是避開裸身的情境，就是用一種名叫Pondus Judaeus的特製砝碼，拉長包皮，直到它覆蓋龜頭為止。在拉長的過程中，會造成皮膚細胞小小的裂傷，而當新細胞形成，覆蓋龜裂處時，包皮就可拉長。這當然需要一段時間，會造成疼痛，即使當時的衣著寬鬆，依舊不好隱藏。二戰期間，猶太人可用手術達到同樣效果，不過不用說，納粹的醫學文獻當然不會詳載這樣的手術步驟。

在地下生活的祕密交際圈中，姜恩當然認識華特夫婦；安東妮娜的染髮劑和配方可能就是由他們的美容院拿來的。華特太太和她年邁的丈夫曾同時在房中藏匿五名猶太人，並且在戰爭期間，在美容院中為「綿延不絕」的人們提供「美容」課程。後來，華特太太寫道：「我們戰時小窩的住客湊巧沒有一位被逮，造成迷信的傳說，使『客人』更加絡繹不絕。」她解釋，她的行為其實只是很單純地出於同情：「看到他們受苦，讓我不忍，這種心理就像魔法一樣，消除了朋友和陌生人之間一切的藩籬。」

26

春的腳步越來越近，大自然在季節變換之間猶豫，冰雪已融，白天裡可以看到淺淺的花園植物正在抽長，但一入夜，大地卻又遭冰封，月光映照在走道上，形成銀色的溜冰小徑。冬眠的動物依舊蜷縮地下，懸而不決地等待著春光。動物園長家裡的住客和動物感覺到逐漸變長的白晝，在清風捲進室內時，帶來由鮮土壤升起的甜美苔蘚氣息。樹梢淡粉色的外衣，承諾一波波蓓蕾即將綻放，這是春天加快步調趕來的跡象，及時趕上時間，而動物世界也為追求和交配、決鬥和舞蹈、哺育和翻掘、化妝和褪毛的喜慶歡鬧，作好了萬全的準備。一言以蔽之，生命的起伏波動，如今又重回人間。

然而春天卻掠過戰爭所挖鑿出的這塊小小空間。對習慣大自然四時變幻的人，尤其是農民或飼育動物的人而言，戰爭把歲月拖在鐵絲網上，迫使他們只能按照日曆上的時序生活，而不是依照實際的光陰，小麥、狼和水獺生活的時光。

安東妮娜被困在墊得厚厚的牢裡，只能偶爾起來忍著疼痛蹣跚地走幾步到陽台上，在那裡她可以有寬闊的視野，甚至可以聽到維斯杜拉河上冰層破裂的聲音，這是象徵冬日已盡的定音鼓。臥病在床讓世界也放緩了步調，讓她有時間得以翻閱記憶，讓某些事物得到新的角度，其他事物則超越她能及的範圍，或者避開她的視線。雷斯雖有更多時間不受她監管，但她卻發現他「更能幹更穩健，遠非同齡的孩子所能及。」

以協助地下軍為己任的少年團中較年長的孩子，開始突如其來地出現，安東妮娜和雷斯都不知道在什麼時候會有哪些人來，雖然地下軍會通知姜恩，但每當他們像浮雲一般飄來，或者突然消失時，他總不在家裡，而在外工作。他們通常在雉雞園裡待一兩夜，然後又融入華沙的濃蔭矮樹之間，其中蓋世太保最想捉拿的男孩茲比斯克，則逗留了數週。幫他們送飯的重任，就落在家中最不顯眼的住客雷斯的頭上。

安東妮娜和姜恩從來不在雷斯的面前談這些童子軍的作為，即使其中有些就像奇珍異獸一樣，只有驚鴻一瞥，接著就神祕地消失，向來好奇的雷斯卻似乎並不在意，這教她困惑。想來他是自己設想了一些故事？她不知道他是怎麼想的，因此問他對這些年輕訪客有什麼想法，比如他覺得齊比塞克怎麼樣？

「哦，媽，」雷斯以孩子專門留給無知父母那種受不了的口氣說：「我什麼都知道！男人當然能懂這些東西。我從沒問你任何問題，因為我知道你和茲比斯克有些不想告訴我的祕密，但我不在乎茲比斯克！我現在也有自己的朋友，不論如何，如果你真的想知道我對茲比斯克有什麼想法——那我覺得他是個傻瓜！」他邊說邊走出了房間。

安東妮娜對於他的嫉妒倒並不驚訝，這很正常，但她覺得雷斯最近變得神祕兮兮，而且不像以往那麼多話。她知道一定是有事吸引了他的注意力，只是不知道是什麼。唯一的可能是他的新朋友傑西克．托波（Jerzyk Topo），剛搬進動物園員工公寓木匠一家人的兒子。安東妮娜覺得傑西克懂事有禮，他比雷斯大幾歲，手工靈巧，正在學習他爸爸的本事。雷斯很欣賞他的木工手藝，兩人都喜歡做東西，既然住得近，自然天天玩在一起。安東妮娜由二樓的瞭望台看下來，有時會看到他們在建造奇形怪狀的東西，而且一直不停地說話，看到他找到新玩伴，教她鬆了口氣。

接著有一天，孩子們上學之後，傑西克的媽媽出現在安東妮娜家門口，焦慮地問她能否私下談談。安東妮娜引她進她的房間，關上房門。根據安東妮娜的記錄，托波太太接下來這麼說：「孩子們不知道我來找你，不要告訴他們！我不知該由哪裡說起……」

安東妮娜開始擔心——她兒子幹了什麼好事？

接著托波太太脫口而出：「我偷聽他們——我確定他們沒看到我。我知道偷聽很要不得，但一旦有了風吹草動，我怎麼能忍得住？我非得知道他們要做什麼不可。因此我靜靜地聽，結果大吃一驚！真不知該喜還是該悲。他們走了以後，我不知該怎麼辦，最後我想最好還是來和你談談，或許我們可以一起想些辦法！」

安東妮娜心頭一驚。托波太太會不會對孩子們的惡作劇反應過度？她一邊抱著這樣的期望，一邊說：「你兒子是好孩子，我相信他不會做教你傷心的事。雷斯又還這麼小……我可以把他看緊一點……不過我們的兒子究竟做了什麼？」

「他們目前還沒有做什麼，但正打算做件驚天動地的大事。」

安東妮娜寫道：「我的心沉到腳底。」托波太太解釋，她聽到孩子們發誓要趕跑德國人，認為這是他們愛國的責任。他們要先把炸彈藏在動物園圍牆邊武器倉庫的乾草堆裡。

「我還在傑西克的床底下找到你們家的毛巾，上面用紅色的大字寫著『希特勒完蛋了！』他們要把這條毛巾掛在動物園的大門上方，因為隨時都有德國人來來去去，一定會看得到！我們該怎麼辦？或許你先生能和他們談談，告訴他們現在打仗還太小，而且若他們的計畫真的實現，那麼我們全都會置身險境……你覺得我們該怎麼做？」

安東妮娜靜靜聽著，先是想搞清楚她的意思，接著分析這教她煩惱的消息，她覺得它既崇高卻又愚蠢。她想雷斯可能是偷聽了童子軍的計畫，因此策畫了這樣的行為，因為童子軍也在進行類似的破壞行動。如今不讓人們注意到動物園的喧鬧，就像抱著炸藥同眠一樣，已經成了巧妙的藝術，如果孩子們這樣掛起紅旗招搖，一定會毀了一切。

她也疑惑自己怎麼沒有發現雷斯的這個計謀，她誤判了他理解成人世界的能力，以為可以信任他絕對的保密，可以相信他完全的成熟。她對他和自己的憤怒很快就化為悲傷，因為她明白：

非但不能讚美他的勇敢和自動自發，告訴他我多麼為他驕傲，反而得懲罰他，告訴他爸爸說他偷了爆裂物，甚至讓他在朋友面前難堪。我知道姜恩一定會氣壞了。

「好，」她對托波太太說：「我會請姜恩和孩子們談談，而且我們最好把毛巾燒了。」

當晚，她無意間聽到那兩個男人，父與子，以非常正式的軍事化方式低聲談話：

「我希望你明白，我沒有把你當孩子看，而是當成軍人，」姜恩說，他知道兒子希望被當成大人看待：「我是這棟房子的長官，是你的領導人，在軍隊裡，你一定只能按我下的命令來行動，不能自作主張。如果你想要繼續和我保持這樣的關係，就得發誓不能在我不知情的情況下做任何事。你和傑西克的計畫就算是無法無天的任性舉動，應該為此而受懲罰——就像在軍隊裡一樣。」

但扮演軍隊領袖的爸爸該對扮演士兵角色的小童給什麼樣的懲罰？在孩子眼中，危險往往有不一樣的定義，他們也不可能看出某件事深遠的意義，而懲罰唯有在雙方都覺得公平時，才會有效力，公平是童年時期的金科玉律。

因此他說：「或許你可以建議我該怎麼懲罰你？」

雷斯認真地考慮了一下，最後提議：「……你可以打我的屁股。」

姜恩應該照辦了。因為安東妮娜在日記上的記載寫道：「於是，就用這個簡單的方法，我們家的地下軍不復存在。」

27

一九四三年春，安東妮娜終於能起身了，和冬眠的土撥鼠、蝙蝠、刺蝟、臭鼬和睡鼠同步甦醒。戰前她總愛春日時光喧鬧的動物園，各種來來去去的叫聲吵嚷，還有讚美上帝的歡呼頌歌，尤其是在夜裡，在靜靜的城裡，野生動物的喧鬧一如自動唱機一般由動物園傳出，動物的時間和城市的時間相碰撞，創造出特異的韻律，她非但欣賞喜愛，而且時常著墨，就像她在有關山貓的童書《雷斯》（*Rysie*）中所描繪的綺想：

春夜以深色的大衣包覆了華沙，光輝明亮的路牌反光與高采烈地散射在漆黑的街道上，唯有夜歸的車聲劃破沉睡城市的寧靜——在維斯杜拉河的右岸，古老的柳樹和白楊之間，傳來曠野祕密的聲響和叢林刺耳的喧鬧。狼、鬣狗、土狼、豺和澳洲野犬組成的舞曲樂團傳來歌聲，睡獅醒來的呼喚教鄰近的猴群滿心驚駭。驚弓之鳥在池中害怕地呼喊，而托菲和杜發兩隻山貓寶寶則在籠裡低吟思鄉的小夜曲。牠們尖銳而扣人心弦的喵叫聲，凌駕在動物園其他的聲音之上。在世界還未觸探的遙遠角落，我們想到大自然母親的統轄治理，她尚未述說的祕密還待我們發掘，而我們也與天地間的夥伴——動物同住。

空氣中還滲著寒氣，在安東妮娜的肌肉還因很少使用而虛弱之際，她包在羊毛內衣、厚重毛衣和溫暖長襪交織的繭裡，拄著枴杖在屋裡蹣跚而行，試著學習如何重新走路。她的膝蓋發抖，物品也老是由指尖滑落。經過這麼多歲月，她又重回幼兒學步時期，覺得自己被瑪格達蕾娜和其他人縱容，大家像照顧生病的小女孩一般，為她忙個不停，但她也責備自己，覺得自己「因沒用而羞愧」。

三個月來，其他人為她做了她的工作，侍候她，照料她，即使到現在，她雖急著想回到家裡的工作崗位，依舊沒辦法應付雜務。「我這算什麼女人？」她責備自己。每當她這話被人聽到，瑪格達蕾娜、努妮亞，或莫瑞希就會回答她：

「別再說了！我們純是為了自私才幫你的，沒有你，我們還能做什麼？你唯一的工作就是要趕快強壯起來。還要下命令給我們！我們已經好久沒看到你的活力、機智，還有你那無厘頭的行為。再逗我們開心起來！」

這時安東妮娜忍不住笑起來，心情也隨之開朗，她緩緩為這瘋狂之家的機械裝置上發條，彷彿那是古董時鐘似的。她寫道，他們總無時不刻在關注她，小題大作，「不讓我勞累、冷到、餓到或擔心」，而她為了回報，總是感謝他們「從沒有人像這樣寵壞了我」，這是她最接近描述自己孤兒身分的文字，勾勒雖不在人世卻總在她心中的父母。她的父母已經隨風而逝，是在她九歲時難以言語形容的傷痛，他們在布爾什維克黨人手中的終局，難以讓身為兒童的她想像。他們或許縈繞在她的記憶之中，但她從未在備忘錄裡提到他們。

安東妮娜的朋友把她包裹起來，鼓勵她休養生息，他們緊緊地圍繞在她身邊，讓她重新茁壯，有時甚至「忘卻了自己例行該做的家務」，以及她「一再期待戰爭趕快結束的渴望。」

姜恩依舊早早出門，只趕在宵禁之前回家，住在他家裡的房客雖然從沒有看到他在工作時的樣子，但卻發現他在家裡暴躁易怒，焦慮不安。為了要確保他們的生活平安無虞，因此他一再地檢查生活中的各種儀節和規律，這是教他倍受壓力的責任，因為即使是最小的混亂、疏忽，或是一時的衝動，都可能會讓他們曝光，難怪他因為這樣的緊張而顯得苛刻嚴格，以對「士兵」的口氣對他們說話，把安東妮娜當成他的「副手」。姜恩統率全家，「客人」不能不聽他的話，但家裡的氣氛開始不對勁，因為姜恩就像喜怒無常的獨裁者一樣，不顧安東妮娜想取悅他的種種努力，對她大吼大叫，讓日常生活緊張萬分。她在日記中寫道：

「他時時都保持警覺，一肩承擔起所有的責任，保護我們不受壞消息的影響，努力地檢查一切。有時他對我們說話，就好像我們是他的士兵一樣……他很冷淡，尤其對我的要求比對其他人更多……家裡愉快的氣氛已經消失了。」

她繼續說，她所做的一切似乎都不夠好，都不能讓他滿意驕傲，而老是讓他失望，也使她覺得痛苦，最後她忠實的**客人**因為氣憤，都不肯再和姜恩說話，甚至也不肯接觸他的眼神——他們恨他對待她的態度，卻又不願和他衝突，因此故意對他視而不見。姜恩為他們沉默的抗議而不快，抱怨在這間屋子裡不容許這種公民抗命（civil disobedience），而且他們為什麼責怪他，排斥他？

「喂，各位！我只不過批評了普妮亞（Punia，小野貓之意）一下，你們就抵制我。這不合理！難道我在這家裡沒有發言權嗎？普妮亞未必都是對的！」

「你成天不在家，」莫瑞希輕聲地說：「我知道你在外面的生活也充滿了各種危險和陷阱，但那也使生活很有趣。東娜可不同。」他用的是安東妮娜的另一個暱稱，「她教我想到永遠在戰場上保持警戒的士兵，她得隨時戒備。你怎麼不體貼這點，只為了她偶爾有一點漫不經心，就責備她？」

三月的一天下午，管家由廚房裡大喊起來：「老天爺呀！失火了！失火了！」安東妮娜探頭向外望，看到一朵巨大的蕈雲和火舌，由德軍的武器倉庫冒出來，一陣強風把火苗吹向屋頂，就像在營房屋頂上澆了蜂蜜一樣。安東妮娜抓起她的毛皮大衣狂奔出去，檢視動物園的建築和狐場，那兩個地方都離火苗很近，只要一陣風吹去就會遭到席捲。

一名德軍火速騎腳踏車趕到她家門口，跳下車來憤怒地說：

「是你放的火！誰住這裡？」

安東妮娜看著他嚴厲的表情，綻開微笑：「你不知道？」她親切地說：「老華沙動物園的園長住在這裡，我是他太太，我們不可能這樣胡鬧，在這裡放火。」

怒火碰上笑臉，總會融化。因此這名士兵平靜下來。

「好吧，但那邊那些房子—」

「是的，我們的老員工住了兩間小公寓，他們是我認識也信任的好人，我可以確定絕不是他們幹的。他們為什麼要冒生命危險去燒沒用的乾草堆？」

「嗯，但不可能無緣無故起火，」他說：「不是閃電。一定是有人放火！」

安東妮娜一臉無辜地看著他：「你不知道？我幾乎可以確定是誰放的火。」她說。

一臉驚訝的德軍等著她解謎團。安東妮娜繼續用友善輕鬆的語氣向他說話，很少用到的德文生字由記憶的深井中浮現：「你們的士兵老是帶女朋友到那裡去，天氣很冷，坐在乾草堆裡很溫暖，很有可能是今天又有人去了，抽了菸，留下菸蒂……接下來你都看到了。」雖然她的德文很破，他卻聽得十分明白，開始哈哈大笑。

他們倆轉頭朝屋裡去，開始談其他的話題。

「動物園的動物呢？」他問：「你們不是有舉世第十二隻在人工養殖的環境下繁殖出來的小象嗎？牠在哪裡？」

安東妮娜向他說明，杜辛卡撐過了戰爭初期的轟炸，路茲．海克已經把牠和其他動物一起送往哥尼斯堡動物園了。他們一起走到門廊時，兩名德國警察騎著附有邊座的摩托車趕到，她的同伴就把火災的來龍去脈告訴他們，三個人粗聲大笑起來，接著大家一起進屋去寫報告。

等他們離開不久，電話鈴就響了。她聽到嚴厲的德國口音說：「這裡是蓋世太保，」接下來一串連珠砲，她根本聽不懂，但她抓到「火？」這個字，還有「和我說話的是誰？」

「乾草堆著火了，」她盡量講得清楚明白：「有房子被燒了，消防車來了，現在沒事了。德國警察已經來過，寫了報告。」

「你說他們已經調查了？現在沒事了？好，Danke schon（謝謝）。」

她的手抖得厲害，簡直沒辦法把電話聽筒掛回原處，剛才這一小時所發生的一切全都湧上心頭，她在腦海裡重新把它演練了一遍，確定她做的說的一切都沒有問題。如今危險已過，客人紛紛由藏身之處走了出來，擁抱她，讚美她的勇敢。在日記裡，她也記載道，她「等不及要告訴姜恩」。

晚餐時，姜恩聽了整件事的來龍去脈，但他並沒有如她期望地肯定她，反而凝神不語，陷入沉思。

「我們都知道我們的普妮亞是神童，」他說：「但我很驚訝大家為這件事這麼興奮。她的表現正是我期待她的模樣，讓我由心理學的角度來解釋我的意思。」

「你們已經由我們關於戰前動物園的故事得知，每當我有什麼關於動物的棘手問題時，不管是牠生病，或難養，或者野性難馴，就把牠交給普妮亞，而且這樣做的確明智，因為沒有人面對動物，能像她這樣，處理得那麼好。我為什麼要把這告訴你們？這不是要為她作廣告，也不是要證明她有多棒，或者我多愛她，或者讓她覺得高興。我們大家知道，普妮亞從小就和許多動物一起生活，因此很瞭解牠們。」

「她可以讀牠們的心，就彷彿和牠們心意相通一樣。她輕而易舉就可以知道她的動物朋友有什麼煩惱，也許是因為她把牠們當人看一樣。但你們已經看到她的作法，她可以在轉瞬間，就拋卻她身為人的本性，把自己變成豹、獾，或麝香鼠。」

「我是成天在動物圈裡打轉的藝術家，」瑪格達蕾娜說：「對這些事很有眼光。我常說她是頭年輕的母獅。」

姜恩接著又說：「她有非常精準而特殊的天賦，能夠觀察並瞭解動物的天賦，非常罕見，對未受訓練的女性自然學者而言，當然非常特別，非常獨特，是第六感。」

安東妮娜滿懷驕傲地聆聽丈夫驚人的演說，如此少有滔滔不絕的讚美，因此他才說完，她就趕緊逐字逐句地把他的言詞一一記在日記上，還加上：「他談到我的才能，在別人面前讚美我。以前從來沒有過！……他是認真的嗎?!他總說我『傻』，我都把傻當成我的第二個名字了。」

「我這樣說，」姜恩說，「是要解釋動物在不同的情況下如何作反應。我們知道野生動物有多麼小心謹慎，在牠們的本能告訴牠們要防禦自己時，是多麼容易受到驚嚇。在牠們感覺有陌生人闖進牠們的領土時，就會為了保護自己而變得很有侵略性。但在有普妮亞的情況下，牠們就像喪失了這樣的本能一樣，讓她既不怕兩隻腳、也不怕四隻腳的動物，更不會傳達恐懼。這樣的組合或許能說服她周遭的人或動物停止攻擊。尤其是動物，因為牠們比人類更擅長心靈感應，可以讀對方的腦波。」

「我們的普妮亞對她的動物會放射一種平靜而友善的興趣……就像針對牠們恐懼而產生

的閃電棒一樣，吸收它，中和它。經由她撫慰的聲音，溫柔的動作，她迎向牠們的安全的方式，對她保護牠們的方式，灌輸了一種信賴，治療牠們、滋養牠們，以此類推。」

「你們瞭解我想要說什麼——普妮亞能夠放出平靜和瞭解的波。人對這方面的訊號，不像其他動物那般敏感，但人人多多少少都可接收這些隱形的波，端看他們的神經系統有多麼敏感。我認為有些人更能捕捉這方面的訊號，而且我也不覺得這和智力有什麼關聯。或許更原始的生物更能敏銳地知覺。如果我們要用科學的術語，那麼我們可以問：普妮亞是哪一種心靈傳送器，她傳送的又是哪一種訊息？」

姜恩似乎是受到腓德烈克．馬比（Friedrich Bernhard Marby）的影響，他是神祕主義者、天文學者，也是反納粹人士。他把北歐神祕記號的傳統和當時科學的原則結合在一起：

人是宇宙波和宇宙線敏感的接受器和發報器，這種波和射線充塞在整個宇宙之中，其特殊的本質和效果仰賴行星的影響、地球的磁力，和大地的實體形式。

如果姜恩如今還在世上，就會知道腦中鏡像神經元（自己做動作跟其他人在觀看其他人的動作時都會有反應的神經元）所扮演的角色。這是位於運動前皮質的特殊神經元，在人伸手拿石頭、向前站、轉身、開始微笑之前發射。奇特的是，不論我們做某事，或者看到別人做同樣的事，都會發射同樣的神經元，而且喚起類似的感覺。由我們自己的不幸學習，不如由別人的災難中學習那樣安全，這讓我們得以解讀意圖的世界，讓我們的社會得以迴轉。大腦會發展出聰明的方法，偵查或竊聽危險，迅速地衡量其他人的快樂或痛苦，把它們當成詳細的官能，而不訴諸言語。我們看到別人的經歷，感同身受，把他們的體驗當成自己的。

「這很有趣，」姜恩繼續說：「她不是小孩，也不笨，但她和其他人的關係總是非常天真；她相信人人都很誠實親切。普妮亞知道她周遭也有壞人，她大老遠就可以看出他們。但她並不覺得他們會傷害她。」

「另一件對普妮亞有利的事是，她觀察周遭且注意每一個小細節的方式。她看到德國士兵在乾草堆和女孩約會，也知道德國人粗野的幽默感，在這個特殊的情況下，把它發揮得很好。她不在乎自己的德文不好，因為她的聲音和語調美妙悅耳，撫慰人心。她的本能和直覺告訴她該怎麼做，而且當然，她的外表就是她的王牌。她又高又瘦，又是金髮——是德國女性的理想身材，北歐型。我相信這有很大的加分作用。」

「但如果你們想知道我對這齣悲喜劇結果的想法，那麼我想德國人應該覺得普妮亞對大火燒掉他們房子的解釋非常方便，讓他們有藉口不必調查一直在上演的偷竊事件。大火是遮蓋犯罪的方便藉口。若他們真的想要懲罰某人，普妮亞絕不可能這麼輕鬆過關。」

「我不想批評你們的女英雄——普妮亞做得好。她很聰明，我也很高興自己能信任她，但我喜歡由比較憤世嫉俗的觀點來看事情。」

他的這番話，讓她原本近乎夢魘的感受變得沒那麼重要了。她的反應冷靜且慎重，或許恰如他所料。她雖才華洋溢，無所不能，但卻尊重姜恩，對他言聽計從，總覺得自己做得不夠好，一直努力達到他的期望，獲得他的認可。有時雷斯也會有樣學樣，對著她咆哮說，身為男性，就連他也比愚笨膚淺的女性更懂事。不過由安東妮娜的日記裡，可以看出其實姜恩、雷斯和**客人**全都深愛著她，而且她和她先生兩人是非常好的互補。她覺得他對任何人都很嚴格，尤其是對他自己，她也同意他所說的，所有的動物都能以非常細微的方式互相溝通。在姜恩關於她改變動物心靈的迷你演說之後，她輾轉反側。在她朋友面前如此讚美她！簡直像波蘭的冬陽一樣難得。

「姜恩說得對，德國士兵對我精神感應波的反應，就和動物園的動物一樣。」安東妮娜在日記中省思道。過去有許多神祕的事件，讓她覺得自己可以和動物架起隱形的橋樑，讓牠們聆聽她的要求，控制牠們的恐懼，信任她。據安東妮娜的說法，她第一次有這樣的經驗，是在她小時候整天在馬　裡和抬頭挺胸趾高氣揚的純種馬相處之時，不過就她記憶所及，動物在她身邊，總是很平穩鎮靜。或許她這種特別的同理心和警覺性，正是某些人天生傳承的敏感，是源自童年經驗的影響，尤其在安東妮娜的例子裡，無法安全依賴父母的孩子有時會和大自然本身建立起堅強的關係。

那天晚上，她躺在床上思索人類和其他動物之間那層薄紗，那道薄弱的邊界，人們把它當成「萬里長城」，但她卻只見它微微發光，幾乎看不清。「否則，為什麼我們把動物變得有人性化，卻又把人類動物化？」

一連幾個小時，安東妮娜躺著思索人和動物，以及和其他科學相比，動物心理學的發展多麼稀少。「我們依舊閉著眼睛 在心理學之謎的迷宮中摸索，」她想道，「但誰知道呢，也許有一天，我們會發現動物行為的祕密，也許有一天，我們會掌握自己陰暗的本能。」

而在此同時，安東妮娜和姜恩也一直進行著他們非正式的研究，和哺乳類、爬蟲類、昆蟲、鳥類和形形色色的人們共處。她問自己，為什麼「動物只要在幾個月之內，就能壓抑自己掠奪的本能，而人類，即使經過多少世紀的改進，卻依舊能在轉瞬之間，就比任何野獸更野蠻？」

28 一九四三年

隨著戰時平安的消長起落，即使一句不經意衝口而出的言語，都可能帶來天崩地裂的麻煩。安東妮娜和姜恩聽到傳聞，說他們動物園的波蘭警衛看到瑪格達蕾娜，把這位知名雕刻家藏在他們家的事傳了出去。雖然安東妮娜判斷這位警衛「人很正派，甚至可以說很好心——畢竟他並沒有向蓋世太保告密」，但她還是擔心，只要向錯誤的對象洩漏任何一個字，一切就都會毀於一旦。「蓋世太保是否已經知曉？」她問自己，「末日會不會迫在眉睫了？」

在華沙，大大小小的敲詐勒索早就使得人心惶惶。一方面因為戰前黑市盛行，一方面也因為大家習慣用小費和賄賂打點一切，因此華沙很快就變成擠滿各種獵人與獵物的城市，包括樂於助人且可以買通的，或是粗魯無文、難以買通的，構成嚴重社會問題的罪犯分子，投機的居民，因恐懼而綁手束腳的人們、納粹的支持者，和像戲耍火炬一般操弄自己及其他人生命的冒險人士。因此眼前最明智的作法，是把**客人**藏到別處去。戰前曾和姜恩一起教書的戴維索瓦太太（Dewitzowa）收容了瑪格達蕾娜和莫瑞希，讓他們到她郊區的家藏身，但只隔了幾周，她心生恐懼，又把他們送回來，說已經有陌生人起疑，開始監視她的房子。安東妮娜並不很確定這是真是假：「難道郊區比華沙還危險？」她疑惑。或許如此，不過她懷疑有比這更微妙的影響，也就是人們在恐懼和不確定時，求生存的作法。

林格本寫到許多人在逃到亞利安區之後，所感受到的「恐懼精神變態」：

> 真正的危險，在於想像中的險境，街坊鄰居、門房、管理員，或陌生人的窺探。因為猶太人四處張望，觀看有沒有人在觀察他，結果他臉上緊張的神情，身為獵物的恐懼表現，到處探查危險的模樣，反而洩露了他的形跡。

即使安東妮娜在其他人的眼中表現十分沉著，但她的文章依舊流露出滿懷憂懼的女性心事。她知道自己在別人心中的印象，知道她是全家的重心，也堅持家裡「溫暖、友善、幾乎可說是有益健康的氣氛」可以塑造安全的假象。沒錯，這個家為「客人」提供寬敞的環境，他們不必蜷縮在牆後，或者擠在潮濕的地底下，但當納粹更進一步勒緊韁繩，轉移對方注意力和詐死的遊戲，就變成了實現可能和觀察預兆的技巧。根據波蘭的傳說：

掛畫由牆上落下，窗下嘎吱作響，掃帚無緣無故掉下，沒有鐘卻聽到滴答聲響。嘰嘰嘎嘎的桌子，自動打開的門——這一切都預示著死亡的逼近。

要求安全，就不免造成許多不便，比如必須以小量多次的方式採購物品，以免招來注意；或者在屋裡晾曬衣物，因為不敢把不屬於家裡人的衣物懸掛在外。恐懼侵襲了每一個人的情緒，但身為動物園長的札賓斯基夫婦既瞭解獵人，也明白獵物；在毒蛇的沼澤之中，只能步步為營。在戰爭的危境之中，究竟是誰，是什麼，在圈內或圈外，是忠心耿耿還是變節背叛，是獵人抑或獵物，都不很清楚明白。

起先沒有人知道動物園有人藏身的祕密，因此不論在謀食或規畫逃亡的路徑方面，札賓斯基夫婦都得自己張羅。幸好後來他們發現老友詹妮娜・布許霍茲（Janina Buchholtz）是柴格塔的要員。詹妮娜是心理學家，熱衷藝術，戰時她的正職是公證單位的有照譯員，這個公證單位就是在一九三九年動物園被炸毀後，安東妮娜去打探新聞之處。由於詹妮娜處理許多文件、申請表、和請願書，桌上灑的、書架上堆的、地板上像石筍一樣堆積如山的，散落四處的，全都是文件，雖然是辦事官僚的噩夢，卻能掩護這個辦公室的真正身分——它是地下軍的神經中樞，負責偽造亞利安人身分，尋找安全的公寓、派遣可靠的使者、分送現金、規畫破壞行動，並且發送信件給猶太區裡的居民。聯絡人接到指示，到她的辦公室作報告，這意味著需要許多腳程。不過她也像札賓斯基夫婦一樣，把隱藏眼前事物的藝術發揮得淋漓盡致，也就是用這一堆堆凌亂的文件，讓想來打探情報的納粹望而卻步，不願翻找這滿布灰塵、堆積如山的文件。一名劫後餘生者後來回憶說：納粹的用意是用「按部就班，環環相扣的命令，創造報告和紀錄的系統，讓任何陰謀策畫都不可能做到，可以精準地找出城裡的每一個居民。」因此每一個藏匿在城裡的人，都需要詳細的偽造身分、假證件，必須交代自己的出處來源，因為波蘭天主教徒自有教區，可以提出教會和市政府戰前就發的種種文件，包括出生證明、洗禮、結婚證明、繳稅、死亡和繼承等文件。新的文件則包括可經得起蓋世太保盤查的「牢靠」文件，或者經不起考驗的「薄弱」文件。剛納．波森描述這個過程如下：

要讓自己成為「新人」（homo novus），不只得創造全新的身分，也必須切斷與舊有、汙染的過去所有的聯繫，因此你得搬家。這樣，過去的自我才能消失，新的自我才能在新的地方以正常的方式建立……你得先去舊區登記處除籍，拿到一張登記券，然後再到新地方向大樓管理員登記，再拿一張登記券，然後在某個限期內，把兩張券都拿到本地登記處登記。要打斷這樣的連鎖證據，得要有偽造的除籍登記，然後還需要登記處的檔案為證。

幸好詹妮娜就在登記處工作，可以偽造各種身分，並且配合相關紀錄。有些人聲稱自己生於蘇聯，或者父母是波蘭回教徒，要不就在一九三九年前教堂大火時，文件全被燒毀，有些人則假冒旅居國外或已經死亡者的身分。這一切全都需要巧妙的手段虛構、捏造、改變一長串的證據和記錄，因此她的辦公室才會有堆積如山的文件。一九四一年，波蘭總督法蘭克下令要發身分證，上面要有流水號和指印，登記處的職員把它們拖到一九四三年，並藉這個機會製作假的身分證。許多人都在此時突然遺失了以往的紀錄，貪婪的投機者和地下軍的專家都製作了許多護照及其他文件，因此到一九四三年夏，就連柴格塔的辦公室都估計有一五％的身分證和二五％的工作證件是假造的。光是柴格塔的一個基層組織，一天就假造了五十至一百份假文件，由出生到死亡，到黨衛軍和蓋世太保低階軍官的證明無所不包，詹妮娜把她的客戶想成「在流沙上走路的人」。

「我很幸運……我能夠旋乾轉坤。」她很自豪地告訴朋友和同事芭芭拉．「貝西亞」．唐姆金－柏曼（Barbara "Basia" Temkin-Berman），一邊曲起指頭在咖啡桌上敲擊，這是驅趕噩運的手勢。

詹妮娜身材高大，體格魁梧，老態龍鍾，因此總是穿著像修女院長長袍一樣的黑裙，頭戴有薄紗的帽子，綁在下巴，還戴著長手筒。她又長又瘦的鼻子架著眼鏡，眼中流露溫暖，難怪人們總說她是「我所認識心腸最好的人」，或者「弱勢者長年的守護神」。詹妮娜一邊要對抗德軍，一邊要協助猶太人，她和貝西亞合作密切，貝西亞在戰前是心理學者，在體格上和她正好相反：身材嬌小玲瓏、容易緊張、性情活潑，她總穿著酒紅色的外套，戴著黑色的扁帽，並用面紗遮掩自己猶太人的外表。

詹妮娜和貝西亞每天都在密多瓦街辦公室或密多瓦街二十四號的猶太人安全無虞的咖啡店協商。她倆一起和修女修士、鐵路工人、教授、市場小販、店員、女侍、電車司機、農夫、美容師、工程師、辦事員和祕書（願意協助由公共檔案讓人憑空消失，或者發假證照者）建立起聯繫，當然，也包括動物園長夫婦。有一天，詹妮娜和地下軍領導人談起瑪格達蕾娜在動物園的風險，他們討論的結果，雖然教安東妮娜和姜恩覺得困擾，卻也覺得有道理。莫瑞希該留在動物園長家，但瑪格達蕾娜則該搬去和詹妮娜住在河東薩斯卡凱帕（Saska Kępa）區的工程師友人同住，那是個可愛的小教區，公園裡有雕像：〈舞者〉、〈韻律〉，還有裸體性感的〈浴女〉。這一區充斥了新古典的公共建築，有許多綴滿灌木叢的新建現代派房屋，還有兩次大戰之間設計的前衛水泥玻璃建築。

起先，動物園只是暫時避難所，在地下軍精心安排路線上的一個小站，姜恩和安東妮娜只藏匿朋友和熟人；但和詹妮娜合作之後，「一切變得更井井有條，」姜恩以一貫含蓄的說法說道。他的意思是，有了地下軍的協助，他擴大了協助的範圍，也開始冒更大的險。

安東妮娜說，在所有離去的**客人**之中，「充滿活力、神采奕奕的瑪格達蕾娜」是她最想念的一位。她們倆有特別的友誼，既天真，又成熟，既親暱，又專業。姜恩和安東妮娜都欣賞瑪格達蕾娜的藝術造詣，但也珍惜她這位活潑、有趣、慷慨的朋友。安東妮娜寫道，失去瑪格達蕾娜教她覺得難過，即使她的離去可以空出位子讓新**客人**遞補，可以拯救另一條性命。姜恩和安東妮娜答應會盡量常去薩斯卡凱帕看她，而不能在華沙隨意來去的莫瑞希則擔心這回一別可能要數月、數年或永遠見不到面，因此「尤其難以承受」。

到一九四三年六月底，姜恩和安東妮娜認為應該沒有人向蓋世太保舉發他們，因此極其謹慎地再度開始接納**客人**。詹妮娜送來一位年輕友人，安妮拉·杜布魯卡（Aniela Dobrucka），她有本地人所謂的「好長相」，意思是長得像亞利安人，讓她白天能在街頭賣麵包，晚上則和一名古怪的老太太同住。安東妮娜喜歡這位神采奕奕的年輕女郎，她有一頭黑髮、海藍色眼睛，和「既甜美又有點淘氣」的脾氣。安妮拉來自窮鄉僻壤，一路半工半讀念完利沃夫大學，她的真名是拉琪拉·奧爾巴赫（Rachela Auerbach），但地下生活埋藏了她的真名，溶蝕了她的身分，視需要為她創造了新的姓名、外表，和工作。

波蘭流亡人士伊娃·霍夫曼（Eva Hoffman）談到她被迫放棄名字時心靈的震撼，她的刻畫婉轉動人：「其實並沒有什麼大事發生，只除了一個小小的，心理上的轉換。名字的改變只讓我們離開了它們小小一步，但它卻演變為巨大的鴻溝，無盡的空想由此灌輸進去。」突如其來的，她和妹妹的名字不再存在，即使「它們就像我們的手腳一樣確實」。而新的姓名就如「辨識牌一樣，是毫無實體的記號，指向恰好是妹妹和我的兩個物體。我們走向我們的座位，走進滿屋不認識的臉孔，帶著連對我們自己都陌生的名字。」

安妮拉很幸運，能在最壞的時機到來之前離開猶太區，她把所有的時間都花在為挨餓的人們覓食，並且在醫院和圖書館工作。另外她也是少數知道攪乳器祕密的人之一。在猶太區內劃為工作場所的部分，德軍掌控的OBW木工坊勒令原先的猶太兄弟老闆繼續營運，而老闆中有一位亞歷山大．藍道（Alexander Landau）參與地下軍，因此雇了許多地下軍成員，假裝他們都是訓練有素的師傅，但他們連基本的木工技巧都付之闕如，有時實在很難掩飾。諾瓦利布基街的哈爾曼木工店同樣也請了其他所謂的木匠，分配給他們的房子後來成了猶太反抗組織的中心。這兩家木匠店一起雇了許多人，讓這些人免除被遞解到集中營的命運，還藏匿了其他許多亡命的猶太人，並且在店內設了學校和其他地下軍活動的中心。

就在德軍占領波蘭前一個月，歷史學者林格本想到該把所發生的一切記錄存檔的想法，因為他認為眼前所發生的一切，在人類史上迄無前例，該有人正確地報導真相，並且為這難以言喻的痛苦和殘忍留下證詞。安妮拉協助林格本製作這些檔案，詹妮娜則先讀這些記錄，並把它們暫時藏在她辦公室大沙發的墊襯下。然後負責檔案的祕密團隊，代號Oneg Shabat（因為他們只有週六聚會），把文件藏在哈爾曼木工店的盒子和攪乳器裡。一九四六年，浩劫餘生的人們整理猶太區的斷垣殘壁，找到了所有的攪乳器，只有一個例外。攪乳器中裝滿了意第緒、波蘭或希伯萊文書寫各種生動詳細的敘述文字，如今收在華沙猶太歷史研究所。

安妮拉也及時把朋友帶到動物園長家來，她曾組織猶太區的祕密學校，為地下軍作戰，並且協助籌畫猶太區起義，最後被捕，被送上往特雷布林卡的火車，但等到歐特瓦克，她和先生趁著火車錯車，一躍而下（有些車有綁上鐵絲網可以割開的小窗戶，或者可以強行通過的門）。尤金尼亞在戰後接受倫敦《白鷹—美人魚》（*White Eagle-Mermaid*）專訪時，回憶她跳下之後的經歷：

我十分疲憊，飢腸轆轆，但又怕離建築物太近……我找不到我先生，因此非常緩慢地，儘量走小路，到了露柏林（Lublin）。兩天後，我決定回華沙，於是和工人一起，一大清早抵達舊市區，我表妹嫁給波蘭人，躲在一位柯瓦斯卡太太（Kowalska）家裡，我去找她，被當成來自另一世界的遊魂一樣歡迎。我飽餐一頓，沐浴上床。幾天後，我恢復了元氣，他們給我換了衣服，讓我去密多瓦街一號找柴格塔的詹妮娜，拿到文件和錢。後來我表妹夫幫我在柯德納街一個波蘭警察的公寓裡找了一間房間暫住。對這些救命恩人，我只能表示最高的敬意與謝忱。

等警察的公寓不夠安全之後，詹妮娜就把她送到動物園，她在那裡以安東妮娜裁縫的名義，為她縫補衣物，後來安東妮娜懷了孕，她也縫尿布和嬰兒衣物。她身材又高，短又扁的鼻子，面貌像亞利安人，應該很容易通過檢查，但她不太懂波蘭語，因此一到公眾場合，她就假裝啞巴，或者假充是愛沙尼亞人，就如她偽造證件上的身分一樣。假充啞巴的她就和其他因為有口音而在這座城市中飄盪的人一樣，因為不能說的祕密而靜默不語。

29

在春日藍鐘花褪色之後，野蒜就成叢在老樹的濕蔭下生長，小白花散發出甜甜的幽香，在日暮黃昏時由敞開的窗戶外傾注入室內，它們的綠葉為了爭取光線，竄高到兩呎長。有些農夫讓羊群到蒜叢中吃草，好讓牠們的肉有蒜香，其他農夫則因為牛群誤闖蒜叢，啃食蒜葉，汙染了乳汁的氣味，而咒罵不已。本地人在精力湯或退燒的藥糊中，都用上野蒜，還用它刺激已經褪色的激情，治療青春痘、調理心臟，或者減輕咳嗽的症狀。他們搗碎大蒜的球莖作烹調之用，也細火慢燉，熬煮大蒜湯。

「動物園沉浸在溫暖的五月夜裡，」安東妮娜在日記中描繪此情此景，「樹叢和灌木，房屋和陽台，全都被淺藍綠色沁涼而漠然的月光淹沒。紫丁香叢的樹枝被一叢叢凋謝枯萎的沉重花朵壓低，人行道尖銳的幾何圖形則有長長的黑影凸顯。夜鶯一再地唱著春天的歌曲，為牠們自己的聲音而沉醉。」

動物園長的住客坐著聆聽狐人的鋼琴演奏，在燭影幢幢旋律薈萃的世界裡，喪失了時間和現實。「寂靜而浪漫的夜隨著蕭邦C大調練習曲奔放的音符而洶湧澎湃。這樂曲向我們談起憂愁、畏懼，和恐怖，在室內迴盪，飄出敞開的窗戶。」安東妮娜回憶道。

突然，她聽見窗旁高聳的蜀葵傳來一陣奇怪的沙沙輕響，似乎唯有她聽到穿插在音符之間的雜音。貓頭鷹發出刺耳的尖叫，警告某物或某人離開牠巢裡的小鳥，安東妮娜讀到了牠的訊息，悄悄告訴姜恩，他走到外邊察看，接著重新出現在走道上，比手勢示意她過去。「我要雉雞園的鑰匙。」他低聲道。身為主婦，全家的鑰匙都在她那裡，而且不少：有些是家裡各大小門的鑰匙，有些則是動物園建築物的鑰匙，有一些通往以前曾經存在的門，另外有一些雖然沒有什麼作用，但也不能丟。他現在要的這把鑰匙倒很熟悉，因為經常用到—要開雉雞園，通常就意味著有新**客人**來到。

安東妮娜悄悄以眼表示疑問，一邊把鑰匙給了姜恩。他們倆一起走到屋外，看見兩個男孩躲在樹叢後面尋找掩蔽。姜恩低聲告訴她，地下軍破壞行動的成員已經放火燒了德軍的瓦斯槽，現在急需藏身之處，他們奉命逃往動物園，姜恩整個晚上一直都在等他們，只是安東妮娜並不知情。兩個男孩認出屋主，突然現了身。

「我們在屋旁的樹叢裡躲了幾個小時，因為聽見有人在說德語。」一個孩子說。

姜恩解釋說，由於天氣很好，因此德國憲兵到動物園來散步，有幾個在二十分鐘前才剛離開。如今一切安全，他們得趕快躲進雉雞園。由於雉雞是珍饈，因此兩個男孩一聽見雉雞園，就覺得十分豪華，其中一個開玩笑說：「我們會假裝自己是稀奇的品種，中校先生。」

「那裡沒什麼特別的！」姜恩提醒他們，「一點也不豪華，現在只有兔子住在裡面。那裡離我們的房子很近，可以照看你們，幫你們送食物。但我得提醒你們，由天亮開始，你們要像在墳墓裡一樣安靜！」他嚴厲地說：「不能說話或抽菸。我不想聽到那裡有任何聲音！聽懂沒有？」

「懂了，長官！」他們說。

寂靜籠罩了一切，這是沉寂無月的暗夜下所籠罩的寂靜。安東妮娜所聽到唯一的聲音，就是在雉雞園野藤下，鑰匙開鎖的聲音。

第二天一早，雷斯帶威塞克到花園散步，他們朝禽舍漫步而去，安東妮娜看到他停下腳步，拍撫威塞克的長耳朵說：

「準備一下，老友，我們要去雉雞園了！記住，要非常安靜！」他舉起一隻手指，擺出安靜的手勢。接著兩個一起朝小木屋前進，威塞克緊跟在雷斯的腳邊。

雷斯走進屋裡，看到兩個孩子睡在乾草堆成的床上，旁邊是各種大小的兔子，像傳說中的侏儒一樣忙著觀察嗅聞這兩個熟睡的人。雷斯把身後的門關上，輕輕地把一籃的馬利筋放在地上，並灑了幾把豆莢和植物莖桿給兔子吃，接著拿出一瓶裡面有麵條的牛奶，一大塊麵包，和兩支湯匙。

任何對動物和人類好奇的男孩，一定會忍不住趁乾草堆上兩個男孩熟睡時研究他們，因此雷斯把臉湊上前去，仔細考慮該怎麼叫醒他們，因為他既不能跺腳，也不能拍手或喊叫。他蹲在地上拉一個男生的袖子，但這個筋疲力竭而熟睡的男生毫無所覺，因此他越拉越用力，但男生還是繼續睡。由於手拉沒效，因此他改用比較巧妙的辦法：先把肺吸滿了氣，然後吹在男生的臉上，直到那男孩最後舉起手來拍他想像中的昆蟲，雙眼也終於睜了開來。

男生才半醒，就吃了一驚，流露出驚慌的神色。雷斯想他或許該自我介紹，因此把身體靠得更近，低聲道：

「我是雷斯。」

「很高興認識你，」那男生也低語，接著刻意強調，「我是雉雞！」

這是可以想見的誤會，因為雷斯的意思是山貓，而躲在動物園裡的人當然是用他們所躲藏欄舍原住動物的名稱。

「對，但我說的是真話。」雷斯強調，「我真的是雷斯，這不是開玩笑。我是雷斯，男孩雷斯，而不是耳朵上有鬃毛，尾巴像獵狐犬的『雷斯』！」

「知道，我看得出來，」那男生說，「我今天只是雉雞，不論如何，如果你是真的山貓，我又長了羽毛，那麼你一定早就吃掉我了，對不？」

「未必，」雷斯很認真地說，「請不要開玩笑……我幫你們送早餐還有鉛筆來了，還有……」突然間，他們聽到附近人行道上的腳步聲，還有至少兩個德國人的聲音。雷斯和那男孩直挺挺地坐著。

等那些聲音過去之後，雷斯說：「或許牠們只是要去看菜園那邊的人。」這時第二個男孩也醒了，他伸個懶腰，按摩自己僵硬、抽筋的雙腿，而同伴則把湯碗端來，並把湯匙給他。雷斯依舊蹲著，看著他們吃喝，等他們吃完了，才低聲說：「再見，不要覺得無聊。我會帶晚餐和可以讀的東西來……你們可以透過小天窗看到一點光。」

雷斯離開了，他走的時候，聽到一個男孩對另一個說：「很不錯的小孩，不是嗎？山貓看守雉雞，真是有趣，這會是個很好的童話故事。」

雷斯回到家裡，把他在那兩男孩那邊的歷險一五一十告訴安東妮娜。兩男孩在雉雞園待了三周，雷斯把照顧他們當成自己的責任，直到德國人不再搜索，新的文件也偽造好，並且也為他們找到更好的藏身之處。一天早上，雷斯發現雉雞園裡只剩下兔子，他明白兩個男孩已經離去，覺得好像朋友背棄了他一樣。

「媽，他們到哪裡去了？」他問：「他們為什麼走了？難道他們不喜歡在這裡？」

她解釋說，他們得離開，因為戰爭不是遊戲，其他的**客人**會來填補他們所留下的空缺。

「你依然可以照顧你的動物。」她想安慰他。

「我比較喜歡雉雞。」他帶著哭聲說，「你不明白嗎—這不一樣！他們甚至叫我『朋友』，沒有把我當小孩看，而是他們的守護者。」

安東妮娜撫摸著他金色的頭髮，「你說得對。」她說，「這回你是個大男生，也有極大的幫助。你知道這是個祕密，絕不能告訴任何人，對吧？」

她看到他眼裡充滿怒意，「我比你還懂這個！」他不屑地說，「這些事不是女人該知道的。」接著他吹口哨叫威塞克。她只能目送他們倆消失在樹叢裡，心知雷斯得接受再一次的背棄，再一次承受永遠不能說的祕密。在格但斯克出生的哲學家叔本華（Arthur Schopenhauer）曾寫道：「如果我不說出祕密，祕密就是我的囚犯；如果我說出祕密，我就成為它的囚犯。」把一天的事件記在日記上，讓安東妮娜在保密和洩露祕密之間忙碌，它就像水一樣，雖是同一種物質，卻會變換成不同的形狀。

30

一九四三年

盛夏是蚊蚋的嘉年華會，成群的昆蟲一如往常糾纏著動物園，日落之後，任何還逗留在戶外的人，都得不顧暑熱，穿著長袖長褲。屋裡，忙著覓食的兔子威塞克聽到一聲嘎吱，跳到廚房，只見公雞庫巴正在吃東西。晚餐時分，庫巴有時會到飯桌上啄食碎屑，威塞克則遠遠旁觀，接著牠看準時機，一個箭步，突然出現在大塊麵包或馬鈴薯湯旁邊，開始狼吞虎嚥，教庫巴嚇一大跳，讓人哈哈大笑。

宵禁時間開始，雷斯醒著躺在床上，等待父親回家，兔子和雞都棲息在他的被褥旁邊，坐著和他一起守夜。據安東妮娜的記載，只要門鈴一響，三個小傢伙都會興奮起來，聆聽姜恩上樓的腳步聲發出空盪的迴響，因為木製樓梯就浮在由廚房通往地下室的台階之上，這中間的空隙就像被蒙住的鼓一樣，傳出回音。

雷斯會觀察父親的神色，看他是否疲累或憂慮，有時姜恩會用冷冰冰的雙手拿出他用糧票買的食物，有時他會說有趣的故事，或者由他的神奇背包中再拿出另一隻動物。雷斯入睡後，姜恩會靜靜地下樓，兔子跳下床，公雞則滑下被子，兩隻動物跟著他到餐廳桌上吃晚餐。據安東妮娜記載，兔子一定會跳到姜恩的膝上，雞則爬進姜恩的懷裡，再跳到他的頸子上，窩在他上衣的領子上睡覺。就算安東妮娜撤下姜恩的盤子，換上報紙和書，兩隻動物依舊不肯離開他暖和的膝蓋和頸窩。

華沙在一九四三年忍受了一個嚴寒的冬天。雷斯嚴重感冒，最後轉為肺炎，當時還沒有抗生素，因此他住院了好幾週，才慢慢痊癒。盤尼西林（青黴素）一直到一九三九年，才在英國發現，但當時二次大戰爆發，無法讓科學家尋覓最強健的菌種供人類實驗。一九四一年七月九日，牛津大學生化教授霍華．佛羅理（Howard Florey）和另一位研究人員諾曼．西特利（Norman Heatley）乘著機窗塗黑的飛機抵達紐約，帶來一小盒寶貴的青黴菌株，加入美國農業部位於伊利諾州皮若亞鎮的工作站，研究由世界各地搜羅來的各種青黴素，結果發現皮若亞市場上一個長黴甜瓜上採集的青黴菌，浸在大桶中發酵之後，可以生出比其他菌種多十倍的青黴素。這些實驗最後證明這項藥品是當時最佳的抗生素，不過受傷的士兵一直要到D日（一九四四年六月六日，同盟國登陸法國諾曼第的第一天），才開始用這種抗生素，而一般民眾和動物則要等到戰後。

雷斯回到家時，冰雪已經開始由春天的花園消融，他開始協助拔草、挖洞，和栽種植物，威塞克（在冬天時，毛色已經由黑變為銀灰）亦步亦趨，在他身旁跳躍，就像訓練有素的狗一樣。羽翼漸豐，幾乎已經長成的雞則在剛翻過的土上啄食，拉出肥胖的粉紅肉蟲。安東妮娜注意到真正的雞，棲在雞舍裡的雞，對庫巴就像對外來者一樣，猛力地啄牠。不過威塞克卻讓庫巴爬上牠的背，窩伏其上，安東妮娜常見到騎士和馬兩個一起在花園裡跳躍。戰前，動物園裡有形形色色的風景——山丘、山谷、池塘、湖泊、水池和森林—端視動物的需求，以及姜恩身為園長的想像。如今動物園落在華沙公園管理處的掌握中，姜恩的主管是一名官僚，他想要的是依據他的設計，連亙的綠地、樹籬，和相互呼應的方形尖塔。因此他需要普拉斯基公園，尤其是動物園的大草坪和以及植物園。

到春天，哥尼斯堡動物園的慕勒博士聽到華沙動物園被毀的消息，因此提議要買所有可以用的籠子。他的動物園規模雖然比姜恩的小許多，卻隱身在日耳曼騎士所建的城堡城市裡，堅不可摧。在大戰後期，邱吉爾把哥尼斯堡當成皇家空軍「恐怖襲擊」的目標，引起極大爭議，最後毀了大半城市（包括動物園），哥尼斯堡最後在一九四五年四月九日向紅軍投降，改稱加里寧格勒（Kaliningrad）。

但一九四三年，自封為「華沙之父」的德國總統丹格魯・萊斯特（Danglu Leist）不希望他的城市被小城市比下去，因此決定華沙應該有自己的動物園。安東妮娜說，萊斯特要他擬一份動物園重生的預算報告時，姜恩簡直是「欣喜若狂」，說即使動物已經四散一空，建築物也毀了，設備荒廢了，但動物園依舊在他的心中和想像裡欣欣向榮。她覺得，最後，動物園、他的生涯，和他對養育動物的熱忱，可能會「如鳳凰一般」重生；而他的地下工作也只會因為動物園開放之後日常生活的喧鬧忙碌而受惠，家裡的**客人**也能因為川流不息的遊客、動物和工人，而隱身其中，不顯形跡。重生的動物園能夠讓他們生活的每一個結構都獲得生氣，再完美不過。姜恩覺得，簡直太完美了。他馬上開始分析整個計畫，想找出其間缺點，首先就是波蘭人會「抵制敵人所創的任何娛樂消遣」。通常動物園是研究和計畫的泉源，但納粹因擔心波蘭的知識分子作亂，因此只允許小學繼續開放，所有的高中和大學都遭禁止。動物園既廢止了教學的角色，就只能提供一丁點動物，再加上食物稀少，市場空虛，人吃都不夠了，動物園又怎有理由飼育動物？何況，依據姜恩的推斷，動物園還會損傷這個城市的經濟，如果他不照德國人的意思經營動物園，更會招來殺身之禍。雖然有這許多難以克服的問題，但安東妮娜依舊欽佩姜恩的自我犧牲，她覺得他展現了「個性、勇氣，和現實理智」。

「很難說對華沙或動物園，該怎麼做最好。」姜恩告訴華沙的波蘭籍副市長朱利安・庫斯基。「萬一五十或一百年後，大家讀到的歷史是，華沙動物園為了取悅德國人而重建，即使傾全城資源亦在所不惜。對自己傳記上這樣的註腳，你有什麼樣的感覺？」

「我每天都面對這樣的困境，」庫斯基悲嘆，「我發誓要是全華沙的人在一九三九年都死光了，德國人找來外來居民，那麼我絕不會接這份工作。我這樣做只是為了服務國人。」

接下來兩天，姜恩細心地寫了一封給萊斯特的信，讚揚他重開動物園的決定，並附上要維持動物園營運的驚人預算數字，萊斯特根本沒有回應，這早在姜恩的意料之中，不過他沒有料到接下來發生的事。

公園處的主管不知怎麼聽到動物園可能再度營運的消息，這會破壞他統一公園的計畫，為了阻撓姜恩，他向德國人放話說，他們已經不需要札賓斯基博士的服務，因此應該中止他的工作。安東妮娜倒不覺得對方這樣做，是出於憎惡或報復，而該說是他的「成見」，想要在華沙的公園裡，留下他的標記。不過這種作法依舊威脅到姜恩和他的家人，因為沒有德國雇主，就沒有工作證件，很容易就會被抓到德國，送進軍火工廠做苦工。由於他們的房子屬於動物園所有，因此札賓斯基夫婦很可能被趕出家門，喪失姜恩微薄的薪水。如此一來，**客人怎麼辦？**

在德國人看到這封抱怨信之前，庫斯基就先竄改了一下，因此姜恩非但沒有失去工作，反而轉到傑斯卡街的教學博物館，這是個教人昏昏欲睡的小天地，只有一個老館長、一位祕書、和幾名警衛，德國人很少來囉嗦。姜恩說，他的工作主要是為舊體育設施撣撣灰塵，收存戰前借給學校的動植物海報罷了。這讓他有更多時間配合地下軍的行動，並且在「流動大學」教生物。姜恩另外還在衛生部兼差，因此安東妮娜和雷斯只知道姜恩每天早上消失，面對天知道什麼樣的危險，然後在宵禁之前，再重新在這朦朧的無人之境出現。雖然安東妮娜不清楚他究竟在忙什麼，但她心裡總刻畫出姜恩冒險犯難的想像，不得不努力擺脫他很可能被捕遇害的憂慮。「但我還是整天都為他的安危擔心。」她承認。

除了埋炸彈、破壞鐵軌、為豬肉三明治下蟲之外，姜恩也和一群建築工人一起蓋地下碉堡和藏身處。柴格塔租了五間平房供難民使用，必須時時為他們提供食物，並且時時更動他們的藏身處。

說實話，安東妮娜對姜恩的活動知道得實在不多。他很少向安東妮娜提這些，她也很少問，要他證實她所懷疑的一切。她發現自己最好不要對他的戰術戰略、同志盟友或各種計畫有太多瞭解，否則她會整天都擔心不完，影響到她自己同樣重要的其他責任。由於許多人都仰賴她才能平安健全，因此她只能「和自己玩捉迷藏的遊戲」，她寫道，在姜恩的影子生活飄浮在她的知覺邊緣時，她只能「假裝」不知道。她告訴自己：「當人經常面臨生死邊緣之際，知道得越少越好。」但即使不去思索，她腦海中依舊會浮現許多駭人的景象，它們的痛苦或救贖，彷彿人可以在傷害發生之前就承受它，每次以可以忍受的劑量一點一點接受，就像預防接種一般。順勢療法中有沒有痛苦程度的治療？安東妮娜運用心靈的巧計，半欺騙自己忍受多年的恐怖和變動，但是，不知道和刻意選擇不去知道自己早已知道而不願面對的事物，是不一樣的。她和姜恩依舊隨時隨地都帶一點氰化物在身上。

一天，總督辦公室來電召喚姜恩前往，全屋的住客都認定他會被逮捕，一片驚慌。他們勸他趁著還有機會趕快逃亡，「但這樣做，誰來保護、支援大家？」他問安東妮娜，心知只要自己一逃，他們都得死。

第二天一早，姜恩動身前往總督辦公室，大家向他道別之後，她在他耳邊低語那句不可說的話：「你有沒有帶氰化物？」

他的約會是安排在上午九點，安東妮娜只覺得她心裡的時鐘分秒滴答響個不停，雖然她外表如往常一般忙著家務事。大約下午兩點時，她正把削好皮的馬鈴薯放進桶子裡，卻聽到有人輕喚「普妮亞」，她心頭悸動，抬頭一望，只見姜恩就站在她眼前敞開的廚房窗邊，他面露微笑。

「你知道他們要什麼？」他說，「你一定不會相信。我到總督辦公室府之後，他們用車送我去康斯坦辛區（Konstancin）州長私人宅邸，原來他的警衛發現家裡和附近的樹林有蛇，擔心是地下軍把毒蛇放進來，以消滅德國政府！萊斯特教他們和我聯絡，因為我是唯一懂蛇的人。我徒手捉蛇，證明根本沒有毒蛇這回事！」姜恩嚴肅地加了一句：「幸好我這回不需要氰化物。」

一天下午，就在下班回家前，姜恩把兩枝手槍放進背包，上面蓋了一隻剛宰的兔子。他才剛在老兵圓環站下車，迎面就來了兩名德國士兵，其中一個大喊：「手舉起來！」命令他打開背包檢查。

「我完了。」姜恩心想。他擺出輕鬆自在的模樣，微笑說：「我兩手舉著怎麼開背包？你還是自己檢查吧。」一名士兵把手伸進背包，看到了死兔子。

「哦，一隻兔子，是明天的晚餐嗎？」

「是啊，我們總得吃東西吧。」姜恩依舊微笑說。

德軍說，他可以把手放下了，然後再加上一句「gehen Sie nach Hause!（回家去吧！）」就讓他走了。

安東妮娜寫道，她聽著姜恩敘述這千鈞一髮的經歷，只覺得頭上的血管跳動得厲害，連頭皮都在悸動。姜恩一邊說，一邊似乎還覺得有趣，「把原本可能是慘劇的事拿來開玩笑，教我更氣惱。」

多年後，姜恩向一名記者坦承，他覺得這樣的危險很精彩刺激，能夠在生死關頭擺脫恐懼迅速思考，教他很得意。安東妮娜形容他「冷靜」，這是恭維。這種個性，和她的天差地別，教她欽佩嘆服，也因自己趕不上他的勇敢而自卑。她當然也有危險的時候，但她覺得姜恩的千鈞一髮是英雄作為，而她自己的卻只是幸運而已。

比如在一九四四年冬，華沙市的瓦斯管線出了問題，因此她們家二樓的浴室沒有熱水，懷著寶寶的安東妮娜很渴望洗個熱氣蒸騰的熱水澡，一時衝動之下，她撥了電話給姜恩的表哥表嫂瑪瑞莎和密柯拉．古托斯基（Marysia and Mikolaj Gutowski），他們就住在市中心北邊漂亮的索利伯茲區，就在維斯杜拉河左岸，先前為修士所有，他們稱它為Jolie Bord（美麗的堤防之意）。她向他們提到熱水，而也正如她所期望的，他們說熱水源源不絕，歡迎她去過夜。安東妮娜很少獨自離家，即使去肉舖、市場或其他店也一樣，不過這回洗熱水澡的奢侈誘惑教她心動不已，因此在「獲得姜恩的許可之後，」她冒著高高的積雪，二月的寒風，和德國士兵的威脅，在某個夜晚抵達了他們家。

洗了個舒服的澡之後，她和表兄嫂走進餐廳，「有高雅的家具和各色物品，裝飾得十分美麗」。閃爍的光吸引了她的視線：一面牆上掛著用框收起的各種小茶匙，閃著銀色的光芒，各自有不同德國城市的市徽，這是他們戰前旅行帶回來的平價紀念品。晚餐後，她回到客房沉沉入睡，但到凌晨四時，她卻被屋外卡車沉重的引擎聲吵醒，並聽到表兄嫂匆匆忙忙地跑到前面的窗戶。她跟在他們身後，站在黑暗中看到掛著防水布的卡車停在杜休斯基廣場（Tucholski Square）前，周遭是一大堆群眾和德國警察，還有其他卡車陸續開進來。安東妮娜寫道，士兵不斷地叫人質上車，載往集中營，她焦慮地祈禱，千萬不要把自己也帶走。她和表兄嫂決定不要牽扯此事，因此回房睡覺，但不久就聽到響亮的敲門聲，還穿著睡衣的密柯拉不得不趕下樓去。正當安東妮娜在擔心他們要怎麼應付時，德軍卻突然站在走廊上，要看她的證件。

一名士兵指著安東妮娜問密柯拉說：「這女人為什麼沒有登記？」

「她是我姪女，動物園長的太太，」他用流利的德語解釋：「他們家浴室壞了，她只來這裡住一晚，洗個澡，過個夜——就這樣而已。外面又暗又滑不適合孕婦單獨在街上走。」

這些士兵繼續檢查房間，由一間高雅的房間到另一間，他們露出愉快的微笑。

「真是gemütlich（舒服），」一個說，「在我們那邊，空襲已經炸毀了我們的房子。」

安東妮娜後來記載，她可以想像他的難過。三月間，美國轟炸機在柏林投了兩千噸的炸藥，四月間更有數千飛機毀了原本美麗的德國城市。德國士兵渴望舒適的故居，然而最壞的情況還未到來。到大戰將結束之時，盟軍會地毯式轟炸德國城市，包括德勒斯登這個古典的瑰寶和宏偉建築的古城。

安東妮娜站在一旁，仔細觀察他們的表情，擔心會有麻煩。他們進了餐廳，其中一個士兵看到牆上懸掛的德國紀念匙。他停步，靠得更近，臉上閃著興奮愉快的光采，要朋友也看這排列得整整齊齊的湯匙，每一支都代表不同的城市。這名士兵很有禮貌地問：「謝謝你們，這裡沒問題了，我們已經檢查完了，再見！」他們就走了。

安東妮娜後來回想這一切，認為救了她一命的是他們多愁善感的回憶，以及以為這房中住有德國血統居民的誤會。瑪瑞莎購買德國紀念品的興趣，以及把它們排列成民間藝術品的形式，讓他們逃過被捕、審問，甚至死亡的劫難。雖然安東妮娜刻意不去探究，她依舊藏著許多寶貴的祕密（人、地點和接觸對象），就像密柯拉一樣，他是信奉天主教的工程師，而在柴格塔的協助下，他偶爾也會藏匿猶太人。

最後大家都回房睡覺，第二天一早，安東妮娜回到家，**客人**聽了她的經歷，都向她保證，如果她和姜恩能夠屢屢這樣大難不死，必然是「吉星高照」，而不只是在瘋狂星星下。

春日降臨之際，冬眠的動物園也開始充滿了生機，樹木冒出新葉，僵硬的大地也變鬆變軟，許多市民拎著園藝工具來到動物園，開始辛勤地開墾菜園。札賓斯基夫婦則藏匿了更多亡命的猶太人，他們有些住進家裡，躲在地下或衣櫥裡，有些則爬進小棚屋或籠子裡。看著他們既不安適，又欠缺照片或家人的紀念品安慰，叫安東妮娜特別刺心，她在日記裡描述他們是：「除了性命之外，被剝奪了一切的人」。

六月間，安東妮娜再度證明了人生無窮的希望，她生了一個小女嬰，取名泰瑞莎（Teresa），即使在全球戰爭的角力之中，她依舊成了舞台的中心。雷斯非常喜愛這個新生妹妹，安東妮娜則寫道，她想像自己回到嬰兒公主的神仙故事裡，每天都有禮物送來：亮晶晶的金色柳條編織小床、手縫的嬰兒百衲被、編織的帽子、毛衣，和襪子——在羊毛十分稀少的戰時，這些都是「難能可貴的無價之寶，上有保護的神奇魔法」。甚至還有位十分窮困的朋友，送來了刺繡珍珠圖案的布尿布。安東妮娜非常珍愛這些標記，把它們由衛生紙中拿出來輕輕摩挲，讚美它們，再把它們放在她的被褥上，像聖像一樣排列組合。一般夫婦都盡量不在戰時生育，因為生活的動盪不安。而卻在最迷信（尤其是關於生孩子的一切）的國家之中，這個健康的寶寶帶來了好運的預兆。

比如，根據波蘭民間傳說，孕婦不能盯著跛腳的人看，不然孩子生下來也會跛腳。懷孕時凝視火光，會讓孩子產生紅色的胎記，如果窺看鑰匙孔，更會讓孩子鬥雞眼。如果準媽媽踩過地上的繩子或走過曬衣繩下，生產時孩子就會臍帶繞頸。準媽媽只能看美麗的風景、物品和人，多唱歌談話才能生出快樂活潑的寶寶。想吃酸的會生男，想吃甜的則會生女。如果可能，最好在一周裡的幸運日幸運時生產，可保孩子一輩子好運不斷。如果生辰八字不好，就會一輩子倒楣。聖母瑪麗保祐周六出生的孩子都可避開邪惡，周日出生的孩子則可能成為祕教人士或先知。孩子出生後，臍帶要妥善收藏曬乾，第一次沐浴、第一次剪髮、第一次哺乳等等，都伴有神祕的儀式。斷奶意味著嬰兒期的結束，因此意義更形特殊：

> 鄉下婦女對何時斷奶自有特定的時間，首先，不可在眾鳥南飛過冬之時，以免孩子長大變野，老往森林樹叢跑。如果在樹木落葉時斷奶，孩子就會早禿。五穀收穫存糧收藏之際也不能斷奶，不然孩子會變得神祕兮兮。
>
> ——波蘭習俗、傳統，和民間傳說

此外，懷孕的事要瞞得越久越好，不可觀看，即使準爸爸也不行，以免嫉妒的鄰居會投以邪惡的眼光。在安東妮娜那時代，許多波蘭人都擔心因嫉妒而招來的邪惡之眼會破壞好運，讚美新生兒會招來惡咒。「多麼漂亮的寶寶」變成惡毒之詞，因此作媽媽的一聽到這樣的話，一定得趕快回以「這寶寶很醜」來化解，並且吐口口水去晦氣。依據同樣的邏輯，女孩子頭一次月經時，媽媽得打她耳光。去晦的責任主要落在媽媽身上，她們放棄了表現為人母的喜悅與驕傲，為她們最珍愛的人犧牲了她們珍視的特權，因為只要你喜愛某個事物，就可能會喪失它。除了天主教徒處處提防撒旦和他的爪牙，猶太人也天天有一套防止邪魔的保護儀式，其中最知名的邪魔，可能是像行屍走肉般附在人身上的惡魔dybbuk，也就是人死之後，魂魄到處飄蕩，最後回來附在活人身上作祟的惡靈。

七月十日，安東妮娜終於起床舉辦小小的施洗聚會，慶祝泰瑞莎的降生。傳統上，這個場合應該請親友吃辮子麵包和乳酪以驅邪，不過這回送上來的是塞了醃肉的醃漬肉品，是用德國人前一個冬天射下烏鴉的肉做的。狐人作了格子鬆餅，莫瑞希則調了加蜂蜜的伏特加，這種傳統酒叫作pępkowa（肚臍）。當然，在莫瑞希眼中，這樣的場合絕少不了他的天竺鼠好伴侶，因此皮托上了飯桌，一如平常一樣到處搜羅食物屑，細心地檢查每個盤子和杯子，昂著頭到處嗅聞，鬍鬚抽動。最後牠發現了一種新香氣的來源，源自空酒杯的甜美氣味。牠用小小的爪子舉起蜂蜜味的酒杯，開心地舔舐，接著又舉起另一杯，喝完了殘酒，直到最後醉倒了，大家都哈哈大笑。但牠為這樣的狂飲付出了慘痛的代價：第二天早上，莫瑞希發現他的伴侶硬梆梆地倒在籠子的地上，已經毫無生氣。

31 一九四四年

家裡的住客和日常生活的作息並沒有任何改變，但空氣中卻瀰漫著一種新的不安。安東妮娜想道，雖然人人都掛著友善的微笑忙著手上的雜務，但大家都努力掩藏倍受折磨的神經。大家都「心不在焉」，「對話結結巴巴，句子說到一半就停頓。」七月二十日，施陶芬貝格（Count von Stauffenberg）伯爵埋藏在普魯士森林希特勒「狼穴」（Wolfschanze）總部的炸彈爆炸，不過希特勒只受了輕傷。在那之後，本地的德國居民人心惶惶，成群結隊的撤退士兵在華沙街頭氾濫，一邊向西撤，一邊炸毀房舍。蓋世太保燒毀檔案資料，清空倉庫，並且把私人的財物送回德國。德國總督、市長和其他行政官員則紛紛搭卡車貨車離去，只留下約兩千駐軍。隨著德國人離去，留下不少空間，許多波蘭人紛紛由附近的村莊趕回來，擔心蜂擁而來的士兵會洗劫他們的房子或農舍。

姜恩認為波蘭隨時會起義，他相信最多只要幾天，三十五萬家鄉軍就足以戰勝剩餘的德國士兵。理論上，一旦橋樑被波蘭人掌控，維斯杜拉河兩邊的軍隊就可以合作，結合成一股單一的力量，解放整個城市。

七月二十七日，俄軍德軍抵達華沙南方六十五哩的維斯杜拉河（安東妮娜說她聽到槍砲聲），德國總督漢斯．法蘭克召集了十萬名年齡在十七至六十五之間的波蘭男性，每天工作九小時，繞城築防禦工事，如果不肯就一律格殺。波蘭家鄉軍則呼籲大家不要理會法蘭克的命令，準備作戰。第二天，開拔得更近的俄國人也開始呼籲波蘭人準備上沙場，他們用波蘭語廣播：「行動的時刻已經到來！」到八月三日，紅軍於河右岸距市區六哩處紮營，這塊地區也包括動物園，因此家裡的氣氛更緊張，人家都在問：「什麼時候起義？」

動物園的角色突然有了變動。大部分的**客人**都加入了軍隊，或者逃到更安全的地方：狐人打算搬到格魯耶茨（Grójec）附近的農場；莫瑞希則到薩斯卡凱帕和瑪格達蕾娜會合；而律師雖和太太逃到華沙的另一邊，但兩個女兒努妮亞和艾娃卻決定待在動物園長家裡，她們說，萬一安東妮娜出個什麼差錯，新生兒泰瑞莎、雷斯，姜恩的七十老母，和管家就得自己負責一切，這恐怕不行。雖然士兵已經開台由最接近河邊的土地撤出居民，但姜恩卻希望家人能留在動物園裡，因為波蘭士兵一定很快就能起義成功，而小寶寶和姜恩年邁的母親，則恐怕吃不了搬遷的辛苦。在他向猶太人研究所的證詞中，提到八月一日上午七時，有個女孩來喚他去作戰，這可能是類似家鄉軍信差哈莉娜．杜布洛沃絲卡（Halina Dobrowolska，戰時稱為Halina Korabiowska）之類的角色。一個夏陽燦爛的午後，我到華沙訪問哈莉娜，如今她是年逾八十的活潑老嫗，但戰時她才是名少女，還記得騎腳踏車、換電車，經歷危險的長途旅程抵達郊區，召喚人們來作戰，並挨家挨戶警告起義即將展開。她得搭電車，結果好不容易才找到一輛，雖然車掌已經在收拾準備下班，因為大部分的華沙居民都已經放下工作，趕回家準備作戰。家鄉軍早就料到會有這樣的情況發生，因此給哈莉娜一些美元，車掌收下之後，緊張地送她到目的地。

姜恩趕到樓上安東妮娜和泰瑞莎同睡的房間，告訴她這個消息。

「昨天消息不是這樣！」她焦慮地說。

「我也不知是怎麼回事，我得去查查。」

他們的朋友史蒂芬．柯本斯基也對毫無預警就突然起義感到十分驚訝，他形容當天華沙市區匆忙緊張的情況：

電車上擠滿了小男孩……人行道上，婦女三三兩兩急急忙忙地奔走，手上提著沉重的袋子和包袱。「她們要把武器送到集合地點。」我告訴自己。一波波腳踏車湧了出來，穿著長靴和防風夾克的男孩盡力向前騎……到處都有穿著制服的德軍，或德國巡邏隊，他們只顧向前走，卻什麼也沒注意，不知道他們身邊究竟發生了什麼事。……我超越了許多疾步前行，一臉嚴肅滿懷心事的人，他們和我交換了充滿言外之意的眼神。

四小時後，姜恩回家向安東妮娜和他母親道別，說隨時就會起義，他把一個金屬錫盒交給她說：

「這裡面有裝了子彈的左輪槍，萬一德軍來了……」

安東妮娜渾身僵硬。「我當場全身麻痺，」她寫道。她向姜恩說：「德軍？你怎麼想的？難道你忘記，才幾天之前，我們還認定地下軍會贏？……你現在不相信了！」

姜恩憂心地說：「聽著，一週前我們有很大的機會贏得這場戰役，但現在太遲了。不是起義的時機。我們該等一等。二十四小時之前，我們的領導人也這樣想，但昨晚他們突然改變想法，這樣舉棋不定，會造成很糟的後果。」

姜恩不知道表面是盟友的俄軍自有盤算。史達林已經獲得戰後可瓜分波蘭一部分領土的承諾，他希望德國和波蘭都吃敗仗。另一方面，他也不肯讓盟軍往波蘭的飛機降落在俄國的機場。

「我緊緊地擁著姜恩，我的臉頰用力地貼著他的臉頰。」安東妮娜回憶道，「他吻我的頭髮，看了一下寶寶，接著跑下樓，我的心劇烈地跳動。」她把裝著左輪槍的錫罐藏在床底下，然後去看姜恩的母親，她坐在扶手椅上，拿著念珠念玫瑰經，「滿臉淚水」。

姜恩的母親一定會按習俗在額頭上飛快地畫個十字，請聖母瑪麗保祐姜恩。家鄉軍的守護神（聖母瑪麗）在起義時守護著士兵，因此街頭巷尾處處可見匆忙中為她堆砌的祭壇（迄今波蘭還有很多）。士兵和家人也向耶穌基督祈禱，他們常在皮包裡帶著小小的耶穌畫像，上面刻印著 Jezu，ufam tobie（我們信仰耶穌）。

我們不知道安東妮娜怎麼對抗這樣不確定的命運，但姜恩曾告訴記者，她是虔誠的天主教徒，她讓兩孩子都受洗，脖子上永遠戴著聖像，因此她極有可能祈禱。戰時，當所有的希望都蒸發消逝，只剩神蹟留駐之際，就連不信教的人，都免不了祈禱。有些「客人」用算命來提振士氣，但姜恩自認理性，又是無神論者之子，因此對迷信和宗教都嗤之以鼻，這意味著安東妮娜和姜恩虔誠信奉天主教的母親可能另有保平安的祕訣。

飛機低飛掃射全城，教安東妮娜不由得揣測維斯杜拉河的另一邊是什麼樣的景況。她最後忍不住走到陽台，眺望河對岸的砲火硝煙，解讀每一丁點線索。槍聲聽來「零零落落，聲聲分離，好像針對個人一樣，」她寫道，而不像大規模的戰爭。

她明白動物園這塊小天地的領導責任落到她肩上，包括雷斯、方才滿月的泰瑞莎、努妮亞和艾娃兩個女孩、她婆婆、管家、狐人和他的兩個幫手。「為其他人性命負責的沉重負擔」落在她的肩上，深植入她的腦海，揮之不去：

情況的嚴重，讓我一刻也不得喘息，不論我想或不想，都得擔起我們家的領導責任……就像我在女童軍當年所學的那樣，時時刻刻保持警覺。我強烈地感覺到自己必須負責，照顧家裡的一切；我無時無刻不想著這些念頭……我就是知道自己得這樣做。

睡眠變成了一場戰爭。連續二十三個晚上，她逼著自己保持清醒，深恐只要一打瞌睡，錯過一點預示危險的聲音——不論多麼細小。這種守護者的精神對安東妮娜而言，並不是新的體驗，因為在一九三九年砲擊之際，她也用自己的身體掩護年幼的兒子。這是源自母性的勇敢，在有必要保護自己家人時挺身戰鬥的本能。

雖然戰場是在河對岸，但她卻嗅到死亡、硫磺，在西風裡腐敗的氣味，聽到無止盡的槍火、砲彈和炸藥的聲音。由於他們聽不到任何消息，和城裡其他地區亦無聯繫，因此安東妮娜只能想像自己的家已經由「汪洋大海的方舟變成小船，既沒有指南針，也沒有舵，只能無望地在海上漂流。」她擔心炸彈隨時會落進家門。

她和雷斯兩個就在陽台上，伸長脖子探望河對岸的砲火和如神蹟般的一切。晚上，他們看著明亮的槍砲火花——零星的射擊，而非如戰場上那般迅疾的迴響。飛機低鳴高嘯掃過市區，直到黎明。

「爸爸在戰況最激烈那邊打仗，」雷斯指著舊市區，一再地重複。一連幾小時，他像哨兵一樣守望，用望遠鏡偵察，搜索爸爸的身影，一聽到炸彈朝他飛來，就蹲下身來。

就在安東妮娜臥室的門外，有一道金屬梯通往平坦的屋頂，雷斯常常帶拿著望遠鏡爬上去。駐守普拉斯基公園的德軍已經占領靠近橋邊的小遊樂園，裡面有個可以跳傘用的塔，他們由那裡看到雷斯站在屋頂上偵察他們。一天，一名士兵上門來警告安東妮娜，如果他再抓到雷斯在屋頂上，就要射死他。

雖然日夜擔驚受怕，但安東妮娜卻坦承她對起義感到「一陣陣的興奮」，「在長久的淪陷時光中，一直不斷地想像這一天的到來」，只可惜她對發生的一切只能揣測。在河對岸，市中心，食物和飲水都很稀少，但卻有許多方糖和伏特加（由德軍供應品偷來的），讓家鄉軍在用磚石建立防坦克碉堡之際，能夠精神飽滿，力氣充足。三萬八千名士兵（四千名為女性）中，只有十五分之一有合適的武器，其他的人是用棍棒、獵槍、刀子和劍，只能期待抄獲敵軍的武器。

由於德軍依舊把持電話交換機，因此地下軍只能靠一群勇敢的年輕女信差，在全市傳播訊息，就像長久以來被占領時一樣。哈莉娜回到華沙後，也趕往市區傳遞消息，協助設立戰地廚房和醫院，供應戰士之需。

「到處都是路障，」哈莉娜用興奮的口氣告訴我：「起先人人都很高興。下午五點，起義開始，我們戴上紅白臂章，……在起義之初，我們每天靠一餐馬肉和湯過活，但到最後，我們只剩乾豆子、狗、貓，和烏。」

「我看到一個十五歲的朋友扛著擔架的一邊，上面有個傷兵。飛機飛過，她看到士兵的眼裡露出恐懼的神情，就趴在他身上保護他─結果她脖子受到重傷。還有一天，我在傳信時，碰到兩個女人抬著沉重的袋子，說她們找到了德軍的醫藥貯藏所，還有一大袋糖果，還分了我一些。我把糖塞滿口袋和袖子，抬著手以免散落，就這樣到士兵那裡去，只要一碰到士兵，就要他們把兩手合起來，我兩臂一伸，讓糖果掉進他們手裡！」

德軍既已撤退，人人都可自由走動談話。多年來，猶太人頭一次能由藏身之處走出來，因為種族法令已經不復存在，家家戶戶掛起波蘭國旗，唱愛國歌曲，戴上紅白臂章。菲利克斯・辛溫斯基率領一旅，其中包括山繆・凱尼格斯萬，而後者手下也有一營士兵。長久以來倍受壓抑的華沙文化生活如今又欣欣向榮，電影院重新開張，文學期刊也重新出現，裝潢優雅的客廳如今又揚起悠揚的樂聲。免費郵政發行郵票——由童子軍負責經營，跑腿遞送信件。如今的檔案照片可以看到用老鷹和百合花裝飾的金屬信箱，象徵最年輕的童子軍冒著生命危險遞送信件。

起義的消息傳到希特勒耳裡，他下令希姆萊派遣最凶悍的士兵前往華沙，殺掉每一個波蘭人，一區一區徹底摧毀整個城市，炸、燒、用怪手把它連根拔起，讓它永無翻身之地，作為對其他歐洲占領區的警告。希姆萊選擇黨衛軍中最野蠻的單位來進行這個工作，由罪犯、警察、和先前的戰俘所組成。起義的第五天，也就是後來稱為「黑色星期六」的那天，希姆萊手下實戰經驗豐富的黨衛軍和國防軍湧入城裡，屠殺了三萬名男女老少。次日，斯圖卡（Stuka）轟炸機俯衝轟炸全市——由紀錄片中，可以聽到它們像百萬噸的蚊子一樣低鳴——設備不足、完全未受過訓練的波蘭人猛烈回擊，以無線電向倫敦請求空投食物和用品，也懇求俄軍立即發動反攻。

安東妮娜在日記中寫道，兩名黨衛軍打開了她家的門，舉槍大喊：「Alles rrraus（全部出來）！」

她和其他人在驚恐之中走出房子，在花園中等待，不知道等著他們的是什麼命運，只擔心最壞的情況會發生。

「兩手舉高！」他們喊道。安東妮娜注意到他們的手指已經扣著扳機。

她因為寶寶抱在手上，只能舉起一隻手，腦袋裡沒辦法「記錄他們卑鄙粗俗的言詞」。

他們吼道：

「我們英勇的德國士兵被你們的丈夫和兒子殺死，你們得付出代價。你的孩子」他們指著雷斯和泰瑞莎，「在吸母親的奶時，也吸進了對德國人的憤恨。原本到現在為止，我們都讓你們為所欲為，現在夠了！從現在起，每死一個德國人，就要殺一千個波蘭人補償。」

她想：「這一定是我們的結局了。」她把寶寶緊緊抱在胸前，腦子飛快地轉動，想要想個辦法。她只覺得心臟束縛在肋骨之中，雙腿沉重得抬不起來。這不是她頭一次因恐懼而動彈不得，這一次，雖然她動不了，卻知道自己一定得說些什麼，任何話都好，保持冷靜，像安撫生氣的動物，爭取牠們的信任那般，和他們談話。她的嘴裡冒出一連串連她自己都不知道自己會的話，開始談起古代的部族和德國文化的博大精深。她把嬰兒抱得越緊，一連串的言語不斷地冒出來，但在腦海的另一室中，她卻努力專心，一再重覆相同的指令：冷靜！把槍放下來！冷靜！把槍放下來！冷靜！把槍放下來！

德國人繼續吼叫，但她沒聽到，他們並沒有放下槍，但在匆忙的念頭中，她不斷地說話，一邊發出無聲的命令。

突然有士兵看到狐人十五歲的幫手，於是大聲叫他到花園後的棚子去。這男孩開始跨步，後面跟著一名黨衛軍，把手伸到褲袋裡，拿出一把手槍，兩人的身影消失了，只聽到一聲槍響。

另一個士兵對雷斯說：「下一個是你！」

安東妮娜看到兒子的臉因恐懼而皺縮，全無血色，嘴唇變成淡紫。她動不了，也不敢動，生怕一動會讓他們連她和泰瑞莎一起殺了。雷斯高舉雙手，開始緩慢地向前走，宛如機器人，「彷彿生命已經離開了他的小身體，」她後來回憶道。她眼看著他消失在視線之外，只能用心眼繼續追蹤他的身影：「現在他走近蜀葵那邊，現在他靠近書房窗戶了。」第二聲槍響。她感覺「刺刀插進我的心窩……我們聽見第三聲槍響……我什麼也看不見，視線茫茫，接著一片黑暗。我覺得非常虛弱，好像快要昏過去了。」

「你坐在椅子上，」一名德國士兵說，「手上抱著孩子很難站著。」過了片刻，同一個人喊道：

「喂，孩子們！把那隻公雞給我拿過來！在樹叢裡！」

兩個孩子跑出樹叢，因為恐懼而發抖。雷斯手裡抱著已經死去庫巴的翅膀，安東妮娜眼看著大滴的血由庫巴被槍打到的傷口流下來。

「這個玩笑開得好！」一名士兵說道。安東妮娜看著他們冷冰冰的臉孔化為笑聲，帶著死去的雞走出了花園，也看到雷斯低下身體，努力忍著不哭，直到最後忍不住，淚水爬滿了他的臉。經歷了這一切，作媽媽的該怎麼安慰孩子？

我走到他身邊，附在他耳邊輕聲道：「你是我的英雄，你真勇敢，兒子。你可不可以扶我進去，因為我很虛弱。」或許責任可以化解一些他的情緒。我知道要流露他的情感多麼困難。不論如何，我需要他扶住我和寶寶，因為我的腿真的因這樣的驚嚇而發軟。

等她平靜下來，試著分析黨衛軍士兵的行為—他們真的想要射殺他們，還是只是權力和恐懼的病態遊戲？他們當然不可能知道庫巴在那裡，因此一定是即興演出。她不知該怎麼解釋他們要她坐下來的突發慈悲心，他們是否真的擔心抱著新生兒的她會昏倒？「果真如此，」她想道，「那麼或許他們殘酷的心腸還蘊含一點人性；如此說來，徹底的邪惡並不真正存在。」

原本她認定孩子們必然已經死於槍下，雷斯的腦袋一定已經被子彈打穿，倒地不起。面對這樣的景況，作母親的神經系統已然出軌，雖然最後他們全都安然無恙，但她卻陷入極端的憂鬱，她在日記裡為此譴責自己，「這樣的弱點教我羞慚，」在此刻「我非得要作我們這個小團體的領袖不可。」

在接下來的日子裡，她也因德軍持續不斷在動物園附近聚積炸彈發射器、迫擊砲、和重砲軍火而頭疼欲裂。接下來炸彈如地震般的撼動，各種口徑和形狀的砲彈各自投射出自己不同的殘酷喧囂：呼嘯、爆破、炸裂、猛擊、碰撞、刮擦、和轟隆。另外，還有尖叫的咪咪（screaming meemies），這是一個軍事俚語，源自一個名叫咪咪（Mimi）的法國女孩，用來形容一種在飛行中會一路尖叫的德國飛彈，後來也引用為因長期暴露在敵軍砲火，而造成神經的極度緊張疲憊。

德國人也發射一種叫做「咆哮母牛」（bellowing cows）的詭雷發射器（mine thrower），它一連嚎叫六次，讓六枚詭雷進入目標，接著是六聲爆炸。

「我到死都不會忘記那個聲音，」傑塞克．費德洛維茲（Jacek Fedorowicz）寫道。華沙起義時，他才七歲：「詭雷鎖定目標後，其實就只能束手待斃。如果你聽到爆炸聲，就意味著你還活著……我耳朵很靈，能分辨這生死關頭的聲音。」他設法逃出，帶著「全家僅剩的財物……五個盧布金幣縫在我的小熊裡面。除了它之外，在起義之後我搶救出來的，僅有一個水杯，和一本《怪醫杜立德》（*Dr. Dolittle*）。

飛機不斷地轟炸在舊市區的戰士；德軍用機關槍掃射街頭的波蘭人民，破壞人員放火燒毀炸毀龐大的建築，空氣裡盡是灰塵、火花，和硫磺。一到天黑，安東妮娜聽到由奇亞貝茲橋那邊傳來更駭人的隆隆聲響，那是一台重機器的轟鳴。有的人說德國人已經建了火葬場，焚燒死屍，以免華沙發生疫病，有的人則認為德軍已經釋出放射性的武器。河水映照著淡綠的螢光色彩，亮得讓她可以看到河對岸站在窗前的人影。日落之後，這超脫俗世的擾攘還要再添上酒醉士兵隱形的合唱，他們會一路唱到夜深人靜。

安東妮娜寫道，她那一晚徹夜難眠，輾轉反側，恐懼得全身發寒，知覺自己頸後的汗毛全都僵直豎立。結果那怪異的燈光遠非她所想像的那麼複雜：德國人在普拉斯基公園裝了一台發電機，上面有龐大的反射燈，好讓敵人目眩眼花。

就算戰役已經移出動物園區，士兵們依舊會侵入動物園來搜尋和劫掠。一天，一群俄國士兵就「目光炯炯」地來到，忙著搜索櫃子、牆架和地板，想找任何可以偷的東西，就連畫框和地毯也不放過。她迎上前去，靜靜地站穩立場，感覺到這群禿鷹在她周圍盤旋，「就像土狼」一樣衝進房間內。「要是他們猜到我的恐懼，就會把我一口吞了。」她想道。他們的隊長是個亞洲人長相，目光如寒冰的人，他走上前來，狠狠地打量她，泰瑞莎則睡在旁邊柳條編織的小搖籃裡。安東妮娜打定主意不把視線移開，也不移動。突然她抓起她一向掛在頸上的黃金聖像，「露出白牙」。她緩緩地、輕輕地指著寶寶，接著把她幼時曾用的俄語由記憶中解凍，用嚴厲、響亮的聲音說：

「不准！你的媽媽！你的太太！你的姊妹！明白嗎？」

她把手放在他肩上，他似乎吃了一驚，接著她看到他眼裡的狂躁逐漸消褪，嘴部的線條放鬆，就好像她用熱熨斗撫平他臉上的織布似的。她在心中呢喃的低語再度產生了效果，她想道。接下來，他把手伸進自己長褲的後口袋，在這恐怖的一刻，她想起拿手槍瞄準雷斯的德國士兵。不過他抽出手來，打開掌心，只看到幾顆骯髒的糖果。

「給寶寶吃！」他指著搖籃說。

安東妮娜握著他的手道謝，他欽佩地看著她，瞄到她的手上沒有戒指，接著作了個同情的表情，由他自己的手指上拔下一枚戒指遞過來給她。

「這個給你，」他說：「拿去！戴在你的指頭上！」她戴上戒指，覺得心頭一陣「顫抖」，因為它上面有隻銀色的老鷹，這是波蘭的標記，意味著他可能是由陣亡的波蘭將士手上扯下來的。「這是誰的戒指？」她疑惑。

接著他大聲叫喚士兵，下令：「把你們拿的東西都留下來！不聽我的話，我就像殺狗一樣殺你們！」

他的手下聞言都很驚駭，紛紛放下手上的家具和搜羅來的戰利品，還由口袋中掏出一些小東西。

「現在我們走——不准碰任何東西！」他說。

說完這話，她看著他的士兵「就像被套上口套的狗，垂頭喪氣，一個跟著一個離去。」他們全都走了之後，她坐在桌上，再度檢視上有銀色老鷹的戒指，想道：「如果像媽媽、太太、姊妹這樣的字眼，能有改變這些壞人的力量，征服他殺人的本性，那麼或許人類的未來還有一些希望。」

其他士兵偶爾也會來動物園，不過一切平安無事。有一天，一輛車開了進來，裡面是幾個經營第三帝國毛皮農場的職員，「狐人」還在格魯耶茨時，就已經認識他們。「狐人」報告說，他的毛皮動物都還有一身濃密的毛，欣欣向榮，他們則准許他把動物和員工都遷往德國。這麼多動物要搬遷打包可不容易，因此人人都得在這裡再待一下收拾，說不定等起義成功，德國人放棄華沙，就根本可以不用離開動物園了。

在此同時，德軍為了打擊反抗軍，因此空投許多字條，呼籲華沙居民在城市被毀滅之前早點撤離。很快地，德軍用卡車運了更多的重武器到普拉斯基公園來，把它藏在河附近的樹下或灌木叢中。由於德軍駐紮得很近，因此常上門來喝杯水，討碗湯，或要幾個煮好的馬鈴薯。一天晚上，一名高高的年輕軍官來，表示擔心居民住得離戰場太近，安東妮娜解釋說，她和其他人是經營很重要的國防軍毛皮農場，現在正是貉要換毛的時節，不能搬動。因為貉在夏天脫毛，九、十、十一月再重生冬天的新毛，如果現在把牠們裝箱打包，讓牠們受到壓力，送到不同的氣候，擾亂牠們的作息，那麼牠們珍貴的冬毛可能就不會很快長回來。這個理由似乎讓他滿意。

她從不怕雷聲。她寫道，「畢竟那只是填補閃電所創真空的聲響」，但砲火燃燒，無時停歇，空氣並不像暴風雨的序曲那般轉為濕潤，沒有雨水，只有乾雷，不斷地刺激她的神經。一個午後，砲火突然停歇，在那罕見的平靜中，屋裡的女人全都躺下休息，沉浸在那安寧之中。姜恩的母親、努妮亞和艾娃都進房小睡，安東妮娜則在樓下餵寶寶喝奶，在這熱得出汗的日子，全家窗門大開。突然廚房門吱嘎一聲，一名德國軍官走進屋裡。看到她抱著寶寶，停了一下，接著再往安東妮娜走來，酒氣薰人。他到處探查，最後走進了姜恩的書房。

「喔！鋼琴—樂譜！你會彈嗎？」他興奮地問。

「會一點，」她答道。

他翻著巴哈的樂譜，手停了下來，吹起口哨，以高超的技巧吹起賦格曲，她猜他可能是專業音樂家。

「你的音樂品味很高。」她說。

他請她為他彈奏，她雖然忐忑不安，依舊在琴前坐下。她很想抱去泰瑞莎，奪門而出，但卻擔心如果這麼做，恐怕會被一槍打死。因此她彈起舒伯特〈天鵝之歌〉裡的〈小夜曲〉（Standchen），這是一首浪漫的歌曲。她希望這首德國人喜愛的歌能喚起他美好的回憶，讓他平靜。

「不，不要那首！不要那首！」他叫了起來：「你為什麼彈那首？！」

安東妮娜的手指由琴鍵上跳了起來，顯然這是錯誤的選擇，但為什麼？她經常聽到也常彈奏這首德國小夜曲。趁著他走到書架上翻琴譜，她向下瞄，看著〈小夜曲〉的歌詞：

夜裡我的歌聲輕柔地向你懇求
親愛的，和我一起來這寂靜的樹林：
纖細的樹影婆娑，在月光下低吟。
不要怕，情人，告密者惡意的聆聽。
你可聽見夜鶯呼喚？啊！牠們在求你，

用牠們甜美的音樂，牠們為我懇求。
牠們明白我心的渴望，牠們知道愛的痛苦，
牠們用銀鈴般的音調撫觸每一顆柔軟的心靈。
讓牠們也感動你的心；愛人，聽我！
我顫抖地等待著你；前來，賜我喜樂！

這是一顆可以打動任何人的破碎的心，她想。他打開一本國歌曲集，突然滿臉興奮之情，他急切地翻閱尋覓，最後終於找到他想要的曲子。

他把翻開的樂譜放在鋼琴上說：「請為我彈這首。」

她開始彈奏，這名德國軍官則跟著哼唱，用濃重的德國腔唱出英文單字，她疑惑普拉斯基公園的士兵聽到他唱的〈星條旗〉這曲，不知作何感想。偶爾她抬頭偷瞄他半閉的眼睛，當她最後以裝飾奏結束這首曲子時，他向她敬禮，然後安靜地離開了她家。

這名這麼瞭解音樂的德國軍官究竟是誰？她不禁思索，這首美國國歌又和他有什麼關係？「也許他只是和另一個在這附近的德國人開玩笑？」她想，「一定會有人來為這首曲子審問我吧？現在我得擔心有沒有惹惱黨衛軍了。」再過一會兒，她又覺得他可能是要嚇嚇她，如果他真是這個用意，那麼它倒的確有用，因為它的旋律一直在她耳中縈繞不去，直到砲聲再度劃破夜空。

雖然德軍加緊進攻舊市區，安東妮娜依舊期待地下軍會獲勝，但希特勒要毀滅全城的傳言甚囂塵上，很快地，她聽說巴黎已經被自由法國、美國，和英國軍隊解放，而第一個被攻下的德國城市阿亨（Aachen），則被一萬噸的炸彈夷為平地。

她沒有任何姜恩的消息，駐紮在舊市區的他隨著家鄉軍擠進更小的空間，由一間建築打到另一間建築，甚至由同一棟房子或教堂的一個房間打到另一個房間。許多人證都描述當時的情況，說建築物突然由裡面爆炸，一層又一層的爆開，而在外面的人則可能面臨槍林彈雨。安東妮娜和雷斯能做的只是看著猛烈的砲火在舊市區飛竄，想像姜恩和他的友人沿著她熟記於心的石子路前行。

戰地記者席維斯特．布洛恩（Sylwester "Kris" Braun）在八月十四日所拍的一幀檔案照中，可以看到波蘭士兵得意地展示他們剛搶到的德國戰車，姜恩雖不在相片中，但根據照片圖說，他們把這輛像大象一樣笨重的車子取了「傑斯」的綽號，這是華沙動物園公象的名字，在大戰之初被殺死，車子竟會取這樣的名字，恐怕不會是巧合。

32

到九月，德軍向排水溝的人孔投擲手榴彈或燃燒汽油，但依舊有五千名舊市區的士兵逃了出來，其他地點的盟軍在所有的陣線也都各有斬獲：英美兩國在解放法國和比利時之後，也由荷蘭、萊因，和阿爾薩斯攻進德國。雖然紅軍停駐在華沙附近，但卻已經掌握了保加利亞和羅馬尼亞，正準備進攻貝爾格勒和布達佩斯，並計畫由波羅的海橫掃第三帝國，美國則占領了沖繩島，正在進攻南太平洋。

一名德國軍官向狐人保證，不論軍方如何發展，第三帝國都需要寶貴的毛皮農場，因此他該準備把動物裝進通風良好的箱子，移到市郊的小城，以確保安全。由於砲火越來越接近動物園，安東妮娜也準備全家遷移，而狐人打算前往的目的地——小城洛維茲（Lowicz）似乎是個很理想的避難所，位於戰火之外，但離華沙依舊很近。安東妮娜、雷斯、姜恩的母親、兩個女孩、狐人和他的幫手打算一起走，希望大家都以毛皮農場工人的身分順利過關。

選擇該留下哪些寵物，最教他們感到折磨（麝鼠、威塞克、其他兔子、貓、狗、老鷹？）。最後他們決定只冒險帶威塞克，其他都放生到野地，靠牠們自己的智慧生存。

雖然他們可以帶任何想帶的家俬，但最好還是輕裝旅行。因此他們只收拾了床墊、被褥枕頭、冬衣、靴子、水壺、瓶罐、鐵鍬和其他實用的東西。任何值錢的東西都要遠遠藏在砲火和打劫的士兵所難及之處，因此他們把毛皮、銀器、打字機、縫紉機、文件、照片、傳家之寶，和其他的寶貝都收在大箱子裡，狐人和他的助理男孩很快地把它們藏在由家裡通往雉雞園的走廊裡，然後再用磚把隧道口封起。

八月二十三日，出發的日子到了，雷斯看到一枚很大的砲彈落到離家門口五十碼處，卡進泥土裡，但並沒有爆炸。接著防爆小組很快就出現了，一名軍官向他們咒罵，並說中午之後，房裡若還有人，一律格殺勿論。雷斯跑到雉雞園，拿蒲公英葉最後一次餵食兔子，接著打開所有的籠子，放牠們自由。這些兔子為新得到的自由大惑不解，不肯離開，還要雷斯一隻一隻揪著牠們的長耳朵，把牠們抱到草地上。不論在樹叢、池塘，或天空裡，都沒有等著要捉牠們的天敵，家裡最後的幾隻寵物—老鷹和麝鼠，早在前一天就放走了。

「走啊，傻兔子，走！」雷斯趕牠們走，「你們自由了！」

安東妮娜看著這些大大小小的毛球慢慢地跳過草地。突然巴比娜由樹叢中竄了出來，尾巴高高地舉著，跑向雷斯，喉嚨大聲咪嗚叫。貓一有動靜，兔子全都跑了。雷斯把巴比娜抱進懷裡。

「怎麼！巴比娜，你想跟我們走嗎？」他抱著她，朝屋裡走來，但貓掙脫了。

「你不想跟我們走？真可惜，」他說。接著難過地補上一句：「不過你很幸運，至少你能待在這裡。」牠由樹叢間跑了。

安東妮娜在門廊看著這一幕，也感受到想留在家裡的強烈欲望。但同樣強烈的，是期待即將到來的卡車把她們送到火車站。她一再地看錶，雖然「指針毫不留情地移動」。她的心裡閃過跳進華沙某個避難所的念頭，但他們能去哪裡？她擔心行動不便的婆婆，「連半哩也沒辦法走」，何況還可能遭德軍伏擊，據說他們逮捕了每一個看得見的波蘭人，送到普洛茲柯（Pruszków）附近的死亡營，因此衡量一切，和毛皮農場的動物一起向西行，才是最合理的選擇。

最後，在上午十一時半，狐人的老卡車終於鏗鏘鏗鏘地抵達，他們很快地裝好行李，把動物園拋在後面，穿過小巷，抵達火車站，貨車廂已經在那裡等待，已經裝滿了狐、貂、河鼠、貉和威塞克。安東妮娜和大家一起登上火車，不久車子就跨過河流，停了幾站，收載更多的乘客，再緩緩駛出。抵達洛維茲之後，他們把箱籠都搬下來，等著由波蘭其他地方送來的毛皮動物，再把所有的動物一起送到德國的一個大農莊。安東妮娜整天在村子裡閒逛，因為自己的自由和整個城市毫無戰火波及的寧靜而突然有些不習慣。第二天，她四處打探消息求助，聽說前波蘭總理的兒子安德列茲・葛拉布斯基（Andrzej Grabski）正好是德國毛皮公司的幹部，她向他說明自己擔心帶幼兒去德國會不安全，葛拉布斯基為她在城裡找了一個暫時的棲處。六天後，她向狐人道別（他得和動物一起留在洛維茲），往瑪麗維村出發，雖然只有四哩路，但卻是「漫長、緩慢，簡直像永恆一般的旅程」。

他們終於來到老莊園裡的校舍，一名婦女讓他們睡在一小間教室裡，教室的木牆已經沾上汙土而斑駁，地上也都是泥土和稻草。天花板上掛滿蜘蛛網，窗框也都破了，到處都是蒂。他們把威塞克的籠子放在一個土窯旁，安東妮娜寫道，牠抓門想出來的聲音是一片寂靜中唯一的聲響。在數週的爆炸和槍火之後，這樣的寂靜只教人覺得心慌，不是教人平靜的鎮定，而是一片空虛、不自然、教人焦躁的聲音，「對我們的耳朵是一種折磨。」

「這樣的寂靜教人毛骨悚然，」雷斯說。他用雙手環抱著她的脖子，緊緊摟著她。雖然她不希望他擔驚受怕或受折磨，但她寫道，他需要她的撫慰，還是讓她覺得很開心。在不確定又狂暴的八月，她看到他想要表現得堅強而成熟，但現在，教她安心的是，「他終於能夠再成為一個孩子。」

「媽，我知道我們永遠不會再回家了。」他熱淚盈眶地說。

由戰爭中的舊古城遷到平靜的小村落，他們並沒有長居的打算，雖然已經和朋友、親戚及地下軍失去聯絡，但也不再恐懼砲火。安東妮娜因為喪失了平日的支柱，因此描寫自己感受到「被我無法用言語形容或改變的災難籠罩……既不真實，又虛虛浮浮。」但她誓言要讓雷斯振作起來。

他們在找掃帚、抹布，和水桶之際，敲開了柯寇特太太（Mrs. Kokot）的門，她是當地的老師，和作鐵匠的先生和兩個兒子同住。這是個身材矮小而結實的婦女，用有酒窩的笑臉和因操持家事而粗糙的雙手迎接他們。

「抱歉，」柯寇特太太說，「我們沒時間先幫你們清理教室，我先生明天會去看看，幫你們裝個火爐。不要擔心，一切都不會有問題的。你們很快就會安頓下來，把這裡當成自己的家。」

接下來幾天，柯寇特太太送來麵包牛油，並為泰瑞莎帶來了一小小的木製澡桶和水。很快地，生活不再那麼悲慘，但安東妮娜擔心雷斯，因為他「喪失了他所認識的一切……就像一小片草被強風吹起，遠遠吹到花園之外。」因為「離開華沙的震撼，和對父親的憂慮」，再加上「所有的未知和貧困」，因此他沮喪憂鬱而情緒化，也在她意料之中。

但隨著日子一天天過去，雷斯和柯寇特家人漸漸熟稔，他們的日常生活井井有條，有他所渴望的秩序。安東妮娜擔心雷斯在整個戰爭期間，扮演成人的角色比孩子多，因此會「斷然拒絕接受童年，任何把他當孩子看的人，不免會得到粗魯的回應。」但柯寇特一家規律的生活，孩子們上學遊戲，不受恐懼的侵擾，對雷斯是靈藥。她寫道，他觀察他們的生活，羨慕他們這一家各盡其職，並做許多慈善的活動——柯寇特太太會騎著腳踏車到村裡為病人注射，或幫他們到城裡請醫生；她先生則會為鄰居修引擎、縫紉機、橡皮輪胎、手錶和其他生病的器物。

「雷斯對知識分子沒有多大興趣，」安東妮娜想道，「他覺得一天到晚想抽象的念頭很傻，寧可學習實用的知識，因此他很尊重柯寇特家人的才華、常識和辛勤工作。」他成天跟著柯寇特先生，幫忙換破玻璃的窗框，用苔蘚和稻草滿木窗的裂縫，或者用稻草襯墊或燈油和沙的混合物填補牆上的破洞。

接著雷斯有了教人吃驚的舉動，他把鍾愛的兔子威塞克送給柯寇特家的兩兄弟傑德瑞克（Jedrek）和查比塞克（Zbyszek），作為友誼的表示。這個特別的表示並沒有改變威塞克的生活，因為這些男生一直都玩在一起，不過餵食威塞克和為他計畫未來的特權卻轉了手。安東妮娜記錄道，起先，威塞克並不明白究竟發生了什麼事，接著她聽到雷斯嚴肅地向牠詳細說明現在牠的飼主是誰，牠該睡在哪裡，在那之後，雖然威塞克一直想偷溜回雷斯的房間，但總在門口就被擋駕。

「現在你和傑德瑞克和查比塞克一起住，傻瓜！」雷斯說：「怎麼連這麼簡單的道理你都不懂？」

安東妮娜看到兔子聽雷斯說話，牠抽動耳朵看著他，「彷彿牠很懂一樣。」但一等雷斯把牠送回兩棟公寓間的走廊，把牠放下，關起牠身後的門，威塞克就抓門，想要回去。

安東妮娜再一次感到憂鬱。她一五一十地記錄下來，既沒大驚小怪，也沒加油添醋，彷彿它就是天氣一樣。這段旅程耗盡了她的心力，「就像一片恍惚之間，」她催迫自己保住食物，協助她自己小小的婦孺部落。她設法由村裡的一名婦女那裡弄來馬鈴薯、糖、麵粉、和小麥，再由住在同一條路上的男人那裡換來泥煤當作燃料，並由鄉下買到每天半公升牛奶。

經過六十三天激烈的街頭巷戰，轟轟烈烈的華沙起義終告失敗，大半的城市已經化為廢墟，華沙剩餘的家鄉軍也都投降，交換德軍人道對待戰俘的承諾（然而大部分的倖存者都被送往勞動奴工營）。擠滿傷患的醫院還來不及疏散病人，就被焚燒一空，婦孺則被繩索綁在戰車上，以防狙擊手埋伏。希特勒下令德國教堂連續敲鐘一週，藉以慶祝勝利。

洛維茲和瑪麗維村附近，路上滿是尋求棲身之處的難民。這裡有許多封建的領地，還有許多莊園房屋、小農莊、村落和 莊園所雇的本地人氏。一天又一天，越來越多的人擠進這個地區，當地的農夫看到如此多飢餓和恐懼的人們湧進他們的土地，站在他們的門口，不由得膽戰心驚，連忙懇求當地的官員把難民送到別處去。

安東妮娜和家人剛到校舍時，盡量保持低調，不敢招人耳目，以免蓋世太保追查，但隨著日子靜靜地過去，他們也開始放鬆心情。在瑪麗維村待了幾週之後，因為華沙投降，他們開始打聽家人和親友的消息，安東妮娜等著姜恩的信息，她相信他總有一天會神奇地出現，「上窮碧落下黃泉」地尋找她。就像一九三九年慕勒博士協助時一樣。她對姜恩在起義初期時奇特的好運氣一無所知，原來他被子彈射穿脖子，被火速送到喜梅納街上的醫院等死，因為人人都以為子彈貫穿脖子，不可能不傷到食道、脊椎、靜脈或動脈。幾年後，安東妮娜碰到當時治療他的凱尼格醫師（Kenig），他回想起當時來，還驚訝不已：「就算我把他麻醉了，重新照子彈走的路線再走一遍，也做不來！」德軍占領這家醫院後，他被送往專關軍官的戰俘營，雖然傷勢痊癒，卻又受飢餓和物資缺乏所苦。

安東妮娜發函給朋友，他答應為她傳遞消息。努妮亞則沒有回父母身邊，而是和安東妮娜和雷斯待在一起，一邊幫忙，一邊也作信差。有一天，她在天尚未黎明之前即起床，等了數小時，乘馬車經洛維茲赴華沙。一路上她貼了許多小紙條，詢問姜恩的下落，並附上安東妮娜的地址。她把這些紙條別在樹上、電線、籬笆、建築物、火車站的牆上，這些地方都成了公共的失物招領處。柯本斯基還記得：

所有車站的籬笆上都有成百上千的告示和地址，不是先生找太太，就是父母找子女，還有許多宣告自己下落的紙條。從早到晚，人們都成群結隊站在這些「轉信中心」之前。

很快地，安東妮娜就接到幾封提供線索的信息：姜恩頸傷時的醫院護士、瓦瑞基廣場的郵差、維爾查街動物博物館的警衛。他們全都寫信說明姜恩的下落，讓安東妮娜有了希望。最後她聽說他被送往德國戰俘營，就和努妮亞寫了十來封信給所有囚禁軍官的戰俘營，打探消息。

33 一九四四年十二月

冬天降臨，無盡的泥潭終於結冰，大地也變得又硬又僵，埋在厚厚的白雪之下，安東妮娜則忙著準備和戰前截然不同的聖誕節。在聖誕夜，波蘭人總要先上十二道素菜的餐點，然後交換禮物。動物園的聖誕夜一向都特別富裕。安東妮娜記得「馬車滿載沒有賣出去的聖誕樹，駛進動物園，這是給動物們的禮物：烏鴉、熊、狐，還有其他種種動物都愛嚼或啄食這充滿香氣的樹皮，或者常青樹的針葉。聖誕樹被送往各個鳥屋、籠子，或者動物的居處，聖誕佳節由華沙動物園正式展開。」

整個晚上，燈籠的光如彗星一般繞著地面運行。一名員工盡忠職守，看著珍奇動物那區，檢查建築物的熱度，添加爐火中的煤炭；幾名人手忙著把多餘的乾草送到穀倉和開敞的動物欄舍；其他人則忙著把多餘的乾草送到鳥棚中，讓熱帶的鳥類在其間保持溫暖——這個情境是充滿舞蹈火燄的庇護所。

一九四四年這個聖誕夜，雷斯和查比塞克一邊朝樹林跑去，一邊向安東妮娜大喊：「小孩子應該有點樂趣。」稍後，兩個孩子拖著兩棵小樅樹回來。

根據當地的傳統，聖誕樹要在白天裝飾，等夜裡看到第一顆行星時再點燃燈火（以紀念伯利恆之星）；接著上晚餐，並為未能回家團圓的成員留個空位。安東妮娜寫到她爬上凳子裝飾聖誕樹，寶寶泰瑞莎拍手覺得有趣，不停地牙牙學語，讓全家在樹上裝飾了閃亮的樹枝，以及「三個蘋果、幾片薑汁麵包餅乾、六枝蠟燭和幾根雷斯用稻草做的孔雀尾巴。」

在聖誕佳節，吉妮亞來訪，教安東妮娜喜出望外。她因為地下軍的活動，冒著很大的風險：搭火車，接著在酷寒的冷風中走了四哩，送來金錢、食物和朋友的訊息。但安東妮娜和雷斯卻依然打聽不到姜恩的消息，一天，柯寇特太太一如平常騎車到郵局，他們也一如平常地看到她回來：隨著她越騎越近，小小的身影也越來越大，越來越清楚。這回她揮著一封信，雷斯只穿著襯衫跑去迎接，他抓著信，衝回家門，柯寇特太太跟在後面，一臉微笑。

「終於，」她說道。

安東妮娜和雷斯把信反覆讀了幾次之後，雷斯跑去把這消息告訴柯寇特先生。安東妮娜記載道，雷斯先前很少提到他的幽靈父親，如今他終於可以談他了。

在當今華沙動物園的檔案中，除了札賓斯基家捐出來的照片之外，還有一件很奇特的物品：姜恩由戰俘營寄給家人的卡片。上面除了地址之外什麼文字也沒有；反面是姜恩的漫畫，他穿著鬆垮垮的制服，兩邊的肩章各有兩顆星，脖子上繫了一條深色的圍巾，飄垂在腰間。他為自己畫上鬍渣，眼袋和長長的睫毛、滿是皺紋的眉，還有禿頂上伸出的三小撮頭髮。他的嘴上含著菸蒂，一臉無聊厭煩。上面什麼也沒寫，什麼也沒暗示，只有一幅介於痛苦和幽默之間的畫，刻畫他雖遭打擊，卻未喪志。

紅軍終於在一月十七日開進華沙，這時這個城市早已投降，想幫忙也來不及了。理論上，俄軍應該把德國人趕走，但為了政策、戰略和實際的理由（其中一個是已經損失了十二萬三千人），他們駐紮在維斯杜拉河東岸，滿足地看著兩個月的時光血流成河，成千上萬的波蘭人被屠殺，更多被送往集中營，整個城市被徹底的滅絕。

哈莉娜、她的表姊伊瑞娜．納洛卡（Irena Nawrocka，前奧運擊劍冠軍，戰前曾旅行過很多地方），和另外三名女性傳信員被德軍逮到，命令她們和一大群警衛及俘虜由華沙走到奧沙洛的集中營。農場工人由田裡混進來，把工作服交給她們，讓她們穿上，再拿著工具，然後趁著筋疲力竭的警衛發現之前，把她們由群眾中拉走，躲在成排的亞麻之間。她們就這樣混在農場工人中，逃到拉可潘鎮〔Zakopane，在塔特拉（Tatra）山區〕，她們在那裡躲了幾個月，直到戰爭結束。

34
一九四五年

成群烏鴉在天空盤旋，最後才降落在白雪覆蓋的大地。在這潮濕、溫暖的一月早晨，暗色的樹枝在霧中閃爍，光是呼吸，就像吸入棉花一般。這個早上，滿是各種訊號。安東妮娜聽到重武裝卡車的轟隆聲、飛機的磨擦聲響，以及遙遠的爆炸聲；接著有人喊道：「德國人逃了！」不久波蘭和蘇聯的軍隊出現，同步邁進，一長串的蘇聯車隊爬過，當地人民很快就揮舞著紅旗，歡迎解放者。突然一大群白鴿飛向天空，在士兵的頭上高飛不去，接著重新組合成單朵雲朵，飛得更高。「時間再完美不過，」安東妮娜寫道，「一定是有電影導演安排了這幕象徵的情境。」

雖然安東妮娜期望姜恩獲釋，但她還是決定在瑪麗維村過冬，因為帶著小孩跋涉回華沙似乎有點危險。不過當地的孩子渴望回學校上課，這意味著安東妮娜一家人得離開校舍，另謀臨時住所。在她伙食費花光，又得買牛奶餵寶寶之時，莊園裡的人憐恤她，送來了一些食物。幸好她還存著一些金「小豬」（盧布），可以作為回華沙的路費，因為她知道這段旅程一定所費不貲。回程路上依舊塞滿難民，只是這回大家是趕著回家，歸心似箭；雖然大家早已經聽說他們的公寓已是一片廢墟。努妮亞匆匆到前面去打探，帶回消息，說她已經找到住在動物園附近的朋友，可以暫時棲身；另外她還說，動物園的家雖然歷經砲火摧殘，也遭劫掠，但房子還在。

安東妮娜需要一輛大卡車，這在當時可算稀有物資，不過她用一大袋馬鈴薯和朝東走的士兵談妥條件，順道載她們一程。動身的那天，氣溫零度，只有包在羽絨小被裡的寶寶沒有隨著巔簸的車身顫抖，車子不時得停下來，接受巡邏士兵的搜查。她們在沃勒其（Wlochy）下車，接著又找到一名俄國駕駛，答應用他敞篷的卡車載她們一段，於是她們又爬了上去。

等她們終於進入華沙市界，卡車兩邊濺起的都是髒雪和沙，雪發出臭味，沙則刺激她們的眼睛。大家圍坐在一起取暖，她寫道，她所看到的一切都教她「頭暈想吐」，因為雖然事先已經有傳言、警告和人證的報導，但她心理依舊沒有準備好要面對如此破爛的城市。由檔案照片和紀錄片可看到，被燒得黑焦的窗戶和門框頹然枯立，高聳的辦公大樓如今成了一眼可以望穿的許多房間，公寓和教堂就像冰河一樣崩解，所有的樹都已經七零八落，公園裡堆滿瓦礫，超現實的街道上則布滿了薄如墓碑的牆面。在鏡頭下，一臉病容慘白的冬日陽光滲入布滿坑疤的建築縫隙，在生鐵電纜、扭曲得奇形怪狀的管子和鐵上氾濫。市內八五％的建築都已經被毀，原本富麗堂皇的城市，如今卻像巨大的垃圾堆和墓場。一切都化為原本的組成分子，所有的宮殿、廣場、博物館、街區和地標，全都化為一堆斷垣殘壁。照片說明標題寫著「死城」、「廢墟」、「瓦礫山」。雖然天氣僵冷，但安東妮娜卻寫道，她開始出汗。那天晚上，在震驚和筋疲力竭之餘，她們在努妮亞的朋友那裡度過。

第二天一早吃過早餐，安東妮娜和雷斯就急急趕回動物園，雷斯先往前衝，接著繞了回來，因冷而雙頰泛紅。

「媽，我們的房子還在！」他興奮地大嚷，「說它已經被毀的人是騙我們的！它雖然被破壞了，沒有門或地板，我們家的東西也都被偷得精光，但屋頂和牆還在！媽，還有樓梯！」

一層雪覆蓋在地面上，大部分的樹都已經被砲火炸斷，但還有些纖細的黑色樹枝襯著藍色的穹蒼，就像猴屋、他們家和其他幾棟建築的廢墟一樣。家裡二樓有一整個房間消失不見，一樓所有的木頭也都被拔光——門、櫃子、窗框、地板——她想它們應該是在冬天時，被拔下來生火取暖。地下室和他們用來藏寶雉雞園之間的地下走道，非但塌落，且根本就消失了（但沒有任何報告說戰後有人挖掘）。地上滿是散落的潮濕文件和書本紙張，他們不得不踩過去，結果弄得更亂。大家一起在滿地堆積的東西裡挖掘，收集骯髒的文件和泛黃的相片，安東妮娜細心地把它們一一收在皮包裡。

她們冒著酷寒檢視花園，挖鑿炮彈和彈殼，並且測量地面，到處是柵欄、防戰車的壕溝、鐵片、刺網和未爆彈。她擔心有地雷，不敢再向前走。

眼前的景象和氣味都像「戰爭才剛離開此地」，她一邊在計畫重新整修，雷斯則一邊以從小到大成長的記憶，和眼前這片廢墟相比，測試自己的記憶力。安東妮娜檢視他們前一年曾種蔬菜的地方，在風吹走一小片雪的空地，她看到地面上有一株小小的草莓。「這是新生命的預兆。」她想道。就在這時，地下室的窗戶有東西在動。

「會不會是老鼠？」雷斯問。「老鼠太太。」安東妮娜說。

「是貓！」雷斯喊道，「牠跑到樹叢裡看著我們！」

一隻瘦巴巴的貓全身警覺地蹲在角落，安東妮娜不禁想是不是有人想抓牠燉湯。

「巴比娜？老貓！親愛的貓！巴比娜，過來！」雷斯邊爬過去邊喊。他一次又一次地叫牠的名字，直到牠鎮定下來，好像突然記起來似的，像一隻滿身是毛的羽毛箭一樣飛來，跳進雷斯的懷裡。

「媽，我們得帶牠回史塔洛瓦街（Stalowa）！不能讓牠留在這裡！拜託！」雷斯懇求道。

雷斯朝大門走去，貓卻不安地扭動身體，跳了下來。

「就像去年夏天一樣，」雷斯慍怒地說，「牠又要跑了！」

「讓牠走，」安東妮娜柔聲說，「牠一定有什麼重要的理由要留在這裡，我們不明白的理由。」雷斯放開牠，牠一個箭步衝到樹叢中，接著停步，扭著骨瘦如柴的飢餓臉龐回頭看他們。牠喵喵叫，雷斯翻譯說：「我要回家去了，你們呢？」

對安東妮娜而言，再也不可能回到以往的生活。咯咯叫的雁、咕咕鳴的鸕鶿、嗚咽的鷗、陽光下邊漫步邊展開虹光般尾部的孔雀、獅子老虎的低吟、搖擺如繩索般藤條邊唱著顫音的猴子、泡在水池裡的北極熊、盛放的玫瑰和茉莉，以及那兩隻「和我們的山貓結為密友的水獺——牠們不睡在籠內……反倒趴在山貓柔軟的毛上，吸吮牠們的耳朵。」原先山貓、水獺、小狗同住在一個屋簷下，同在花園玩起無止無盡追逐遊戲的日子已經逝去。她和雷斯進行了一個私人的儀式——向所有破損廢棄的物品一一承諾，「一定會記住它們，並且很快就回來協助。」

35 餘波

瑪格達蕾娜．葛羅絲在藏匿期間，嫁給了莫瑞希．法蘭柯，華沙起義之後，他們搬到東邊的露柏林，藝術家和知識分子都聚集在帕雷塔咖啡店（Café Paleta）。她由咖啡店認識了當地的前衛藝術世界，包括許多不用言語的劇場：音樂劇場、舞蹈劇場、繪畫劇場、影子劇場和以紙衣服、破布、或小火燄為特色的劇場。波蘭長久以來的政治木偶戲傳統在戰時已經消失，但她在露布林卻和一群志同道合的熱心人士一起，夢想建立新波蘭的第一個木偶劇場。他們不再採用傳統大膽的紙塑造形，而用栩栩如生的臉部表情，用絲織品、珍珠和珠子裝飾木偶。第一場表演於一九四四年十二月十四日在露布林舉行。

一九四五年三月，瑪格達蕾娜和莫瑞希回到剛解放的華沙，既沒電，也沒瓦斯或交通；僅存的幾間房子歪歪斜斜，連窗戶也沒了。她渴望再做動物雕塑，因此開門見山劈頭就問安東妮娜：「你們什麼時候才會有動物？我得雕刻！我已經浪費了這麼多時間！」如今既沒有紅鶴、鸛鳥或其他她偏愛的異國珍禽，她只好雕刻唯一的模特兒，一隻小鴨子。而又由於她慢工出細活，因此隨著小鴨化為成鳥，她又得不停地修修改改。不過這依舊是她戰後的第一個作品，值得慶祝。她們所知的華沙，在戰前有一百五十萬人口，但一九四六年春，另一位訪客，喬瑟夫・唐納本博士（Joseph Tenenbaum）卻說：「頂多只有五十萬人。至於居住的空間，容納十分之一都不夠。許多人依然住在地下室、山洞、地窖和地下避難所中。」但他對他們高昂的情緒印象深刻：

普天之下，沒有人像華沙的人這樣，對危險毫不介意。華沙有不可思議的活力，還有具傳染力的大膽精神。生命的脈動以教人不可置信的快速步調進行，居民或許穿著襤褸，一臉風霜，一副營養不良的表情，但他們並沒有意氣消沉。生活很緊張，但並不沮喪，甚且可以說歡喜。人們汲汲營營、忙忙碌碌，歌唱歡笑，帶著自信的神采⋯⋯

一切都帶著節奏和浪漫，還有教人屏息的自傲⋯⋯這個城市就像蜂巢一般，全城都忙著工作，除舊布新，清理填補。在最後一名納粹士兵離開之後，華沙就開始浴火重生；自此之後，它就一逕在更新、建築、整修、重建，不等待計畫、金錢或材料。

他在全市各處，都聽到哈莉絲（A. Harris）詠嘆調的旋律，不論是口哨、哼唱，還是在人們工作時，透過中央廣場的廣播，這是非正式的「華沙之歌」。它的歌詞誓言：「華沙，我親愛的，你是我夢想和渴望的目標……我知道你今非昔比，因為你經歷了血腥的歲月……但我會重建你的光輝。」

姜恩在一九四六年春由戰俘營回家；一九四七年，他開始清理、修復。他建造了新的建築和籠舍，重新打造動物園，只收納了三百隻動物，全都是華沙居民所捐的本地品種。動物園走失的動物，有些找了回來。連在轟炸期間由籠子挖洞逃出的小獾，也在游過維斯杜拉河之後，被波蘭士兵用裝醃菜的大桶子運了回來。瑪格達蕾娜則雕刻了〈公雞〉、〈兔子一〉、〈兔子二〉，但後來健康情況不佳，因此也減產（安東妮娜說這是受戰爭所害）；到一九四八年六月十七日，她完成〈兔子二〉那天去世。她一直有為動物園創造大型雕刻的夢想，安東妮娜和姜恩也很希望她有這樣的機會，尤其動物園是擺設大型藝術品最好的場所。現今的華沙動物園，大門口就有一隻真實大小的斑馬，用鐵條作為凸起的肋骨斑紋。瑪格達蕾娜的一些作品現在妝點著動物園長的辦公室和華沙美術館，正符合安東妮娜和姜恩的願望。

就在一九四九年七月二十一日華沙動物園重新開幕前一天，姜恩和安東妮娜把葛羅絲的雕刻〈鴨〉與〈公雞〉安放在遊客必經的大噴泉階梯上。二十一日恰好是週四，他們挑選這一天，很可能是避免在二十二日週五開幕，因為大家還是把這一天和一九四二年摧毀華沙猶太區的那個不吉之日聯想在一起。

兩年後，雖然姜恩才五十四歲，卻突然由動物園長職位退休。戰後的華沙在蘇聯統治之下，並不喜歡用曾參加過地下軍的人，而他又和政府官員意見相左，或許因此才覺得該退休。戴維斯描述當時的情況：

任何膽敢歌誦華沙戰前獨立情況，或是回想當年華沙起義盛況的人，都會被當成口出狂言的危險人物。即使是私底下，大家講話依舊得小心：到處都有向警察告密的奸細，兒童得去上蘇聯式的學校，以告發朋友和父母為榮。

姜恩辭職之後依舊得養家，再加上他還是對動物學很有興趣，因此他專心寫作，共寫了五十本書，啟發人們對動物生活的瞭解，宣揚保育的觀念。他也經常上頗受歡迎的廣播節目，談同樣的主題；另外，他還繼續和國際歐洲野牛保育協會合作，復育位於比亞洛維察森林中小小的野牛群。

奇怪的是，這些動物能夠存活，也是由於路茲．海克的努力。他在戰爭期間，把他偷運到德國的三十頭野牛又送了許多回來，還包括復育後，長得十分類似的品種，送回比亞洛維察森林野放，這正是他想像希特勒及心腹在戰後可以打獵的地方。盟軍後來轟炸德國，炸死了這些野牛的母牛群，因此留在比亞洛維察森林裡的野牛，成為這個品種唯一的希望。

一九四六年，國際動物園長協會在鹿特丹舉行戰後的頭一次會議，歐洲野牛血統書記錄的工作，落到姜恩的頭上。他開始追蹤戰後存活的所有野牛品種，也包括在德國育種實驗的那些牛群。他的研究包括了戰前、戰時和戰後的血統，並把整個計畫和血統觀察的任務應用到波蘭人身上。

姜恩為成人寫書，而安東妮娜則展開童書大業，養育兩個孩子，並且和她各奔天涯的**客人**大家庭保持聯繫。姜恩親自（經過勞工局建築）由猶太區領回來，包括卡齊歐和魯德威尼亞．克拉斯克〔知名畫家羅曼．克拉斯克（Roman Kramsztyk）的堂兄妹〕、傳染病專家赫斯斐醫師、羅沙．安索羅納醫師及其母親，她們在姜恩家待了一下子，然後搬到姜恩朋友推薦，位於維多克街的寄宿處；但幾個月後，她們被蓋世太保逮捕遇害——是姜恩家的**客人**中，在大戰中未能存活僅有的兩位。

凱尼格斯萬夫婦安然度過德軍占領時期，並去孤兒院領回了小兒子；但一九四六年山繆因心臟病過世，雷齊娜帶著孩子移民以色列，再婚後在合作農場工作，她永遠忘不了在動物園的時光。「札賓斯基家就是諾亞方舟，」雷齊娜在戰後二十年接受以色列報紙專訪時說，「有這麼多人和動物都躲在那裡。」瑞秋．奧爾巴克也搬到以色列，不過在那之前，她先赴倫敦，並把姜恩關於歐洲野牛存活情況的報告交給倫敦動物園戰前園長朱立安．赫胥黎（Julian Huxley）。伊瑞娜．瑪塞爾則在以色列安頓下來，也在戰後招待過赴以色列的札賓斯基夫婦。尤金尼亞．希克斯搬到倫敦，接著轉往紐約，在意第緒科學研究所圖書館工作。

協助猶太兒童逃出猶太區的艾琳娜．山德勒被蓋世太保捕獲，施以酷刑，不過在地下軍友人的幫助下，她逃了出來，一直藏匿到戰爭結束。雖然她腿斷了，但依舊在波蘭擔任社會工作者，為殘障人士努力。在戰爭期間，汪妲．英格勒特搬遷多次，她的丈夫亞當在一九四三年被捕，被送到帕維克監獄、奧辛威茲集中營，和布亨瓦德集中營（Buchenwald）；不過他很神奇地大難不死，後來和妻子團圓，遷居倫敦。

傳遞信息的兩個女孩，哈莉娜與伊瑞娜如今依舊住在華沙，而且保持密切的聯繫，逾八十二年來一直都是心腹之交。在伊瑞娜公寓的牆上，除了掛著她擊劍的獎牌之外，還有她年輕時和哈莉娜的照片，神采奕奕、容光煥發、滿眼都是對未來的希望——這是鄰居在戰時幫她們拍的照片。

哈莉娜和我坐在布里斯托旅館（Bristol Hotel）中庭餐廳，混在一桌桌的遊客和商人之間，長長的自助餐檯滿是美味佳餚。我看到她的臉在記憶的無線電台中切換，接著她輕輕哼起一首她在六十多年前聽過的歌，是一名年輕英俊的士兵對著路過的她所唱的歌：

你還不明白這些，我的女孩，
你還不知道最近
你是我的美夢理想。
若我能把你摟在懷中，
而且愛你
遠甚今朝。

哈莉娜因回憶的醇酒而臉紅，而甜美的記憶卻埋藏在更多悲哀的影像之中。這是戰時記憶常見的，有它們自己特殊的歸檔系統，它們自己的生態，就算其他的餐廳客人聽到，也沒有任何人嘆息。我環顧四方的餐桌列島，明白在這約五十位的客人中，她是唯一一位年齡足以懷抱戰時記憶的客人。

雷斯如今是土木工程師，自己也做了父親，住在華沙一間八層樓的無電梯公寓，沒有寵物。他一邊和我爬樓梯，一邊解釋：「狗爬不上這些階梯！」年逾七旬的他既高又瘦，但爬起樓梯來依舊精神矍鑠。他友善又好客，但也有一些戒心，證諸幼時戰爭的教訓，倒不足為奇。「我們那時，隨時隨地都是活在當下。」他坐在客廳裡翻著父母的老照片、他們所寫的書、野牛的畫像和父親的素描。他說，動物園的生活對那時還是兒童的他並沒有什麼特殊之處，因為「我知道的也只有這個」。他提到自己看到炸彈落到家門附近，明白只要它爆炸，自己就會被炸死。他還記得自己當瑪格達蕾娜的模特兒，花很長的時間，坐在那裡一動也不動，等著她小心翼翼地塑泥弄土，他也很欣賞她快活地工作。他告訴我，他母親在天氣和暖時，會在陽台上放滿盛開的花壇，她特別喜歡一臉沉思模樣的紫羅蘭（pansy），因為它的英文名字是源自法文pensée，意思就是思想。她愛蕭邦、莫札特，和羅西尼。難怪他覺得我有些問題很是奇怪——我想知道她母親的氣味、她走路的模樣、她的姿態、語調、髮型。對所有這類的問題，他的回答都是「和其他人差不多」、「正常」。我很快就發現，這些都是他若非沒尋訪，就是不想和人分享的記憶絲縷。他在戰爭後期出生的妹妹泰瑞莎嫁到北歐，我請已經長大成人的雷斯和我一起去探訪他兒時的房子，他很親切地答應了。我們一起探索他童年的家，小心翼翼地走過飾有鐵砧形門檻的門框。我很訝異他測試自己記憶的方式，比較過去如何，現在又如何，就像安東妮娜描述他幼時，回到戰後滿目瘡痍的華沙一樣。

在灑布於歷史之間的諸多曲折命運中，柏林動物園也像華沙動物園一樣，經歷猛烈的轟炸，讓路茲．海克也受到像他讓札賓斯基夫婦所經歷的同樣焦慮和煎熬。他在自傳《動物——我的冒險》中，寫到自己飽受創傷的動物園，教人動容。但他和札賓斯基夫婦不同之處，是他知道動物園會遭到什麼樣的破壞，因為他已經親眼看到了華沙動物園的經歷，只是他從未提華沙動物園遭轟炸的事。他狩獵用的動物、大批照片收藏、和無數的日記，到戰爭結束時已經消失一空。在紅軍進逼之際，路茲離開柏林，以免因劫掠烏克蘭動物園而被捕。他餘生都在威斯巴登（Wiesbaden）度過，經常出國打獵。路茲在一九八二年去世，比他的弟弟漢斯晚一年。路茲的兒子也叫漢斯，在一九五九年移民到紐約州卡茲奇山（the Catskills），經營一家小動物園，以所畜養的普氏馬知名，這些普氏馬就是漢斯叔叔在戰時培養的普氏馬後代。有一段時間，慕尼黑動物園畜養了在蒙古之外舉世最大群的普氏馬群（有些是由華沙動物園竊走的）。

總計起來，約有三百人經由華沙動物園的轉運站，轉往他們遊牧生活的其他站。姜恩總覺得這則傳奇真正的英雄是他的太太安東妮娜，而且也公開這樣說：「她很擔心可能會有的後果。」他向以色列報紙《新消息報》（*Yediot Aharonot*）專訪記者諾亞．柯利格（Noah Kliger）說：「她很怕納粹會報復我們和我們年幼的兒子，她怕得要命，但卻藏在心裡不說，還協助我（做我的地下軍活動），從沒有要求我停止。」

「安東妮娜是家庭主婦，」他對另一家以色列報紙的記者丹卡．納尼許（Danka Narnish）說，「既沒參與政治，也沒參加戰爭，又很膽小害羞；雖然如此，但她在救人上，還是扮演了重要的角色，從不抱怨危險。」

「她的信心，可以卸除最有敵意者的心防，」他向另一位不知名的記者說，還說她的力量來自於她對動物的愛心。「她不只認同牠們，而且有時候似乎解下自己人類的一面，變成黑豹或土狼，於是她採取了牠們作戰的本能，成為自己這個族類的無畏鬥士。」

他向記者亞隆．貝克（Yaron Becker）解釋：「她受的是非常傳統的天主教養，但這並不妨礙，反而加強她要忠於自己的決心——雖然這意味著承受許多自我犧牲。」

馬卡．杜拉克（Malka Drucker）和蓋．布洛克（Gay Block）想探索救援者的個性，因此訪問了上百位戰時曾伸出援手的人：結果發現他們有共同的個人特質。營救者往往有決斷、思想敏捷、愛冒險、獨立、甘冒風險、態度開放、反叛、非常有彈性——能夠更改計畫、放棄舊習慣、隨時隨地改變既有的日常慣例。他們往往不會墨守成規，許多救援者雖然都願對自己所信奉的原則以死相殉，卻不覺得自己是英雄。通常這樣的人都會像姜恩一樣說：「我只是盡我的義務——如果你能救人性命，這就是你的義務。」或者：「這是我們該做的。」

36 二〇〇五年，比亞洛維察

I

在波蘭東北角原始森林的邊緣，光陰似乎消逝得無影無蹤。二十餘隻馬映著耀眼的碧藍穹蒼，在巨松下的沼澤草地上吃草。在霜氣迷濛的清晨，牠們在蒸汽的氣泡裡啃食青草，離開時身後留下甜美的皮革氣味。牠們身體的霧氣會隨著牠們離去，但氣味卻久久不散，就像看不見的雲朵飄浮在雜亂的腳印上一樣。有時，在碎石小徑或布滿落葉的小路上，未見到蹄印的蹤跡，人們就走進一股強烈的氣息之中，突然被野馬的氣味環繞。

由春到秋，馬兒自由自在，涉過池塘，啃食樹叢、樹枝、地衣和草地。十月中，雪花飄降，一直下到來年五月，飢餓的馬兒用腳挖掘雪堆，尋覓乾草或腐爛的蘋果，騎著馬的巡馬員則為牠們提供乾草和鹽。馬兒們為求行動敏捷，只有一身矯健的肌肉，卻沒有多少脂肪，可以在冰天雪地中保暖，因此牠們長出一身濃密的長毛，好作墊褥——這就是牠們最像羅亞爾河谷史前洞窟牆壁上畫像的時刻。

擺脫此時、放下此地，觀賞著如百萬年前人類所見：古代野馬在森林邊緣草地上吃草的情景，教人多麼震撼。牠們是美得教人驚心動魄的生物：渾身暗褐，背上有黑色的條紋和深色鬃毛（有時初生小馬可看到深色的臉，馬蹄後方有距毛，一兩條腿上生著斑馬條紋）。雖然牠們生有長耳朵和又厚又粗的脖子，但身形體態卻輕盈矯健。牠們和家馬不同，毛色會在冬天轉白，就像貂和北極兔一樣，混入風景之中。在牠們粗糙的鬃毛和尾巴裡，冰如大理石般凝結成塊，只要一跺腳，就造出一塊塊的雪塊，但牠們承受惡劣的天氣和貧瘠的食料，依舊生存。雖然公馬打鬥激烈，齜牙裂嘴，重擊頸部，但牠們復原也很快，就像得到法師的符咒。亨利・畢斯頓（Henry Beston）在《最邊遠的房屋》（*The Outermost House*）中描寫野生動物說：「牠們在遠比我們古老且完整的世界中活動，賦有我們已經遺失或從未擁有的感官知覺，根據我們永遠聽不到的聲音存活。」

在比亞洛維察，也可看到復育的歐洲原牛，這是凱撒大帝最愛的獵物。他曾向羅馬的朋友描述牠們是一種野蠻的黑牛，「體型比大象小一點」，強健而敏捷。凡牠們所到之處，「人獸都無一倖免」。他寫道：「牠們不能忍受人，也難以馴養，即使由小養起亦然。」黑森林地區的人受過不少捕獵歐洲原牛公牛的訓練（母牛則留作繁殖之用），「殺死許多公牛的人——牛角公開展示以資證明，獲得莫大的榮耀。……牛角成了人人艷羨的戰利品，用銀鑲邊之後，用來作宴飲時的酒器。」如今博物館中還可看到這些鑲銀的牛角，但到一六二七年，最後一隻真正的歐洲公牛已經被獵殺。

然而眼前的歐洲野馬、歐洲野牛和歐洲原牛卻低頭吃草，漫步在波蘭和白俄羅斯交界處有人細心看管的自然保育區，自一四〇〇年代以來，這裡一直是皇室最喜愛的天地，是魔幻和怪獸的疆土，啟發了許多歐洲的童話傳說和神話。卡茲米爾四世（Kazimierz IV）為之醉心，因此有七年（一四八五年至一四九二年）的時光就住在簡樸的林間小屋裡，在此地處理國事。

這裡的景色為何如此教人心儀，魅惑許多不同文化和時代的人，包括路茲．海克、戈林和希特勒？對初來乍到的人，它裡面有已經五百歲的老橡木，還有高聳入雲的松、樅和榆樹，像堡壘一樣，高達數百呎。它還誇口容納一萬二千種的動物，由單細胞原生動物，到如野豬、山貓、狼和麋之類的大型哺乳動物；當然，還有成群結隊復育的歐洲原牛、歐洲野馬、歐洲野牛。沼澤和池塘間，只見海狸、貂鼠、鼬、獾和鼪鼠來來去去，而波美鷹則和蝙蝠、蒼鷹、黃貓頭鷹和黑鸛鳥滑翔天際。不論何時，看到的麋鹿總比人還多；空氣裡滿是樅樹和松針、水蘚和石南、莓果與菇蕈、沼澤草地與泥煤的氣息。難怪波蘭選擇這塊保育地區作為全國唯一的自然紀念區，也獲得**世界遺產**的殊榮。

由於這塊保留區不開放給獵人、伐木業者和任何種類的引擎汽車，因此成了獨特動植物的最後庇護所。也因此公園管理員會沿著特定的路線，導引小群的徒步遊客，禁止他們亂丟垃圾、抽菸或者大聲喧嘩；只能輕聲細語。什麼都不可以帶走，就連拾取一片樹葉或一顆石頭作紀念品也不在准許之列。所有人類的蹤跡，尤其是喧囂，都在勸阻之列。如果公園管理員要攜帶物品入園，會用橡膠輪胎馬車運送，如果要移走枯倒的樹，也必須用手鋸和馬。

在所謂「嚴格保育」（strict preserve）的情況下，可以看到許多倒下、死亡和腐朽的樹木；奇怪的是，這些朽木卻成了森林的中堅，是森林裡最強的力量，也因此保育人士會疾呼要保存腐朽的木材。被風自然吹倒的樹在地上腐爛，卻成為許多生物的家：三千種菌類、二百五十種苔蘚、三百五十種地衣、八千七百九十一種昆蟲、哺乳動物和鳥類。導遊和展覽透視圖的博物館會教導大家動物的生態和歷史，但很少有遊客能瞭解它對納粹的種族主義和浪漫主義產生了多大的吸引力。

黃昏降臨比亞洛維察的沼澤，成百上千的椋鳥全都立即飛起，形成一個大漏斗；接著群鳥落地，在池塘的草裡尋覓過夜的棲身之處。我想起安東妮娜對椋鳥的喜愛，和代號「椋鳥」的瑪格達蕾娜，以及路茲．海克，因為他想像著「發出珍珠綠光的小小椋鳥張大著嘴，婉轉唱出牠的小小歌曲，小小的身體因為歌聲的力量而搖擺顫抖。」隨著海克的野心、戈林對狩獵的欲念，和由納粹哲學而生的優生學和培育實驗；到頭來，很諷刺地，卻挽救了數十種稀有的植物和瀕臨絕種的動物。

可想而知的，有些愛國的波蘭人因為對海克的動機，和他與納粹牽扯不清的關係，因而主張他所培育出來的這些動物或許形似牠們古代的祖先，但在技術上，卻只是贗品。海克兄弟當年還沒有複製的技術，否則他們一定會很熟練。有些動物學者把海克培育出來的動物稱為「近野馬」（near tarpan）、「近歐洲原牛」（near aurochsen），把牠們和政治扯在一起，認為這些馬，「雖然並非真正野生的動物，但卻是外來的大型生物，其歷史富有戲劇性、熱忱，和欺騙的色彩。」這是生物學者皮歐特·戴茲基維斯（Piotr Daszkiewicz）和記者尚·艾肯本（Jean Aikhenbaum）在《Aurochs, le retour ...d'une supercherie nazie》（一九九九年）中的說法。他們把海克兄弟描寫為設計納粹龐大騙局的大騙子——根本是創造新品種，而非復育滅絕的生物。赫曼·賴辛巴哈（Herman Reichenbach）在《國際動物園新聞》（*International Zoo News*）中評論他們的書，認為兩人缺乏事實佐證，而且根本上是「法國人所謂的polémique（論戰）……，也就是美國人所謂的hatchet job（惡意攻訐）……但或許海克兄弟是自作自受，因為兩人戰後並沒有坦白交代他們與納粹獨裁政權的關係……重建古德國環境（在公園的界線之內）就像取回阿爾薩斯一樣，是納粹意識型態。」

不過，賴辛巴哈也預想海克兄弟所創生物可扮演的重要角色：「牠們依舊可協助保育混合森林和草地的自然環境……身為野生種類的歐洲原牛一樣可以加強過去數十年在遺傳上越來越貧乏家畜的基因庫。復育歐洲原牛的想法雖然可謂愚蠢，卻不是罪惡。」比亞洛維察自然保育區的普塞克教授（Z. Pucek）則批評海克飼育的牛群，認為是「二十世紀最大的科學詐欺」。關於這方面的爭議眾說紛紜，期刊和網路上都有論戰，大家經常引述的是美國學者威廉斯·畢比（C. Williams Beebe）的一段話，他在《鳥類：形體與功能》（*The Bird: Its Form and Function*，一九〇六年）上寫道：「藝術品之美與才華，在原作的材質遭毀之後，或許可以重新構造；和諧的曲調消失之後，作曲家也許可以重新構思；但當某一種生物的最後一隻停止了呼吸，那麼要再創一隻，必得重經另一次天地的再造。」

迷戀有許多種形式，有的執著到窮凶惡極的地步，有的則純出自意外巧合。漫步比亞洛維察，看著林間形形色色的生物，永遠想像不到這樣的迷戀，在路茲·海克勃勃的雄心、在華沙動物園的命運，和在姜恩與安東妮娜為他人謀機會的努力中，扮演了什麼樣的角色。札賓斯基夫婦藉著納粹對史前動物和原始森林的迷戀，拯救了許多瀕臨危境的鄰居和朋友。

II

當今的華沙是寬敞遼闊的綠色城市，擁有一望無際的天空，綠樹成蔭的大道沿著河水流瀉，陳舊的廢墟混合著嶄新的時尚，處處都有高聳的老樹散發著芳香與蔭涼。在動物園區，普拉斯基公園依舊飽含甜美的菩提氣息，夏日更添加了蜜蜂釀蜜的醇香；在河的對岸，原本是猶太區的地方，栗樹公園環繞著廣場和乾淨俐落的塑像。一九八九年共產主義瓦解之後，波蘭人以他們獨具的幽默感，把前蓋世太保總部變成了教育部，前KGB（國家安全局）總部改為司法部，共黨總部則改成證券交易所，以此類推。但光是觀賞舊城的建築，就足以賞心悅目。這個地區在戰後依據威尼斯畫家貝爾納多·貝洛托（Bernardo Bellotto）的畫重建，由建築師艾米利亞·希茲瓦主其事（他發明了柴格塔內按個鍵就可開的假牆）。有的建築物是用被炸毀的斷垣殘壁再生，數十座雕像和紀念遺跡妝點著華沙的街道。因為波蘭是半埋藏在飽經侵略的過去的城市；雖有進步填補，但總有部分在悲悼。

我重溯華沙圍城之際，安東妮娜到市區親戚家同住的足跡。走向密奧多瓦，越過舊護城河，穿過圍繞著舊城的破磚牆，走進緊緊排列屋宇的天地，鞋子滑過鵝卵石，身體則努力在小小的高低崎嶇之間求取平衡。走到後來，石頭越來越大，因為多少世紀以來人們的腳步而平滑。在戰後重建時，負責計畫的人盡量採用原本的石頭，一如安東妮娜同時代的作家布魯諾．舒茲在《鱷魚街》（*The Street of Crocodiles*）中，所描述當年他腳下繽紛的馬賽克鑲嵌石一樣：「有些是如人體肌膚般的淡粉，有些是金色，有些則是藍灰；全都平坦扎實，在陽光下暖和如絨；就像被踩踏到地老天荒，進入忘卻湮沒的日晷一樣。」

在這樣狹窄的街道上，電力街燈（原本是用瓦斯）由角落的建築物中冒出，上下拉動的窗戶就像聖誕紙板月曆（Advent Calendar）一樣開合。陶土屋頂下裝的是黑色的火爐煙囪排水溝，有些上了漆的灰泥牆壁已經碎裂斑駁，露出下方肉紅色的底磚。

我走上Ulica Piekarska（烘焙師傅街），石道呈扇形散開，就像石化的溪床一樣形成旋渦；接著我左轉步上Piwan（啤酒街），經過凹進民房二樓的神龕，上面滿是木製的聖像，兩邊擺滿了朝拜的鮮花；然後我經過Karola Beyera、錢幣收集玩家俱樂部，還有三扇通往庭院的木門；接著再左轉來到轉角建築的金字塔牆；最後進入開闊的市場廣場。大戰初期，安東妮娜來這裡購物時，根本沒有多少店家敢冒險開店：琥珀古玩店早就緊閉門窗，王公貴族的家門深鎖，一九三〇年代算命人的鸚鵡也杳無影蹤。

我離開廣場，信步朝舊城堡走去，拜訪最近的一口井。沿路上烏黑的磚牆繞著中世紀的古塔，上面有漏斗形的瞭望台，還有狹窄的裂縫，那曾是弓箭手藏身之處。夏日時分，這條路上的山梅花滿溢白色的花朵，黑白相間的喜鵲在枝頭吱喳，野生蘋果的樹蓬伸出牆面，爭相爭取陽光。我拐到Rycerka（騎士街），來到一個小小的廣場，看到一支飾有美人魚揮舞長劍的黑柱，那是華沙的象徵，也是我相信安東妮娜必能認同的對象：半女人，半動物的守護者。在柱子的兩側，都有長著鬍子的神由口中冒出水柱，不難教人想像安東妮娜放下提籃，拿起水瓶到噴泉口舀水，等待生命之泉由大地中湧出。

園長夫人——動物園的奇蹟【電影書衣典藏版】/ 黛安・艾克曼（Diane Ackerman）著；莊安祺譯 -- 二版 . -- 台北市：時報文化 , 2017. 5；336 面； 21x14.8 公分 （PEOPLE 叢書 ; 405）
譯自：The Zookeeper's Wife: A War Story
ISBN 978-957-13-6911-2（平裝）

1. 札賓斯基 (Zabinska, Antonina) 2. 回憶錄 3. 第二次世界大戰 4. 波蘭華沙

712.847　　106001416

ISBN 978-957-13-6911-2
Printed in Taiwan.

PEOPLE 叢書 405

園長夫人——動物園的奇蹟【電影書衣典藏版】

The Zookeeper's Wife: A War Story

作者　黛安・艾克曼 Diane Ackerman ｜ **譯者**　莊安祺 ｜ **主編**　陳盈華 ｜ **編輯**　林貞嫻 ｜ **美術設計**　莊謹銘 ｜ **執行企劃**　黃筱涵 ｜ **董事長・總經理**　趙政岷 ｜ **總編輯**　余宜芳 ｜ **出版者**　時報文化出版企業股份有限公司　10803 台北市和平西路三段 240 號 3 樓　**發行專線**—(02)2306-6842　**讀者服務專線**—0800-231-705・(02)2304-7103　**讀者服務傳真**—(02)2304-6858　**郵撥**—19344724 時報文化出版公司　**信箱**—台北郵政 79-99 信箱　**時報悅讀網**—http://www.readingtimes.com.tw ｜ **法律顧問**　理律法律事務所　陳長文律師、李念祖律師 ｜ **印刷**　勁達印刷有限公司 ｜ **二版一刷**　2017 年 5 月 19 日 ｜ **二版二刷**　2017 年 6 月 8 日 ｜ **定價**　新台幣 320 元 ｜ 缺頁或破損的書，請寄回更換 ｜ 時報文化出版公司成立於 1975 年，並於 1999 年股票上櫃公開發行，於 2008 年脫離中時集團，非屬旺中，以「尊重智慧與創意的文化事業」為信念